聚焦先进理论方法、突破性科研成果、

前沿关键技术、典型工程应用，

记录中国高速铁路建设技术的发展历程。

国家科学技术学术著作出版基金资助出版

“十四五”时期国家重点出版物出版专项规划项目

高速铁路先进建造技术丛书

# 铁路风吹雪灾害防治技术

PREVENTION TECHNOLOGY OF RAILWAY SNOW-DRIFTING DISASTER

孙明智　白明洲　唐广辉　杜通道　赵加海　等　编著

人民交通出版社股份有限公司

北　京

## 内 容 提 要

本书基于我国典型铁路路基风吹雪灾害防治经验，结合现场监测和科研成果，系统总结了大风地区、强降雪地区、复杂山区具有的地形特点、气象特征和风吹雪灾害发育机理，介绍了风吹雪灾害防治方面的理论认知、工程实践以及研究成果。

本书主要内容包括：风吹雪的危害，风吹雪起动机理、运动特征和影响因素，现场监测、数值模拟和风洞试验等风吹雪的主要研究方法，风吹雪灾害防治技术，雪害监测预警体系，风吹雪次生灾害的防治，铁路风吹雪灾害防治案例。

铁路风吹雪灾害防治技术是本书的核心内容，作者结合铁路工程特点，从线路设计、路基工程设计和防护工程设计三个方面详细介绍了风吹雪灾害的防治技术。基于输阻平衡原理，提出了铁路风吹雪防治计算公式，为定量化开展风吹雪灾害防治奠定了基础，也为风吹雪灾害影响地区的铁路安全运营提供了技术支持。

本书可供交通、环境、灾害防治等相关领域的工程技术人员使用，也可作为高等院校教师与学生的参考书。

**高速铁路**

先进建造技术丛书

# Preface 前言



在寒区修建和运营铁路，常常受到风吹雪灾害的影响。风吹雪灾害具有季节性，主要在冬季致灾。风吹雪受制于降雪量和风力两个因素，灾害的严重程度取决于风对积雪进行重新分布的能力。

风吹雪对铁路的危害，主要是阻断铁路交通，影响铁路运输秩序。伴随着"西部大开发""振兴东北"等国家战略和"一带一路"倡议的实施，我国西北、东北地区铁路交通网络建设日益完善，截至2021年底，中国铁路总里程已突破15万km，按照国家《"十四五"现代综合交通运输体系发展规划》，我国将继续加强战略骨干通道建设，推进出疆通道、入藏通道、沿江通道、沿海通道、沿边通道、西部陆海新通道建设，铁路里程将进一步延伸。另外我国铁路还将走出国门，与"一带一路"沿线国家的交通基础设施实现互联互通。研究风吹雪灾害特点，采取适宜的工程措施保持寒区铁路畅通是铁路建设者面临的重要课题。

我国冬季降雪的区域广大，很多铁路的局部或部分段落会受到风吹雪的影响。阿富准铁路、精伊霍铁路、克塔铁路等穿过风吹雪区域的铁路工程，都建设有系统的防雪工程，有效防控了风吹雪灾害。

本书基于我国铁路风吹雪研究现状，结合风吹雪灾害防治工程实践，介绍了风吹雪灾害的原理、研究现状和不足，分析了风吹雪灾害影响因素，阐述了风吹雪灾害现场监测和试验研究方法，重点开展了风吹雪灾害防治措施研究，并提出了风吹雪次生灾害预防的理念，展望了灾害预警的技术和手段。

本书的突出特色有两个方面，一是提出了基于输阻平衡原理的风吹雪灾害防治公式，为定量化开展铁路工程风吹雪防治奠定了基础。并就雪害设计标准等问题展开了讨论，为今后雪害防治研究指明了方向。二是系统总结了我国铁路工程风吹雪防治实践，阿富准铁路所经的阿勒泰地区是我国典型的强降雪地区,每年都有大量交通受阻、牧民受灾的事件发生,风吹雪灾害范围大、分布广;精伊霍铁路经过的博罗霍洛山南坡是新疆雪害发生最严重的地区之一,积雪深厚,雪期漫长,地形起伏,坡度陡峻,是风吹雪和雪崩灾害的严重发生区;克塔铁路经过大风地区,大风对周边广大区域的降雪进行重新分布,道路上的积雪深度可达数米,灾害严重。本书介绍了三个典型工程风吹雪防治的勘察、方案论证、现场监测、工程措施等情况,总结了成功的经验和技术方法,是一次全面的技术总结和宝贵的经验积累。

编写本书的初衷,一是把散落各处的资料进行总结归纳,便于后续工程参考借鉴,二是启发工程勘察、设计、管理和运营维护人员的创新型思维,推进铁路风吹雪灾害防治技术进步。期望越来越多的有识之士关注风吹雪现象,参与风吹雪灾害治理。

本书第 1 ~ 3 章主要介绍风吹雪现象的研究现状和相关理论,第 4 ~ 7 章主要介绍风吹雪灾害研究和防治技术,第 8 ~ 10 章主要介绍国内三条铁路工程风吹雪灾害防治工程实践,第 11 章介绍了我国其他交通工程因地制宜治理雪害的经验。本书由孙明智、白明洲、唐广辉、杜通道、赵加海等编著,各章节主要内容及编写分工如下:第 1 章由唐广辉编写,介绍风吹雪危害特征、国内外研究现状与不足及本书主要研究成果;第 2 章由白明洲编写,介绍风吹雪的致灾机理、运动规律和堆积特征;第 3 章由杜通道编写,介绍风吹雪灾害的影响因素、线路平纵断面设计及路基结构形式的选择,从源头减轻风吹雪对线路的影响;第 4、5 章由白明洲编写,介绍风吹雪研究方法,包括现场监测技术、风洞试验和数值模拟;第 6 章由唐广辉编写,介绍风吹雪灾害防治技术,包括主动防护技术和被动防护技术,提出了风吹雪防护计算公式;第 7 章由杜通道编写,介绍风吹雪产生的次生灾害及防治措施;第 8 章由赵加海、李景贤和丁录胜编写,介绍阿富准铁路风吹雪灾害防治经验;第 9 章由孙明智编写,介绍精伊霍铁路风吹雪灾害防治经验;第 10 章由唐广辉编写,介绍克塔铁路风吹雪灾害防治经验;第 11 章由唐广辉编写,简要介绍了其他交通工程风吹雪灾害防治经验。另外,本书编写过程中,北京交通大学李鹏翔博士、邱树茂博士等参与了文字编制、图件制作以及英文资料的校对工作。

在编著过程中,中铁第一勘察设计院集团有限公司、中国铁路设计集团有限公司、中国铁路乌鲁木齐局集团有限公司和新疆铁道勘察设计院有限公司给予了大力支持，王向阳在精伊霍铁路风吹雪灾害防治的调研、隋孝珉在克塔铁路风吹雪灾害防治的资料收集以及韦朝、赵雪海、魏永杰、胡鸣明等在阿富准铁路风吹雪灾害防治研究的工作中给予了极大的帮助，在此谨向他们表示由衷的感谢。

限于作者水平有限，书中定有欠妥甚至错误之处，敬请读者批评指正。

**编　者**

**2022 年 6 月**

# Contents 目录

PREVENTION TECHNOLOGY OF RAILWAY SNOW-DRIFTING DISASTER

# 第 1 章

# 绪　论

## 1.1 风吹雪现象简介

风吹雪又称风雪流，是指气流挟带着分散的雪粒在近地面运行的非典型气、固两相流，是一种较为复杂的特殊流体，具有危害性。风吹雪现象对自然积雪有重新分配的作用，它所导致的积雪深度是自然积雪深度的 3～8 倍，大量雪粒堆积后的形态各不相同，例如雪丘、雪舌、雪檐、雪堤、波浪式雪堆等。在我国北方和高寒山区，当降雪时或降雪之后，在较强的风力作用下容易形成风吹雪。风吹雪是一种特殊的质能输运形式，通过雪粒输运过程中发生的风吹雪升华显著地影响了地表积雪的时空分布形式，不仅加剧了积雪空间的不均匀分布，而且重新改变了积雪区的雪面物质和能量平衡。它不仅是形成极地冰盖、高山冰川、雪崩等的物质来源，而且会诱发并加重冰雪洪水、雪崩、泥石流及滑坡等自然灾害。

我国风吹雪多发区主要分布在高纬度、高海拔和地形起伏变化较大的稳定积雪区内，即青藏高原东部及其四周边缘山区、新疆阿尔泰西部及北部、东北和内蒙古高原以及冰川发育的山区。我国北方大部分地区尤其是积雪地区，冬季风吹雪灾害严重影响着交通安全，道路交通的风吹雪灾害不仅年年发生，甚至一年发生多次。铁路路基处风吹雪现象如图 1-1 所示。

图 1-1　铁路路基处风吹雪现象

我国气象学者分析了已有的众多气象资料，大胆预测了未来半个世纪的气候变化。我国西南、西北地区，包括西藏、新疆，以及华中、长三角地区的降雪量将显著增多，风吹雪灾害越来越成为不可忽视的自然灾害，其中新疆、青海和甘肃风吹雪发生的次数和强度均会上升，风吹雪灾害将是我国交通建设者们面临的一项难题。风吹雪灾害防治形势愈发严峻。

# 1.2 风吹雪的危害

## 1.2.1 对铁路的危害

铁路作为重要的交通方式,具有分布范围广,运营里程长的特点,对社会繁荣与进步具有至关重要的作用。我国西部地区地处欧亚大陆腹地,普遍受蒙古冷高压和西伯利亚反气旋的影响,冬季寒冷漫长、气候干燥、风力强劲,积雪期长,经常出现铁路风雪灾害,其中风吹雪形成的二次雪阻是常见的铁路灾害之一。

2003 年 11 月,陕西境内突降暴雪,造成乌鲁木齐至西安方向 K170 次等列车受到影响,列车限速直至停止运行; 2007 年 3 月,一列火车因为积雪被卡在裴德到密山的铁路线上,而被派去救援的两个火车头同样被卡在雪里;2008 年,南方发生大规模雪灾,导致铁路供电中断、轨面结冰轮轨黏着力减小,道岔结冰扳动困难,甚至大雪没过铁轨,造成大面积交通瘫痪,这场雪灾波及铁路、公路、农作物、森林、住房等多个方面,造成的直接经济损失愈 1516 亿元;2010 年 1 月,内蒙古地区出现了严重的风吹雪现象,1817 次列车多节车厢被积雪掩埋,上千名旅客被困;2010 年 1 月,集宁至通辽铁路因风吹雪造成了 82 处雪害,甚至造成了暴雪漫到车顶,被迫停车的事故;2015 年,新疆出现严重的风吹雪灾害,造成乌鲁木齐开往克拉玛依、奎屯开往乌鲁木齐等六趟列车停运。

2001 年 3 月 5 日,美国新英格兰地区的铁路与公路因为暴风雪全部关闭停运,三千多次航班被迫取消;日本铁路一直保持着良好的安全运行记录,但 2005 年 12 月上旬开始,持续多日的暴风雪也曾造成穿行于东京与日本北陆地区的上越新干线一度全线暂停运营,连接东京与大阪的东海道新干线则有近百趟列车晚点,7.5 万人出行受阻。

一般情况下自然降雪不会严重影响铁路运输,而风吹雪导致雪的重新分布是导致冬季铁路积雪最严重的雪害形式(图 1-2)。

图 1-2 风吹雪所致铁路积雪灾害

当风挟带雪粒漂移致使道床内大量积雪、轨道上积雪过多时通常会造成以下几种问题：

(1)阻断线路运营

在风吹雪的作用下，铁路路基上积雪深度可以达到自然积雪深度的3～8倍。在这种环境下，铁路路基及道床积雪将变得十分严重，列车无法通行，铁路交通被完全中断。在电气化铁路区间，大量积雪导致架式受电弓重力加大而自动脱离接触网，从而自动切断电源。气温偏高条件下，积雪或融冰大量附着在导线上，导致通信线路与输电线被损毁，影响列车的正常运行；道岔积雪或结冰而不能正常工作，危及行车安全；积雪掩埋轨道与道岔，可能引起列车脱轨和颠覆。

(2)减小能见度

风吹雪使能见度变差，地面巡视人员无法及时把发现的问题以视觉信号的方式通知司机，司机也无法看到信号灯。与此同时，地面工作人员无法及时发现列车驶来，对行车安全和作业人员人身安全产生重大威胁。大量积雪融化导致轨面结冰，致使列车制动失灵或动力不足。

(3)引发基础工程病害

融雪季节，大量积雪同时融化，雪水入渗路基边坡，降低了边坡稳定性，常常导致边坡溜坍。进入冬季，入渗的水分会引发冻胀，导致轨道上拱，影响行车安全和行车质量。

(4)提高设备故障率

列车上的精密仪器设备发生冻结会产生故障，雪水入渗将影响电路正常工作；闸瓦制动片附着冰雪后，制动效能在制动开始时将会降低，影响列车制动可靠性；车门如果被雪水冻住，会影响车站乘降时间进而影响列车正点运行；积雪的腐蚀性会缩短道床和钢轨的使用年限，据沈阳铁路局、哈尔滨铁路局工务段观察，雪害地段钢轨受损概率较无雪害地段明显增大，换轨周期缩短。道床在积雪、融雪再积雪的频繁干湿循环作用下，发生不规则变形的病害也多于其他地段。同时风吹雪灾害导致的雪害也加剧了机车、车辆、通信设备、道岔的腐蚀、锈损。

### 1.2.2 对公路的危害

同为线状交通工程，公路与铁路既有相似之处，也有明显的区别。在北方地区以及西部地区，风吹雪也是公路上经常发生的灾害之一。新疆、内蒙古、西藏、青海、吉林、黑龙江等省(自治区)经常发生公路风吹雪雪阻，给公路交通运输安全和畅通带来了相当大的困扰(图1-3)。

1983年黑龙江省普降大雪，导致多条交通道路拥堵，而且引发电力中断，大庆油田停止生产，财产损失近亿元；2001年1月，内蒙古中东部因为特大暴风雪导致29人死亡，40多万头牲畜死亡；2004年2月，黑龙江鹤大公路K115～K160段发生风吹雪灾害，45km长的道路右半幅几乎所有路段积雪深度均达1.2m，左半幅部分路段积雪，形成雪阻，造成交通中断4d；2009年11月中旬，河北省石家庄市发生严重的风吹雪灾害，其积雪深度超过有气象记录以来最大值，地面交通大面积停运，中小学被迫停课；2013年3月，黑龙江加嫩公路普降大雪并伴随五六级大风，大雪持续几个小时，造成近80km路段遭遇严重的风吹雪灾害，积雪最深处达4m，平均深度约为1.5m，120余台车辆因雪阻滞留在路上；2015年1月，张家口地区的省道341遭遇了强烈的风吹雪灾害，短时间内造成大量的路面积雪，车辆长时间在公路滞留，严重影响了交通运输的正常运行；2015 年 11 月，位于承德地区的省道半虎线遭遇严重的风吹雪灾害，部分路段积雪深度超过 40cm，形成雪阻，致使 70 余辆大型载重货车和 150 多名驾乘人员滞留野外长达 46h，并且导致大量货物积压，2016 年2 月 9—13 日，新疆玛依塔斯地区频繁出现严重的风吹雪灾害，致使交通阻塞，上百辆汽车与六百多名旅客被困在风区，国道 218 天山口部分路段积雪深度达 5 ~ 8m，汽车需绕行 807km；2019 年，青海共和至玉树高速公路出现大风吹雪现象，路面最大积雪深度达 8m。

图 1-3 公路风吹雪造成交通阻塞

公路风吹雪灾害包括两方面：静态的路面积雪和动态的视程障碍。公路风吹雪灾害造成的影响主要包括：

(1)造成视程障碍

视距对运行车辆来说非常重要。当汽车的制动距离比视距长时，发生交通事故的概率非常高，危险性极大。风吹雪发生时使能见度变差、视距变短，即产生视程障碍，视距可从 100m 以上的状态，在数秒间变成无视距的白色世界，易造成驾驶员判断失误，严重威胁车辆的运行安全。而且，能见度变差不仅对运行车辆影响很大，对高速运行的除雪机械、道路现场作业等同样影响很大，使其运转操作效率降低，带来大量的安全隐患。

另外，规模小的路面积雪易形成雪垄，易使驾驶员在通过时因把握不稳方向而导致事故。在冰雪道路上，滑动摩擦系数变小，当车辆速度达到 40km/h 时，制动距离为 45m；而当车辆速度为 60km/h 时，制动距离需要达到 70m。

(2)阻断交通

风吹雪发生时容易造成大规模、不均匀的积雪，可使交通中断。日本的研究结果认为：风吹雪地区的视距小于 50m 时将发生塞车现象，视距在 30m 以下时就会中断交通。

(3)增加道路运营与管理成本

风吹雪发生时容易引发更多的交通事故而造成多种损害；同时，为了预防雪害形成和在雪害形成后及时除雪、维护交通秩序，人们需要设置和维护各类防雪设施、除雪机械，采取应急交通管理预案，或者出动大量人力进行人工清雪作业与交通疏导。这无疑都增大了整个社会和用户的运输不便与成本投入。

(4)间接影响公路周边自然环境

风吹雪的运动过程和因此所产生的积雪堆积也会对正常的交通运输和管理工作产生影响。例如交通阻塞产生的废气污染、交通事故会破坏道路设施和周边环境,大量使用融雪剂会对路面和周边自然环境产生影响,设立的防雪设施也会破坏公路周边的自然环境,不利于交通与环境的协调发展。

### 1.2.3 对房屋的危害

风吹雪对房屋的危害主要体现在大跨度结构上,风吹雪打破了正常降雪的积雪形态,建筑物顶部积雪严重超出设计荷载,或者因严重的分布不均而导致房屋结构损坏。许多灾后调查结果表明,风致雪漂移会导致屋盖局部积雪超出规范设计值,从而导致梁、柱屈服,屋盖坍塌;或者当屋盖不均匀积雪时,在风荷载与不均匀雪荷载的联合作用下屋盖发生侧向倒塌。

1963 年,风吹雪导致罗马尼亚某单层穹顶网壳屋盖全部倒塌;2006 年 1 月,波兰南部城市霍茹夫(CHORZOW)一个展览大厅因积雪过重发生坍塌,造成至少 65 人死亡,141 人受伤;2007 年,在风荷载和雪荷载的共同作用下,温哥华冬奥会体育馆穹顶发生倒塌;2010 年,风致雪漂移导致美国明尼阿波利斯市一橄榄球场被积雪压塌;2014 年 2 月,韩国庆尚北道庆州市一度假村的礼堂屋顶因持续降雪,建筑物顶棚承重过大而发生坍塌,造成 10 人死亡,100 多人受伤。

我国的风吹雪致建筑物倒塌的事件也时有发生。2007 年 3 月 4 日,辽宁省遭受 50 年一遇的暴风雪,在风雪共同作用下,沈阳市的 3 个拱形轻质钢屋盖全部被积雪压塌,造成 1 死 7 伤。近年来,暴风雪共造成辽宁省 300 多座钢结构厂房不同程度的损坏,大部分房屋出现局部梁、柱破坏,屋盖结构局部坍塌等现象。雪荷载压塌仓库如图 1-4所示。

图 1-4 雪荷载压塌仓库

## 1.3 风吹雪现象研究现状

风吹雪在空间上具有广泛性，降雪量大于一定厚度的地区都会有风吹雪灾害发生，风吹雪灾害问题是社会发展进步必须面对的难题之一。基于此，国内外学者进行了大量的风洞试验并应用计算机数值模拟分析，分别对风吹雪的形成机理、危险性评价以及防治体系进行了详尽的研究。

俄罗斯、日本、美国和欧洲一些深受雪害影响的国家较早在防雪技术方面开展了研究。俄罗斯科学院(Russian Academy of Science)著有《铁路雪害防治》《雪害防治与保护》等，系统总结了苏联时期对风吹雪灾害开展的各种研究以及防治措施，对比了各种措施的优缺点。1998年，俄罗斯风吹雪治理专家编写了《铁路及公路风吹雪灾害防治办法》，对防雪栅栏、防雪林等作用原理进行了描述性的解释，记录了各种防雪措施的优缺点。

日本在1939年便成立了"日本雪冰协会"，并定期编辑出版权威学术刊物《雪冰》。日本的长冈冰雪灾害研究所与低温科学研究所自20世纪以来不断探索新型防雪栅栏、挡雪墙的建设，并使之得到广泛应用，1999年发表《防雪栅栏防雪效果研究》，21世纪初期发表《根据风洞实验设置不同类型防雪栅栏的防雪机理的研究》《公路防雪栅栏的改良》等研究成果；此外加拿大等风吹雪灾害比较严重的国家也进行了大量的试验研究，力图找到风雪流的运动规律，以此指导风雪地区的防雪害措施。

### 1.3.1 形成机理方面

20世纪30~50年代，以美国、日本、欧洲等为代表的研究机构开始对风吹雪现象做出了详细的阐述。Bagnold通过理论分析给出了雪粒起动的摩阻速度，并且第一次提出了雪的蠕移、雪的跃移等概念；盐谷提出了均匀雪粒的湍流扩散理论，但是早期这种理论研究是比较片面的，研究人员只是单纯地从自身专业角度出发，没有系统地将风吹雪灾害与各个学科联系起来。

到了20世纪60年代，随着研究的深入与科技的发展，风吹雪及相关环境类灾害越来越受到人们重视，人们从多学科、多专业角度对冰雪灾害开展了综合性的深入研究，并形成了一门新的学科——雪冰学。自此，对风吹雪灾害的研究进入了一个高速发展的阶段，风吹雪的研究不再局限于对现象的定性分析，而是采用理论与数学工具相结合的方法对灾害进行定量的研究。

除了理论分析，现场监测也是风吹雪灾害形成机理研究重要的一方面。例如，加拿大约克大学的地球与空间科学研究中心的Gordon小组在加拿大地区进行了一系列风吹雪的野外试验观测：在加拿大丘吉尔港通过测量获得了雪粒的形状、粒径分布、速度信息及数量通量；在加拿大富兰克林湾基于野外试验观测得到了风吹雪的质量和数密度廓线以及跃移层高度；在加拿大的伊奎特机场搭建了一个高10m的观测塔，测量了2007年10月—2008年4月期间的风吹雪事件,包括风速、温度、压力、湿度、能见度以及雪粒数通量,结果表明,实地观测的风吹雪事件要明显多于当地气象局的观测数据。同样,Doorschot 等于 2004 年基于瑞士联邦积雪与雪崩研究中心(Institute for Snow and Avalanche Research)的观测站获得了雪粒跃移的临界起动摩阻风速以及跃移通量,并进行了相应的数值模拟。

20 世纪 50 年代初,中国科学院相关研究所、中央气象局与地方交通局、气象局、农牧局等相继开始对积雪和雪害进行调查及防治研究。至 20 世纪 60 年代—70 年代,中国科学院新疆地理研究所等单位的相继成立,我国较为系统地针对风吹雪灾害开展了研究。经过几十年的努力,我国在风吹雪方面的研究已取得了一系列的成果。

1967 年,中国科学院兰州冰川冻土研究所、兰州沙漠研究所等科研机构对天山地区的风雪场分布规律、冰雪灾害及其防治措施做了详细的调研,结合野外观测试验和室内风洞试验,完整得到了天山地区的地理环境、风雪灾害的基础资料。以这些资料为基础,我国正式开始了对西北边疆地区风吹雪灾害系统的研究。胡汝骥等分析了我国天山降雪与季节性雪崩的基本物理特征,并总结了山区道路雪害防治措施,为寒区公路除雪防灾工作提供了宝贵经验,在其专著《山区道路雪害防治》中,详细介绍了山区风吹雪灾害的成因、主要类型、物理特征及破坏性影响,并着重提出了灾害的应对措施。

王初一在总结艾肯达坂防雪工程实际应用的效果后,提出风吹雪危害地区的公路设计要求,选线和路基设计应根据雪情结合地形条件采取“预防为主,治理为辅”的原则,并给出了风吹雪灾害与路基断面之间的关系。

张祥松、施雅风对我国的冰雪灾害及其发展趋势进行了探讨,重点研究了雪崩与风吹雪灾害,提出了预防风吹雪的原则以及综合治理措施,全面分析了各种措施的防治机理、适用范围、设计方法等,因地制宜地从“导、改、阻、除”四个方面出发对风吹雪灾害防治原理与措施进行了分析。李培基等学者利用平均最大积雪深度确定了我国积雪分布与变化特征,并认为全球二氧化碳浓度的上升会进一步导致我国雪资源分配不平衡,北方平原、盆地积雪贫乏,而高原高山地区积雪深度可达到 30 ~ 50cm。北疆和青藏高原的东南部积雪充足,藏北和内蒙古高原积雪就相对贫乏。王中隆(1982)通过在天山地区建立数据监测站,完整总结了天山地区降水、积雪与风吹雪分布情况,并详细阐述了雪粒的起动、运行与主要堆积形式,并与张志忠采用“自下而上”与“自上而下”相结合的方法对我国有无风吹雪灾害区域及灾害严重程度区域进行了详细划分。

中国科学院西北生态环境资源研究院牵头科技部科技基础资源调查专项“中国积雪特性及分布调查 3 号线”,“雪域青海”科考队在 2018 年完成对青海高原南部冬季积雪特征调查。通过对我国积雪特性及其分布的调查,建立了统一、规范的积雪特性数据集和时空动态变化数据库。调查总行程达 2200 余公里,沿线共采集积雪剖面点 22 个,主要对积雪深度、雪层温度、雪密度、雪层液态水含量、雪表面硬度和雪粒粒径等特征参数进行观测,利用地物光谱仪(ASD)采集了雪表层反射率光谱曲线,旨在通过现场直观调查并总结规律对风吹雪的形成机理、发展规律以及最终形态进行研究,并为灾害监测预警提供基础数据。

### 1.3.2 数值模拟方面

自1985年起,陆续有国外学者开始尝试利用模拟计算软件对降雪过程进行仿真模拟。随着20世纪90年代末与21世纪初人们对风吹雪灾害重视程度的增加以及计算机技术的飞速发展,针对风吹雪灾害的研究手段与试验设备越来越先进。

Sato等建立了基于欧拉法的多相流湍流模型,并模拟了雪粒的堆积过程;Uematsu分别在二维与三维的情况下模拟了风雪运动,首先提出了雪粒跃移层的输运质量方程,并得到了输雪率与积雪深度的关系;Sundsbo在数值模拟中采用了离散相分析的方法模拟了栅栏对风吹雪灾害的防护作用,得到了栅栏附近的雪粒分布情况;Naaim提出以欧拉-欧拉法为基础的多相流方程对风吹雪灾害进行模拟,并很好地解释了雪粒的运动过程;Doorschot在2004年采用超声波风速仪和雪粒计数器分别测量风速和雪流量,通过实测数据的分析给出阈值摩擦速度与雪质量传输率的关系;Beyers应用Flow-3D软件模拟了单立方体与相邻立方体建筑周边积雪的堆积趋势。

在我国风吹雪灾害的仿真模拟中,吉林大学对各种不易积雪的路基断面形式和不同防护措施进行优化设计,同时,提取出不同断面流场数据与积雪数据。胡朋、郑传超等利用数值模拟软件模拟风雪流或风沙流遇到障碍物时风速场的变化,提出了不同挡雪或挡沙设施的布置形式。

应成亮、张霞等利用Fluent软件对防雪栅栏等防雪措施进行了仿真模拟。研究表明,在相同的透风率情况下,横板条形式阻雪栅栏阻雪能力随着栅栏高度的增加呈线性增大。吴鹏、陈发明等选取塔城地区S201线路堤断面,运用Fluent软件进行模拟,给出了当地最佳路堤设置参数以及当地防雪栅栏设置方式。王向阳运用ANSYS流体力学软件模拟路堤的风速场,得到了路堤不同参数与入射风速变化对路堤断面风速场的影响。提出了在一定高度范围内,增加路堤高度,减少边坡坡度可以增大路堤面风速,进而减轻路面的风吹雪灾害。该研究为路堤的设计奠定了良好的基础,提供了一定的理论依据。

马高升、黄宁利用数值模拟的方法,从雪粒的受力机制及起动条件进行分析,研究了平稳风场时雪粒的起动风速与雪粒的粒径、积雪时间以及雪表面温度之间的关系。结果表明,随着雪粒粒径的增大和雪表面温度的升高其临界起动风速增大。在山区,雪粒的起动风速比平原地区类似雪源的起动风速一般大三分之一左右,超过这一临界值才能形成风吹雪。这主要是因为山区雪粒的起动风速与平坦床面相比还受到地形因素的影响。对于一般的路面而言,不同路面的粗糙程度对公路风吹雪的影响不大,因为降雪期间的降雪对路面有平滑作用,降低了路面的粗糙度。雪面均匀,地表粗糙度小,使得雪粒与气流的接触面较小,雪粒不易起动。

### 1.3.3 风洞试验方面

风吹雪的实地观测受到自然条件的约束,有很多因素对实测结果产生影响,可参考的实测资料较少。风洞试验是研究风雪运动的主要方法之一,通过模型与原型之间的相似关系,使风吹雪现象可以在条件可控的实验室中得到重现。

同时,在试验中可以设定不同的参数,有利于揭示物理量之间内在的变化规律,但是风洞试验中相似准则不能同时满足,成为风洞试验的缺点。由于我国目前还没有专业风雪风洞,只能通过模拟材料代替雪粒进行风洞试验。但由于雪粒直径较小,重量较轻,很难找到满足各种相似准则的合适介质,只能找到满足部分相似准则的介质。Kind 等总结了风雪运动的风洞试验所要遵循的相似准则。Iversen 在 1979 年指出有效粗糙高度是一个关键参数,但同时也指出有效粗糙高度随地域有差异,并通过调查给出了合适的范围。Anno、Kind、Isyumov 等指出在某些环境中模拟风雪运动时,弗劳德数的相似性可以放宽。1989 年,Kim 通过风洞试验研究南极风雪运动时,测试了 12 种颗粒用于模拟雪粒,得出较经济的方案是采用碳酸氢钠来模拟雪粒。Smedley 在 1993 以碳酸氢钠作为模拟雪的材料,在风洞中模拟南极戴斯站周边的积雪堆积情况;通过试验得出结论,圆形屋檐有利于减小建筑物周边的积雪堆积。1998 年,Delpech 在 -15℃的条件下,通过人造雪对建筑物周边的积雪分布情况进行了研究。Nemoto 在 2001 年采用改进的测力计在风洞中对风雪运动时的壁面剪切力进行了直接的测量。M. Tsuchiya 在 2002 年通过风洞试验对高低屋面表面各处风速的分析,得到了积雪深度与屋面表面风速的加速度的关系表达式。

在风洞试验研究中,Oura 等对雪粒的起动风速与床面温度之间的关系进行了研究,随着床面温度的升高,雪粒的起动风速增大。Li 和 Pomeroy 同样是以温度作为主要变量,对标准气象参数中的温度进行分析,认为雪粒的起动风速主要与雪床面的温度有关。当温度高于 -25℃时风速(10m 处)和温度(2m 处)为非线性关系;当温度低于 -25℃后,两者呈反比关系。Schmidt 和 Judith 等根据野外测量结果,认为雪粒的起动摩阻风速主要与粒径有关。Cliton 等的风洞试验结果表明,雪粒的密度和粒径是影响雪粒起动的主要因素,与周围环境的温湿度关系不大。为了解释雪粒形状对起动风速的影响,Satoh 和 Takahashi 利用雪粒的最终沉降速度来刻画这一特征,雪粒的最终沉降速度与空气阻力系数相关。他们在风洞中测量雪粒的起动风速,在圆筒中测量雪粒的沉降速度。结果表明,树枝状天然雪的起动风速在 3 ~ 7m/s 时的最终沉降速度为0.4 ~ 0.9m/s,两者趋向线性关系,其他颗粒的起动风速与最终沉降速度的比值要大于树枝状晶体,这是由于颗粒间的结合力不同造成的。

国内方面,同济大学的李雪峰在 2011 年以硅砂为模拟雪粒的材料,对风洞中高低屋面附近的硅砂堆积情况进行了详细的分析,并与 M. Tsuchiya 的试验结果进行了对比。兰州大学的吕晓辉等在 2012 年以自然降雪为基础,对有路基的床面及平坦床面的雪量传输效率和雪粒的运动速度进行了分析。

### 1.3.4 危险性评估方面

对于雪灾的评估与区划方面的研究,主要是在 20 世纪 80 年代之后展开的。胡汝骥等率先通过分析历年平均积雪日数图和不同积雪类型,将我国的积雪分级划分为两个大区和三个地区,同时,提出了雪害区划的三条主要原则:多因素结合、交通与农牧业服务和分级划分。Tomabechi T. 等调查了日本北海道地区近 20 年的积雪损害,对积雪损害进行划分,为此地区的防雪灾规划提供了可靠参考。曹梅盛通过分析1993—1994年青藏高原的积雪卫星影像数据评价了美国国家海洋和大气管理局(National Oceanic and Atmospheric Administration,NOAA)积雪监测的精度,证实了数据在50个网格以上时才能满足积雪误差精度要求。冯学智等以西藏雪灾高发区那曲为例,利用美国卫星数据结合预测模型对本地区的雪灾进行评价分析,其评估结果与实际较为吻合。Valinger E. 等为降低风雪对瑞典森林造成的破坏,建立风险评估模型,其预测精度相对较高,为防治风雪灾害提供了可靠指导。王中隆等通过对风吹雪的分析发现,风吹雪区域划分应与雪崩划区区分出来,并根据我国的气候、气象条件等因素对我国的风吹雪按照四级划分的原则,由大到小进行了分级,为我国风吹雪灾害的防治提供了可靠依据。

进入21世纪,对于雪灾的评估与区划逐渐由之前的简单分析和定性分析转变为半定量和定量分析。李硕等根据实际情况选取评价指标,运用模糊综合评价法对西藏那曲地区的雪灾进行评价,客观得出评价结果,为探索小区域的雪灾客观评价贡献了一分力量。Jamieson B. 等通过建立预测模型等方式探讨了加拿大的雪崩灾害风险管理体系。梁天刚等利用新疆阿勒泰地区卫星数据和1996—1997年的雪灾数据建立积雪反演模型,并通过反演模型计算,提高了积雪覆盖度从0~100%的分类精度。魏玉光等对青藏高原铁路沿线的雪害进行分析,发现青藏高原的铁路雪害主要有风吹雪和雪崩两种,并着重对铁路沿线雪崩进行分析,利用模糊归一化方法评价了沿线发生雪崩的概率。刘兴元等利用新疆阿勒泰地区的NOAA数据和现场实测资料,选择20项指标建立雪灾判别和雪灾评估模型,以定量的方式评价了阿勒泰地区的雪灾情况,评价结果与现实情况基本相符,初步实现大面积雪灾的科学评价。赵和梅通过青海黄南州气象灾害资料,使用模糊综合分析法对该地区进行了雪灾和旱灾的危险性评价。黄晓东以北疆为研究区,建立积雪深度反演模型,并对其模型精度进行了评价,经过验证更好地解释了研究区的积雪分布规律。陈彦清等以我国的县为评价单元,利用层次分析法建立评价模型,评价了我国各县的雪灾风险等级。吴玮等认为雪灾是主要的自然灾害之一,对于雪灾的评价是灾害学必不可少的一环,并对我国雪灾的研究进度进行分析,指出我国对于雪灾的评估还处于较早阶段,一方面需加强雪灾评估领域的建设,另一方面还需对完善我国的雪害评估标准和科学的系统进行发掘。刘洵等通过检验交互式多传感器雪冰制图系统(the Interactive Multisensor Snow and Ice Mapping System,IMS)雪冰产品的准确率与实际积雪深度的关系,发现其准确率相对较高,但同时也存在零散积雪识别能力不足等原因导致其相对高估了积雪面积。李博渊等以信息扩散理论为基础,通过分析1961—2013年冬季降雪资料,得出新疆阿勒泰地区的强降雪雪灾区划图。吴鹏等通过对风吹雪的影响因素进行分析,利用模糊综合分析方法建立评价模型,通过求得的各指标权重和最大隶属度对公路风吹雪灾害的危险度进行了预判,并以新疆塔城S201线为实例证明了模型的有效性。

随着计算机技术的发展和软硬件技术的提高,许多评价方法可以结合计算机进行更加精确的定量评价。人们在早期对灾害的成因机理理解透彻之后,通过对成因机理的因素进行提取,结合科学的数学模型方法,再应用地理信息系统(GIS)技术把评价结果科学客观地显示出来。目前来说,关于灾害的评价,从论文检索来看,近十年间有关地质灾害结合GIS的评价论文一直在增多,GIS技术应用于地质方面的评价已经具备一个成熟的体系,但关于风吹雪方面的系统性评价还处于起步阶段。

董芳蕾以内蒙古锡林郭勒盟为研究区，根据致灾因子和灰色定权聚类法等建立评价模型，并利用该模型和 GIS 技术对该地区雪灾进行评价，最后制成区划图，为雪灾的预防提供了指导性建议。霍张兰率先在工程领域结合 GIS 软件，应用层次分析法系统评价了精伊霍铁路沿线风吹雪灾害和沿线雪崩灾害的危险性，为精伊霍铁路沿线的雪灾预测提供了可靠依据。伏洋等运用 GIS 软件，结合数学综合评价法，通过提取的指标建立数学模型，得到雪灾敏感性、危险性和易损性图层，并对其叠加分析，最终得到青海省雪灾风险区划图，对青海省防范雪灾具有重要意义。何永清等通过收集青海省的资料并结合 GIS 软件用定量的方法评价了青海省的雪灾情况，并进行了分区。白媛(2011)等通过收集到的青海省积雪深度和雪灾等数据，建立了畜牧业的评价模型，结合 GIS 技术对青海省畜牧业雪灾脆弱性进行了评价，为减轻该地区雪灾和保持畜牧业发展的研究提供了参考依据。陈晓杰建立积雪深度反演模型，用 MODIS 数据进行积雪深度反演，之后根据沿线雪害特征选取评价因子，利用 GIS 技术和层次分析法理论对沿线风吹雪和雪崩危险性进行了评价。萨楚拉以内蒙古牧区为研究区，利用 GIS 技术和数学模型，结合实地考察建立了积雪深度反演模型，并研发了雪灾预测和评估的辅助决策系统。马东辉通过收集东北地区的历史资料，构建东北地区雪灾评价模型，运用 GIS 技术对该地区进行了危险性和敏感性评价，根据结果实现了雪灾综合评价风险等级的划分。李婷等通过对河北省雪灾致灾因子的分析，利用 GIS 技术对河北省雪灾进行评价，发现河北省雪灾高危区主要集中在该省西部和北部。王秀琴等通过对新疆牲畜、作物和经济受雪灾的历史损失数据进行分析，发现灾情主要集中于阿尔泰山、天山等地区，并完成了雪灾风险区划图，对新疆地区科学防震减灾提供了参考。

### 1.3.5 目前研究存在的不足

多年来学者们对风吹雪开展了较多研究，总结起来，在风吹雪研究方面具有以下特点：

(1)原理研究多，措施研究少

研究者利用理论研究和数值模拟、风洞试验，更多关注与雪粒起动的摩阻速度、风吹雪的流体特征和运移规律，对于风吹雪的防治措施研究较少，个别研究纳入了防雪栅栏等措施，但这些措施没有得到现场检验，效果难以评价。

(2)宏观评价多，微观治理少

研究者大多借助卫星遥感技术开展大范围研究，研究尺度为青藏高原、天山地区、北疆地区、蒙古高原这样宏大的地区，期望构建雪灾评价模型，进行危险性和敏感性评价，划分风险等级，服务于防灾减灾，这样的分析评价较为宏观，缺少微观层面的具体划分，无法为线性交通工程服务。

(3)室内模拟多，现场测试少

随着计算技术的不断发展，数值模拟变得越来越容易，具有操作简单、数据丰富、投入少、见效快的特点，广泛为研究者采用，而现场测试则面临时间长、费用高、数据采集困难，受天气和道路交通制约等诸多不便，往往开展不足，但数值模拟(包括风洞试验)的情况过于理想化，和现场实际存在着巨大的差距，仅仅依靠数值模拟，往往得出与现场实际状况偏离较远的结论，严重影响研究结论的可靠性。

(4)定性分析多，定量计算少

风吹雪的防治是一项具体的工作，需要明确设计标准，选择具体的路基断面形式和防治工程类型，明确其防治工程设置条数、高度、透风率，但以往的文献鲜见提及，现阶段铁路和公路的设计规范，对这方面的论述以定性分析为主，依靠经验选择工程措施，实现定量计算尚有很大的差距。

(5)与具体工程结合不足

理论研究和具体工程的差别很大，理论研究关注原理和趋势，而工程实施要解决现实问题，并考虑防护效果、工程造价、工期等诸多现实因素，要具备可实施性。目前普遍存在单纯理论研究偏多，与工程结合不足的现象。只有两者结合才能修正研究成果，使研究成果落地，更好地服务于工程建设。

## 1.4 本书编著思路

### 1.4.1 研究背景

交通运输是基础性、先导性、战略性产业，是经济社会发展的重要支撑和强力保障。在我国西北部边疆地区交通网建设中，风吹雪灾害一直是困扰我国交通建设者们的一项难题。开展铁路风吹雪研究具有重要意义。

(1)交通网络不断扩大。我国交通网建设日益完善，交通网密度不断增大，并进一步向山区、边远地区延伸。交通基础设施对经济社会的贡献率度越来越高，改革开放40年来，我国交通基础设施规模在世界交通运输史上创造了举世瞩目的“中国速度”和“中国模式”。截至2021年底，铁路运营里程达15万km，二级及以上公路达72.4万km，越来越多的铁路工程将穿越风吹雪现象发生区域。

(2)人民对运输质量的要求逐年提高。随着精神文化的繁荣发展，人民出行意愿越发强烈。铁路不仅需要数量上的扩充，更要提高运输的服务质量，并不断提高安全、迅速、准确、舒适、方便、经济方面的水平。

(3)风吹雪现象也是一种比较特殊的非典型二相流运动，本身具有复杂性，对于风吹雪灾害形成理论及防治体系的研究还存在很大的突破空间。揭示风吹雪灾害成因机理，最大限度降低风吹雪灾害对铁路的影响，是铁路建设和安全运营亟待解决的重要问题。

### 1.4.2 目前研究方向

为确保寒区铁路降雪期间的运行安全，必须正确认识铁路雪害的特点，认真总结既有线雪害防治的经验，弥补现有研究的不足之处，积极研发先进、适用的雪害防治技术。风吹雪现象和灾害防治的具体内容，可以从如下几个角度进行考虑：

(1)明确区域内风吹雪起动和运动特征

根据水文地质、工程地质资料，结合现场测量、监测数据等内容，获得研究区域内风吹雪灾害易发区域的地形地貌特征，掌握区域内风雪场特性，得到地形地貌、气象及工程特性和风吹雪流场与积雪场的关系，系统总结铁路风吹雪灾害的形成条件、形成机理、雪灾危害、防治机理，对风吹雪防治技术做出定性的分析；重点关注风吹雪灾害的发育规律，总结分析发生风吹雪灾害的条件，以此为基础开展后续研究。

(2)防护措施的定量化分析

建立防雪工程设计标准，紧抓输雪量和阻雪能力的平衡，建立关系式，为定量化雪害防治奠定基础。

对各种现有的防雪措施进行研究，分析防雪措施结构参数与阻雪量之间的关系，确定防护措施的最优特征参数，并根据实际路基形式、流场条件、环境条件，得到可以充分发挥防护作用的结构形式。

对填方和挖方路基进行分析，开展各部位积雪深度模拟和现场测试，得到不设防情况下路基工程雪粒的沉积规律；优化边坡坡度、积雪平台等路基结构形式。

(3)建立风吹雪灾害综合防治体系

评估现有监测方法在寒区铁路沿线区域的适用性，包括监测内容、监测周期、监测仪器设备选型、仪器的安装工艺流程、监测资料的分析与整理等。

针对寒区铁路沿线地质条件与环境特点，研究区域降雪量、积雪深度监测及风速与风向监测等监测技术方法的最优化监测方案，在现场监测数据、历史数据和模拟试验数据的基础上，研究铁路风吹雪灾害的预警模型、预警标准，并对雪害预报方法、雪害预报指标、预报系统框架、雪害信息采集方式等关键问题进行研究。

考虑建立铁路风吹雪的监测预警体系，划分灾害等级程度，形成寒区交通风吹雪危险性评价模型；结合现场数据和试验数据，实现远端风吹雪现象的实时监测与数据分析，建立铁路运营过程中风吹雪灾害预测预报系统。

### 1.4.3 本书内容框架

风吹雪现象和灾害防治可以以现场调查和现场监测为基础，分析区内风吹雪灾害特征和影响因素，同时结合试验，提出防治措施和方案。通过野外观测和资料搜集，探讨铁路沿线风吹雪灾害的基本特征，然后结合对风速、降雪观测数据的分析，总结风吹雪灾害的影响因素以及与路基形式的关系，最后提出雪害防治措施方案。本书在编著过程中也同样遵循了上述研究思路，如图1-5所示。本书首先通过理论分析总结了风吹雪现象的相关运动特征和规律，然后说明了具体研究方法、试验技术的运用流程，最后通过三个工程实例详细阐述了风吹雪灾害防治措施的具体应用。

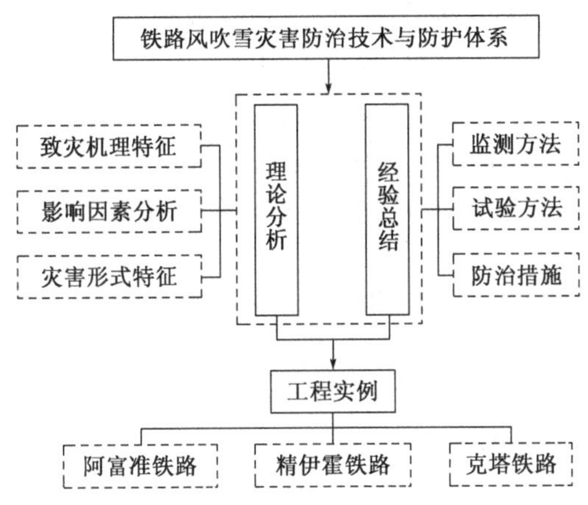


图1-5 本书内容框架图

## 1.5 本书主要内容

本书从为风吹雪灾害的防治减灾提供科学依据的目的出发,依托阿富准铁路、精伊霍铁路和克塔铁路建设过程中遇到的风吹雪问题和灾害处理办法,系统介绍并总结了作者多年来在风吹雪现象及其灾害防治方面所取得的研究成果,对上述风吹雪研究现状存在的不足进行总结和突破。本书的主要内容如下:

(1)总结了风吹雪现象的致灾机理和运动特征。风场和雪场作为风吹雪现象的动力来源和物质基础,是风吹雪现象的研究基础。本书详细总结了风吹雪现象从起动、运动到积雪的规律特征。

(2)分析了风吹雪现象的影响因素和与路基结构形式之间的关系。作为风吹雪的沉积条件,路基工程是导致风吹雪现象出现并产生灾害的主要因素之一,同时风吹雪运动也会受到风场、雪场、环境条件等多种因素的影响。本书将上述因素归纳为非工程因素和工程因素,对各种因素的影响作用进行分析。

(3)详细介绍了风吹雪现象研究常用的现场监测、风洞试验和数值模拟三种方法的优缺点,并完整说明了在实际工程研究中,所开展的上述研究方法的试验流程和数据分析方式。

(4)风吹雪灾害防治技术是本书研究的重点,主要包含以下内容:

①提出了风吹雪设计标准这一重大概念,为风吹雪灾害防治的科学化和标准化奠定基础,防洪设计有百年一遇的标准,防雪设计也需要相应的设计标准。同时给出了设计标准取值建议,以及设计标准频次下输雪量的计算方法。

②分析了雪量平衡原理,即防雪工程措施的阻雪能力要大于输雪量。

③介绍了风吹雪设计计算公式,给出了各个参数的意义和取值建议,并给出了算例,防雪

设计从此由定性评估、经验取值进入定量分析、精准计算的设计阶段。

④对防护工程的阻雪能力和路基工程自身结构(坡脚、边坡、平台等)阻雪能力给予量化。

(5)对风吹雪次生灾害进行了分析,提出了预防措施和治理方法。

(6)精选了阿富准铁路、精伊霍铁路和克塔铁路风吹雪灾害防治的工程应用实例,详细介绍了各条线路的风吹雪灾害防治思路、研究方法和防治措施,结合现场条件与试验结果,因地制宜地采用不同减弱风吹雪灾害的防护措施。这是我国铁路工程系统性开展风吹雪防治的经典案例。

本书对风吹雪灾害形成机理的研究和合理防护措施的分析,为寒区或特殊风雪环境条件下铁路的设计和建设提供了科学的依据和指导。风吹雪灾害防治不仅要重视防治结果,还应建立健全的高速铁路灾害监测预警系统,做到早发现、早清除、早开通。通过雪害防治的研究与实践,不断推进雪害防治技术的发展。

PREVENTION TECHNOLOGY OF
RAILWAY SNOW-DRIFTING DISASTER

# 第 2 章

# 风吹雪致灾机理及特征

## 2.1 风吹雪的起动机理

高寒地区铁路风吹雪的发生是气候、地形、地势等多因素综合影响的结果。降雪和积雪是风吹雪的主要物质来源，丰沛的雪源是风吹雪产生的基本前提。雪量的多少对风吹雪灾害的发展历程起着决定性作用，对于积雪的二次搬运，只有积雪深度累积在10cm以上的稳定雪层，才足以形成比较大的风吹雪。

风是风吹雪的动力，它决定着风吹雪的发展方向和运动规律。当风速较高时，雪粒被风吹起形成风雪流，雪粒从地面飞出的初速度大体服从麦克斯韦分布。当风吹雪遇到起伏较大的障碍物时，会受到地形或地物局部变化产生的旋涡阻力，使得风速急剧下降，促进雪粒的堆积。这些障碍物包括不同路基断面形式、路侧地形地貌、地物和植被分布等。风向和铁路线路走向之间的夹角也影响着风吹雪灾害程度。当风向与铁路线路方向大致相同时，铁路对风不构成障碍，风不易将雪粒输运到地面上，不易形成风吹雪灾害；反之，铁路线路与风向之间的夹角越大，越容易形成风吹雪灾害。此外，雪粒粒径和密度、温度、地面粗糙度、积雪时间和雪面硬度等也对风吹雪灾害有一定影响。

### 2.1.1 雪粒的起动风速

风是风吹雪形成的动力，雪粒在风荷载作用下跃起的难易程度对风吹雪的输雪量大小影响明显。风吹雪的输送能力首先取决于风速，起动风速的大小对高寒地区铁路风吹雪的输雪量的影响至关重要。当风速达到一定大小时能使雪粒发生滑移和迂回滚动，雪粒在滚动中发生相互碰撞，并在气流空吸作用下离开雪表面做较低高度的跃移运行，跃移雪粒不断增多时，雪粒即发生运动，这时的风速称为“起动风速”。

### 2.1.2 雪粒的物理性质

#### 1）雪粒的形状

雪是指大气中水汽遇冷在空中凝结直接降落到地面的水汽凝结物，由大量白色不透明的冰晶和其聚合物组成，多呈晶体形式。其中雪晶是单个冰晶，也是雪中常见的一种冰晶。雪花通常由簇聚在一起的雪晶组成，包括飘落途中因碰撞而堆积在一起的雪晶。图2-1为不同的雪晶与组成的雪花形状。

温度主要决定雪晶形状是板状还是柱状，湿度水平会影响雪晶的复杂程度。湿度较低时，雪晶通常生长比较缓慢，长成简单的小平面；湿度较高时，雪晶会迅速长出复杂的枝桠结构。板状晶通常在环境温度接近－2℃或－15℃的环境中出现，枝桠丰富的星形雪花通常只在温度约－15℃时出现，当环境湿度非常大时雪晶会长出宽大的分枝。温度在－6℃左右更容易出现柱状晶和针状晶。

雪晶的形状对雪粒的起动风速影响也很大，不同形状的雪粒起动风速是不同的，板状的雪粒要比粒状的雪粒起动风速小,搬运的距离要远。

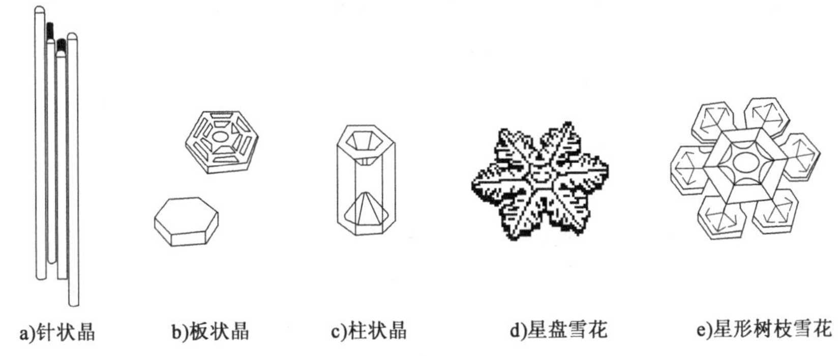


**图 2-1 雪晶与组成的雪花形状**

### 2)雪粒粒径

雪粒粒径大小对风吹雪起动风速起着至关重要的作用。在低温条件下,当雪粒粒径处于小于2mm的有效范围时,起动风速随雪粒粒径的增大而增大,但其增速呈现递减趋势(图2-2)。当温度低于-6℃时,起动风速和雪粒粒径的平方根呈正相关关系,其关系式表示如下:

$$v = 3.4 + 1.5\sqrt{D} \tag{2-1}$$

式中:$v$——雪粒起动风速,m/s;

$D$——雪粒粒径,mm。

### 3)温度和湿度

温度影响着雪粒粒径、积雪密度、雪的含水率等物理性质,其与风吹雪起动风速息息相关。野外观测资料表明:当气温从-23℃上升到-6℃时,1m高处的起动风速一般在3.7~4.3m/s之间变化,变化幅度不是很大。若气温上升到-1℃,由于雪的含水率增加,雪粒之间的黏滞力显著增大。积雪的湿度与气温、雪表面的温度有关。当气温和雪表面的温度低,在-6℃以下时,积雪的湿度较小,而且变化不大;当气温和雪表面的温度在-6~-1℃之间时,积雪的湿度变化非常大,且非常快。由于积雪的湿度增大,雪粒之间的黏滞力显著增大,起动风速增至7.6m/s以上,雪粒才能起动。温度和风吹雪起动风速的关系如图2-3所示,温度与起动风速同向变动,起动风速随温度的增加而增大。

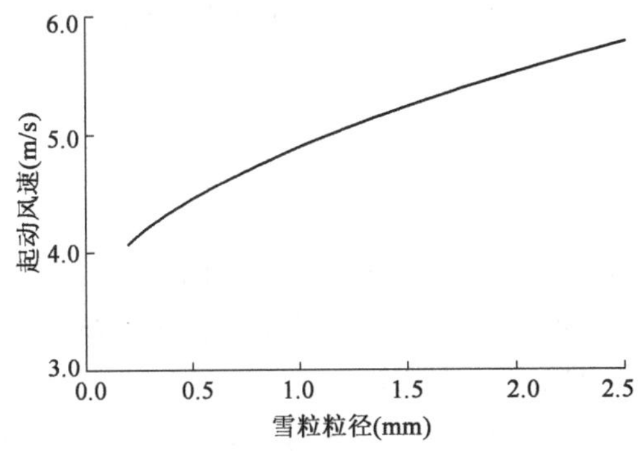


**图 2-2 雪粒粒径与风吹雪起动风速的关系**

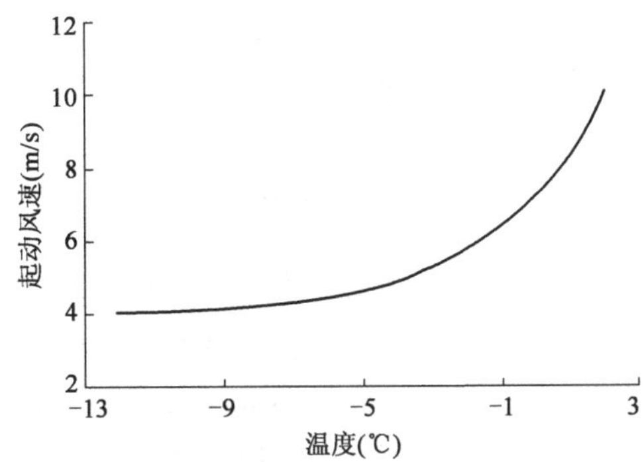


**图 2-3 温度和风吹雪起动风速的关系**

在秋末和初春季节里，暖流空气带来的降雪往往具有较高的温度（-1.0~6℃），雪粒间含水率较大，在遇到低温时在雪粒表面冻结成坚硬的冰壳，使雪粒无法起动。积雪表面一旦形成冰壳，在-18.5℃的低温下，贴地层5cm高处的风速达到7.1m/s时，也看不到雪粒的运动。这时起动风速随积雪密度变化可能不遵循上述方程所反映的规律。这种起动风速随季节而变化的特点在实际运用中应加以考虑。

4）雪密度

刚下的新雪较为干燥疏松，密度较小，平均密度只有0.058g/cm$^3$左右，因此相对较小的风速就可以使雪粒起动；经过风雪流的搬运和自身的融冻作用后，积雪的密度会逐渐有所增加，当增至0.1~0.15g/cm$^3$时，需要较大的风速才能使雪粒起动；经过多次搬运后积雪密度可以达到0.3~0.39g/cm$^3$，加之雪粒之间相互撞击黏合作用，雪粒粒径也随之增大，此时需要更大的风速才能使雪粒起动。有关研究表明，低温吹雪时，起动风速与积雪密度呈线性变化关系，后逐渐呈指数变化关系。在野外实地观测的基础上，王中隆对天山冬季积雪密度做了如下划分：新雪（干雪）0.04~0.08g/cm$^3$，新雪（湿雪）0.1~0.2g/cm$^3$，细粒雪（粒径为0.5~1.0mm）0.11~0.27g/cm$^3$，中粒雪（粒径为1.0~2.0mm）0.17~0.23g/cm$^3$，粗粒雪（粒径为2.0~3.0mm）0.18~0.24g/cm$^3$，深霜（粒径为3.0~5.0mm）0.22~0.27g/cm$^3$，聚合深霜（粒径为3.0~6.0mm）0.30~0.36g/cm$^3$。积雪密度与风吹雪起动风速之间的数值关系如图2-4所示。

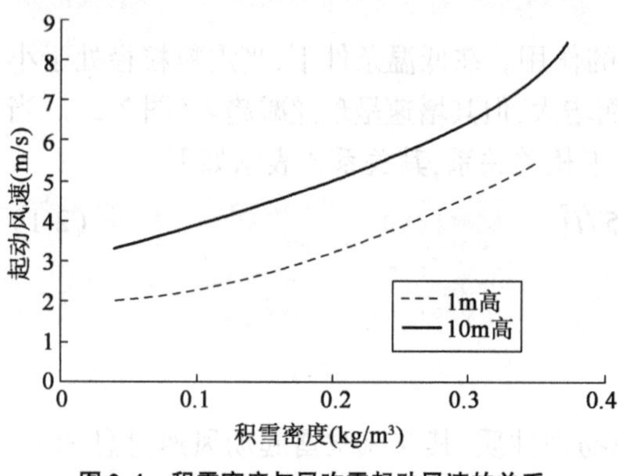


图2-4 积雪密度与风吹雪起动风速的关系

5）积雪时间

首先时间会影响雪粒的物理性质，如雪粒的形状、大小、与周围粒子之间的结合力等，进而影响风吹雪运动。其次，雪粒之间的结合力不仅是通常意义上的机械力，还有由于在接触部位上的冰结合及其成长（烧结过程）引起的固结力。随着积雪时间的推移，积雪并不是一直保持原状，而是不断发生变化。当气温上升时，积雪表面开始融化，而气温再次下降时表面融化的雪水和表层雪粒结合在一起，在雪表层形成一层2~3cm的板结壳，将雪粒与风逐渐隔绝。板结壳一旦形成，即使贴地风速达到正常起动风速的十几倍甚至几十倍也无法移动雪粒，所以风吹雪大多在降雪期间或者降雪后1~2d之内形成。

## 2.1.3 地面粗糙度的影响

地面粗糙度是指地面因障碍物形成影响风速的粗糙程度。风（气流）在接近地面运动时，受到树木、房屋等障碍物的摩擦影响，消耗了一部分动能，使风速逐渐降低。这种影响一般用地面粗糙度衡量。地面粗糙度越大，同一高度处的风速减弱越显著。

地面生长高矮不一的草以及灌木等，使得自然下垫面凸凹不平，致使其粗糙度增大。较大的粗糙度在一定程度上阻挡了近地气层的气流运动，使地表的雪粒不易被吹起，并能使运动着的雪粒停留下来。

在积雪面则是另外一种情况。雪面均匀平坦，粗糙度较小，气流垂直运动的分量相对较小，造成雪粒与气流的接触面也较小，故雪粒不易起动。如果雪面凹凸不平，粗糙度较大，气流垂直运动速度分量相对较大，同时雪面凹凸处增大了一部分雪粒与气流的接触面，因而使这些雪粒比粗糙度小的平坦雪面上的雪粒容易起动。地面粗糙度与雪粒起动风速的关系如图2-5所示。

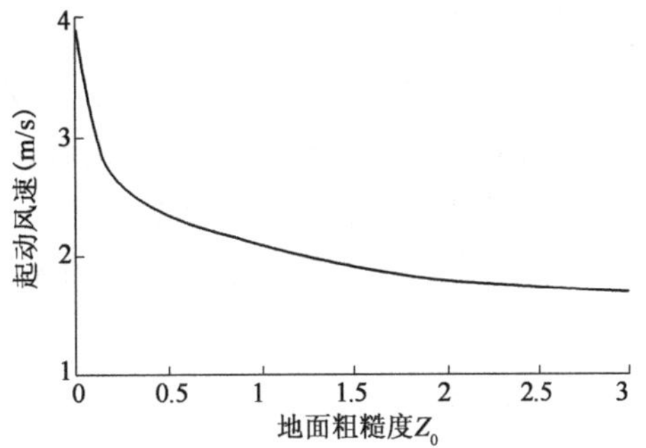


图2-5 地面粗糙度和雪粒起动风速的关系

# 2.2 风吹雪的结构

## 2.2.1 不同高度风吹雪的运动形式

风吹雪是非典型的气固混相流运动，大小、形状不尽相同的无数个雪粒和空气一边相互作用，一边做复杂的湍流运动。风雪流中雪粒含量是不均匀的，一般来说越靠近地面含量越大。在风的作用下，雪粒的运动状态很复杂，通常是多种状态混杂的情形，其确切的运动状态难以明晰。因此，为了研究方便，一般将雪粒的运动形式划分为蠕移、跃移和悬移3种。雪粒运动形式不同，不同高度处雪粒浓度及输雪量也有显著差异，如图2-6、表2-1所示。风雪流的特点之一是雪粒的含量范围非常广，一般在悬移层中雪粒的含量为$1\times10^{-4}\sim1\times10^{-2}$kg/m$^3$，在跃移层中为$1\times10^{-2}\sim1$kg/m$^3$，含量差异最大可达$1\times10^4$倍。另外，雪粒粒径大小在空中分布也是不均匀的，一般离地越高粒径越小。

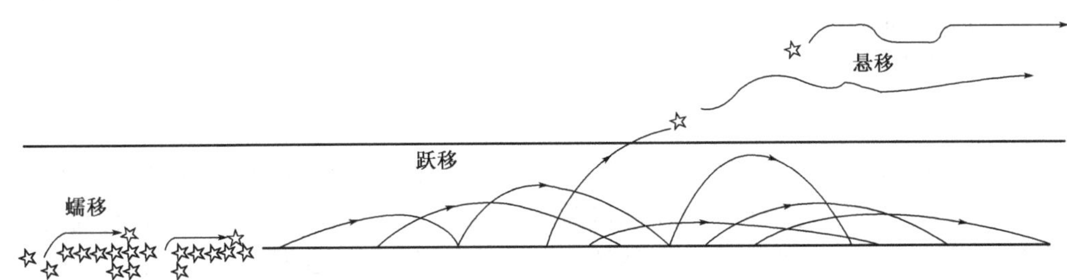


图2-6 雪粒运动形式

雪粒输雪方式 表2-1

| 类　型 | 运动方式 | 高度(cm) | 风速(m/s) | 移雪量百分比(%) |
|---|---|---|---|---|
| 蠕移 | 滚动 | <1 | <5 | <10 |
| 跃移 | 跳动 | 1~100 | 5~10 | 80 |
| 悬移 | 悬浮 | >100 | >15 | <10 |

1）蠕移

蠕移运动是指在风力的作用下，雪粒从比较低位置的切线方向滑动形成，在气流的直接作用下，雪粒会产生振动、滚动以及滑移运动。一般情况下，在蠕移情况下的雪粒不会离开雪面，因此，雪粒滑移的高度一般不会比雪粒的半径大。在考虑雪粒的输运过程时，这种运动可以忽略。综上所述，这种蠕移运动形式的风吹雪输雪量和其他形式输雪量相比差距较大，因此可以忽略不计。

2）跃移

跃移运动是指在一定风力作用下，雪粒在雪面上跳跃式向前，雪粒之间相互碰撞，进而会从雪面上弹起来的比较复杂的运动。雪粒的运行高度不等，一般在几厘米和几十厘米之间。跃移层厚度受雪粒粒径大小和风速大小的影响，粒径越大，风速越小，则跃移层厚度越小。观测表明，跃移层的雪粒在雪面上相互碰撞时，某个粒子的撞击可以使很多粒子脱离各自的结合力，逐渐进入空中。这样跃移粒子将会不断增多，这个过程是风吹雪形成的重要因素。根据实际观测，在新疆地区，晴天风吹雪中85%的输雪量是在跃移层中。

跃移层中的雪粒运动遵循动力学理论，可用两个物理量来表征，一是输雪量，二是输雪强度。输雪量是指单位时间内通过垂直于风向单位宽度截面的吹雪量；输雪强度是单位时间通过垂直于风向单位面积上所输运的雪量，以 $g/(cm^2 \cdot s)$ 表示。通常用输雪强度表示风雪流中含雪量多少以及雪粒迁移输运特征，其数学模型为：

$$q(z)=\frac{2\alpha NU}{g}\exp\left(-\frac{z}{\pi h}\right) \tag{2-2}$$

式中：$q$——输雪强度，$g/(cm^2 \cdot s)$；

$N$——单位时间内，单位面积雪面上飞出的雪粒数；

$\alpha$——雪粒受到的力与空气相对速度的比例系数，$\alpha=3\pi\mu d$，$\mu$ 为流体黏度，$d$ 为雪粒粒径；

$h$——雪粒跳跃最大高度，m；

$U$——风速，m/s；

$z$——聚集点的高度，m。

3）悬移

悬移是指在风速达到8～10.7m/s或以上时，大量的雪粒沿地面水平方向和垂直方向运动的旋涡群卷入气流中，悬浮在空气中随风前行，在湍流的扩散作用下，雪粒的运行高度不等，一般在数厘米至十几米之间，甚至可以达到几十米的高度，雪粒运动可分均匀雪粒和非均匀雪粒两种情况用湍流理论进行研究。

对于均匀悬移雪粒，由于气流中存在大小不一的旋涡，在进行悬移运动的同时还要受到周围旋涡随机运动的支配，其移动符合湍流运动理论。假设风雪流是由悬移的雪粒组成，并且已在雪面上形成湍流边界层，则雪粒的空间浓度在无降雪时可以表示为：

$$n(z)=n_1\left(\frac{z}{z_1}\right)^{-\frac{w}{ku_*}} \tag{2-3}$$

降雪时可表示为：

$$n(z) = \frac{p}{w}\left[1 + n_1\left(\frac{z}{z_1}\right)^{-\frac{w}{ku_*}}\right] \tag{2-4}$$

式中：$n$——雪粒的空间浓度；

$k$——卡门常数；

$w$——雪粒的下降速度；

$p$——雪面上雪粒在单位面积上的流量；

$n_1$——特定高度 $z_1$ 上雪粒的空间浓度；

$u_*$——摩阻速度。

如果测量值为平均风速，则输雪强度就可以表示为：

$$q(z) = n(z) \cdot U(z)$$

根据风雪流的风速廓线方程：

$$U(z) = 5.75u_* \ln\frac{z + 0.15}{z_0} \tag{2-5}$$

于是有：

$$q(z) = 5.75q(z) \cdot u_* \ln\frac{z + 0.15}{z_0} \tag{2-6}$$

上述规律只适用于风雪流跃移层以上的部分，不能用观测到的结果推导雪面上的浓度 $n_0$，因为在雪的表面湍流扩散率不成立。

对于非均匀悬移雪粒，通常采用非均匀雪粒的湍流扩散理论。该理论假设：下沉速度各不相同的每个雪粒的运动是独立的；各雪粒的下沉速度与雪粒粒径成比例；不同高度上的雪粒粒径分布可用 $\Gamma$ 函数表示。

同样是风雪流，因为雪的含量差异很大，风雪流中空气的特性必然会产生很大差异。当雪粒含量较小时，风雪流中空气的特性占主导地位，但雪粒的含量很大时，雪粒之间、雪粒与空气之间的相互作用明显地重要起来。因此，雪粒含量达到某一值之后，风雪流就不再满足牛顿应力关系，不能当成牛顿流体。可见，在风雪流计算分析时，不能按单相流处理。但到目前为止，复杂的二相流理论远没有确立，实际工程问题只能靠经验公式处理。

### 2.2.2 风吹雪的结构特征

风吹雪运移机理对于研究高寒地区铁路风吹雪的输雪量极为重要，不同高度处的雪粒运动形式明显不同。我国对锡林郭勒草原不同风速下不同高度处雪粒输雪强度的监测结果如图 2-7所示。结果表明：风是风吹雪运动的动力条件，它决定了风雪流的运动规律和发展方向，输雪强度均随距离雪面高度增加而急剧减弱，随着风速的增加风雪流搬运高度上升。风雪流结构函数在低风速下符合对数函数关系，在高风速条件下遵循幂函数关系变化；输雪量百分比随首与雪面距离的增加而减小，输雪量垂向占比表现为随风速增加下层百分比降低而上层增加的现象，输雪量主要集中在近地表 20cm 范围内，占到总输雪量的 80% 以上。该结果与加拿大努勒维特省伊魁特市机场附近的风吹雪测量的结果较为接近，即输雪量在 0.1 ~ 0.9m 范围内沿高程以幂函数（幂指数为 −2.5）的形式递减。

观测表明，雪粒浓度在垂直方向上，随着高度的增加而显著减少，并遵循对数变化规律，不论是晴天还是降雪天,风雪流中大部分雪粒集中在 0 ~ 20cm 的贴地气层中运行,晴天约占 92%,降雪天约占 74%。

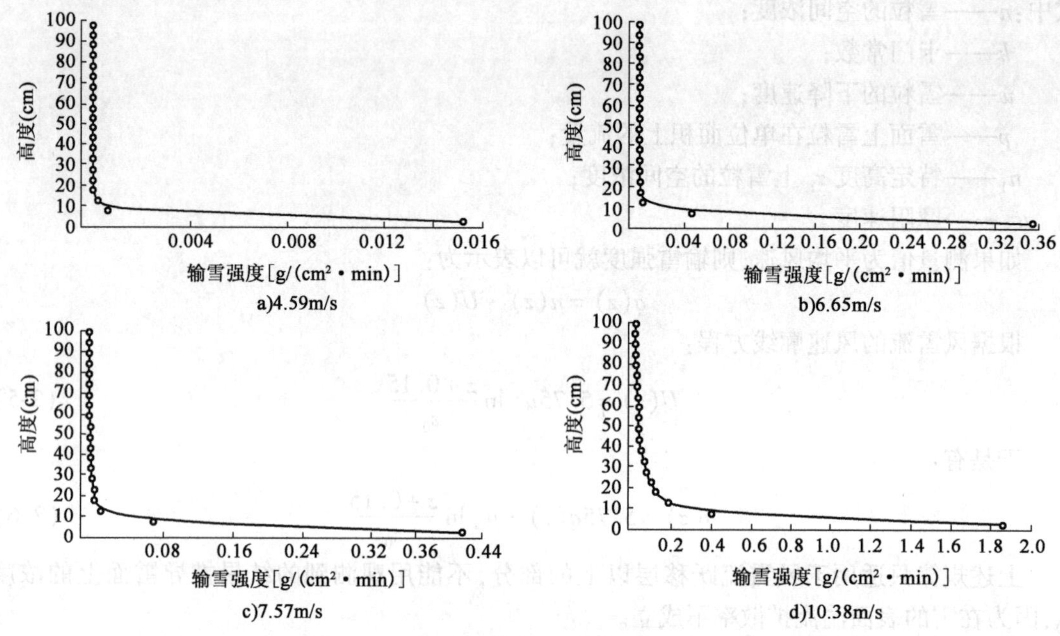


图 2-7 不同高度处输雪强度

## 2.2.3 风吹雪的输雪量

输雪量是指竖直剖面内单位宽度单位时间内通过的雪的质量,单位用 kg/(m·s)表示,由力学关系可得其表达式为:

$$Q_s = \frac{c\rho}{g} u_*^3 \tag{2-7}$$

式中:$Q_s$——输雪量,kg/(m·s);

$\rho$——空气密度,kg/m$^3$;

$g$——重力加速度,m/s$^2$;

$u_*$——摩阻速度,m/s;

$c$——通过观测和试验确定的系数,见式(2-8)。

$$c = \left(0.25 + \frac{w}{3u_*}\right)\left(1 - \frac{u_{*1}^2}{u_*^2}\right) \tag{2-8}$$

式中:$w$——粒子下落速度;

$u_*$——摩阻速度,m/s。

风吹雪的形成、雪粒的输送及沉积主要受近地面层内(0.1 ~ 5.5m)风的制约。输雪量可使用捕雪网测定,用测降雪量相同的方法记录输雪量,在强风时很容易得到,弱风时的观测尚待研究。观测表明,输雪量从风吹雪发生点开始到 150 ~ 200m 之间极速增加,在降雪强度很大的情况下,350 ~ 400m 时即可达到饱和输雪量,一般情况下超过 800m 时输雪量还会继续增加。风力搬运雪的输雪量和风速的 $n$ 次方($n=2\sim7$)成比例关系,当风速变小时,飞雪中的一部分将停止移动变成积雪。表 2-2 和图 2-8 为日本相关研究资料的输雪量实际观测结果,可见风速在 10m/s 左右时,80% 以上的输雪量是在雪面上 1.5m 以内移动。

不同风速下的输雪量　　表 2-2

| 项　目 | 强风吹雪 | 弱风吹雪 | 风　吹　雪 |
|---|---|---|---|
| 风速(m/s) | 10.5 | 9.7 | 10 |
| 输雪量[g/(m·s)] | 39.65 | 10.53 | 25.87 |
| 气温(℃) | -5.7 | -5 | -6 |
| 降雪量(mm) | 61 | 167 | 227 |

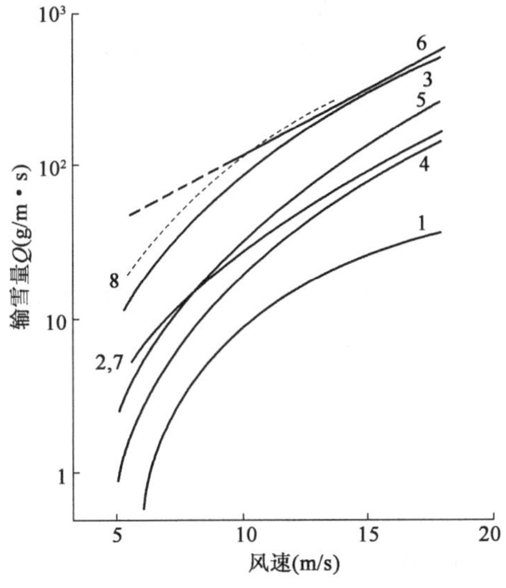


图 2-8　输雪量与风速关系观测曲线

一般来说,在高度不超过 10m 的大气边界层内,地面的剪切力(拖拽力)或阻力可近似看作常数,即在 10m 以内风速廓线是随高度呈对数分布的。将平坦地面随高度变化的风速廓线在对数坐标系表示时,可以得到斜率为$\frac{u_*}{k}$的斜线,而不同的 $u_*$ 对应不同斜率。由此,可以根据测量得到的风速求出 $u_*$。

输雪量对于雪害的防治非常重要,国内外学者对其进行了大量的观测,其中几个代表性的结果如图 2-8 所示,图中序号与表 2-3 中公式对应。

输雪量观测经验公式　　表 2-3

| 序　号 | 观测者(年份) | 经 验 公 式 | 备　注 |
|---|---|---|---|
| 1 | Khrgian(1934) | $Q=0.123U^2+0.267U-5.8$ | $U$ 为 2m 高风速 |
| 2 | Ivanov(1951) | $Q=0.0295U^3$ | $U$ 为 2m 高风速 |
| 3 | Mel'nik(1952) | $Q=0.092U^3$ | $U$ 为 11m 高风速 |
| 4 | Dyunin(1954) | $Q=0.0334[1-(4/U)]U^3$ | $U$ 为 1m 高风速 |
| 5 | Komarov(1954) | $Q=0.011U^{3.5}-0.68$ | $U$ 为 1m 高风速 |
| 6 | Budd 等(1966) | $\ln Q=0.0859U+1.22$ | |

续上表

| 序　号 | 观测者(年份) | 经 验 公 式 | 备　注 |
| --- | --- | --- | --- |
| 7 | 小林(1969) | $Q=0.03U^3$ | $U$为1m高风速 |
| 8 | 竹内(1975) | $Q=0.2U^{2.7}$ | $U$为1m高风速 |

从上述图表中发现,在同样风速下每个人测得的输雪量 $Q$ 值相差很大,可达到 10 ~ 100 倍,原因不仅是观测时地形、气温、风雪流的发育程度、观测方法等因素引起的误差,更重要的原因是雪质(雪粒粒径、雪粒形状、雪粒密度、温度、含水率等)的不同。雪质不同,则雪粒的运动形式(跃移、悬移)也发生复杂变化。鉴于此,除了现场观测,往往用风洞试验补充这一不确定性。但风洞试验中也不可能满足所有的相似准则,结果仍有一定的不确定性。

风吹雪的输送能力首先取决于风速。在飞行过程中,由于风吹雪的颗粒表面都充分与空气介质相接触,所以它们蒸发迅速。在较高的温度下,中等大小的雪粒蒸发只需数分钟;在低温下需要数小时。因此,风吹雪粒不可能在非常大的距离内移动。通常雪移动的有效区宽度不超过 2 ~ 3km。由此可知,在其他条件相同的情况下,风从 2km 和 20km 的积雪区所搬运的雪体积,实际上是相同的。

综上所述,在现场监测预测输雪量时应根据上述文献充分考虑雪质、地形、气温、风雪流的发育程度、观测方法等因素,按照监测拟合的输雪量经验公式,采用准确的输雪量监测预测方法,才能达到准确预警风吹雪灾害的目的。

## 2.3　风吹雪的积雪特征

沉积是当风速降低时雪粒在重力的作用下向地面沉降的现象。雪粒在空气的作用下,随气流运动,当空气作用力产生的升力小于雪粒的重力时,运动中的雪粒就有可能向下运动,形成沉积。

由空气的切应力公式可知,空气的切应力与两个因素有关,一是空气的黏性,另一个是空气的速度场梯度。空气的黏性虽然会随着温度、空气湿度等的变化而变化,但是在单一的风雪流中的变化不大,所以对空气的切应力影响并不大。因此风雪流中影响雪粒受空气切应力的因素主要为雪粒附近的风速场梯度。

在风速、风向及雪源三个变量保持不变的条件下,铁路路基横断面形式对路基面附近产生雪粒沉积,其在风吹雪灾害严重程度中起到决定性的作用。因此,山区是风吹雪灾害的重灾区,山区铁路极易受到风吹雪灾害的影响。

当风吹雪吹过平坦地面时,由于没有障碍物阻挡,风吹雪运动速度变化不大,地面积雪深度也比较均匀。但地面上遇到障碍物时,往往障碍物的顶部风速会增加。观测表明,高 1m 的障碍物其顶部的风速可以达到正常风速的 1.26 倍。在山区和丘陵地区,受到铁路线路的影响,地形也因此发生改变,进而引起积雪的重新分布,其状态也有所变化。不同种类型的风吹雪灾害由此而生。

(1)背风堆积

风雪流从山坡上吹下来,进入背风坡坡顶后,由于气流急剧扩散,产生旋涡减速,雪粒便沉积在边坡上,并常以雪檐或雪包的形式向前推进。

(2)迎风堆积

风雪流从山坡下吹上来,到达迎风坡后,由于受到迎风坡的阻挡,气流急剧扩散,产生旋涡减速,雪粒便沉积在迎风一侧的路肩上,并逐渐向路基全宽延伸。

(3)绕流堆积

一般情况下,铁路弯道半径相对较大,当铁路线路走向在弯道一端和风向垂直时,在另一端铁路走向则会与主风向夹角减小或者平行。因而背风弯道在背风沉积和水平绕流作用下形成积雪。在迎风弯道路段,由于迎风的阻塞以及绕流存在产生积雪。在弯道绕流路段,往往会形成绕流雪岭,积雪相对比较严重。

(4)辐散堆积

风雪流从山谷进入开阔平地时,由于辐散减速,使雪粒堆积;风雪流从深长路堑吹出时,由于辐散减速,雪粒也会沉积下来。

(5)屏障堆积

风雪流遇到路堤、山丘等屏障物时,在屏障物前后一定范围内均出现减速区,而在前、后坡脚处减速至最低值。在减速区内,当风速降低至起动风速以下时,便会产生不同程度的积雪,尤其是前、后坡脚处的积雪较多。

PREVENTION TECHNOLOGY OF
RAILWAY SNOW-DRIFTING DISASTER

# 第3章

# 风吹雪灾害的影响因素

风吹雪运动过程中,一方面不断地从地表吹刮起雪粒,进入风吹雪运动中;另一方面,雪粒不断地从风吹雪运动中沉落回到地表,逐渐形成一种动态平衡,并保持这种平衡状态继续运行。当遇到障碍物时,如铁路路基,保持着动态平衡的风吹雪运动在前进过程中遇到阻力,引起贴地面气流分离,近地表面气流运行速度降低,出现弱风区,气流搬运雪粒的能力被削弱,使风吹雪运动由饱和状态过渡为过饱和状态,导致多余雪粒跌落沉积在路面,形成风吹雪灾害。

## 3.1 风吹雪灾害的影响因素分类

根据风吹雪的运动状态和特征,可以将风吹雪灾害的影响因素划分为三类:风场条件、雪场条件和环境区域条件。根据各自条件的特点,将三类条件进一步划分为非工程因素和工程因素。其中,非工程因素主要包括雪源、风速、地形地貌、气候因素和铁路线路周边植被及障碍物;工程因素主要包括线路走向与风向的关系、挡雪墙、房屋、线路附属设施、路基工程。

### 3.1.1 非工程因素

#### 1)雪源

降雪和积雪是风雪流的物质来源。一般来说,只要有降雪和积雪,就可能有风吹雪发生。但是降雪的多寡和积雪量制约着风吹雪的发展和衰亡,雪源区的积雪深度、雪粒粒径、积雪密度等性质也对风雪流的形成有很大的控制作用。据观测,只有积雪深度在20cm以上的稳定雪层,才会形成较大的风雪流。雪粒粒径影响起动风速,随着雪粒粒径的增大,起动风速随之增大,但增大的速度越来越慢。积雪密度也对起动风速和移雪强度影响较大,积雪密度越小,要求的起动风速越小。

雪的物理性质和积雪吹雪的形成也密切相关,例如,我国新疆境内的降雪为"干旱型"积雪,这种雪粒相互间的黏结作用很小,在风的作用下很容易起动;而如果雪粒堆积面长时间暴露在太阳照射下,其表面会形成薄消融壳,这种情况不论多大风速,一般都不会产生风吹雪。在我国的北方,如我国东北地区、内蒙古地区以及新疆北部地区等地雪源丰富,积雪密度偏低,容易导致风吹雪的形成,造成灾害。

#### 2)风速

风速是风吹雪形成的动力,它决定着风吹雪运动的发展方向和运动规律。风吹雪导致的吹蚀、传输和沉积作用,使得新雪或自然积雪重新分配,积雪深度和雪害等级发生重大变化。风吹雪的输送能力首先取决于风速。

当穿过雪源的风速达到一定数值时,沿雪表面呈水平与垂直运动的微小旋涡群把雪粒卷入气流,在地面或近地气层中运行。根据"公路风吹雪雪害防治技术研究"、《中国风雪流及其防治研究》以及俄罗斯科学院院士 V. M. Kotlyakov 研究成果中相关内容,分析可知:积雪密度会影响雪粒含水量,进而影响雪的重量和性质。新雪很疏松,积雪密度小于0.100g/cm$^3$时,有较小的风速雪粒就能起动。经过风雪流搬运后,积雪密度增大到0.100~0.150g/cm$^3$时,雪粒需要较大的风速才能搬运。经过多次搬运后,积雪密度可达到0.300~0.390g/cm$^3$,加之雪粒间相互黏合作用,雪粒粒径也随之增大,加之雪面硬度提高等多种因素的影响,这时需要大的风速才能使雪粒起动。

降雪时如果没有刮风或者是风力较弱,在铁路道床上就会出现均匀雪层,并且随着时间的推移雪层会越来越厚,当雪层厚度大于30cm时(图3-1),便形成铁路雪阻;在风场的作用下,高处积雪会被吹落到低洼路段(图3-2),或者当风雪流受到铁路结构物的阻碍时,使得被强风吹移的雪粒无法继续保持运动状态时,雪粒与风场就会相互分离,并堆积在风雪流运行速度减慢的区域,导致列车等无法通行,进而形成雪阻。

**图3-1 降雪积雪**

**图3-2 风吹雪积雪**

对于降雪时的风吹雪现象,降雪越大,时间越长,风速越大,则形成的风雪流密度越大,积雪也会越多;对于地面积雪时的积雪吹雪现象,雪源越充足,风速越大,积雪则越多。起动风速的大小既与积雪本身物理力学性质(如雪粒粒径、积雪密度、积雪雪粒形状、积雪深度、积雪雪粒的温度、积雪雪粒的湿度、积雪雪粒的硬度、黏滞系数等)有关,又与外界条件(如太阳辐射、气温、地面粗糙度等)有关。一般低温情况下,雪粒的起动风速为3~8m/s。起动风速是判断是否会发生风吹雪的临界条件。随着风速的增大,雪粒的运动形式依次是蠕动、跳跃和悬浮,而风吹雪的灾害形式依次表现为低吹雪、乱流吹雪和高吹雪。

(1)低吹雪:降雪数天后,通常三级与四级风作用下地面雪粒将沿着山坡或积雪坡面蠕动、跳跃,定向运动、吹扬高度在30cm以下。

(2)乱流吹雪:降雪过程中或降雪1~2d内,由于降雪天气过去后,山区气流不稳定,形成的各种乱流涡流束带动雪粒顺山坡或沟谷向减压区飞扬而下,形成一种无规律但定向流动的吹雪现象,吹扬高度在2m以下。

(3)高吹雪:降雪数小时后,狂风将地面雪粒卷起,吹扬高度在2m以上,雪粒以悬浮飘扬形式顺坡槽谷倾泻而下,遮天蔽日,有如大雾弥漫。

日本曾以风速和温度为条件测定降雪时雪粒跳跃运动的发生条件,即发生风吹雪的临界风速。图3-3显示了当风速超过曲线Ⅰ时将发生贴地吹雪,超过曲线Ⅱ时将发生断续高空吹雪,超过曲线Ⅲ时将发生连续高空吹雪。并做出规定,当风速超过曲线Ⅰ时需要警戒,风速超过曲线Ⅱ和Ⅲ时就会给线路交通带来危害。以此判定风吹雪对交通的影响和危害程度。

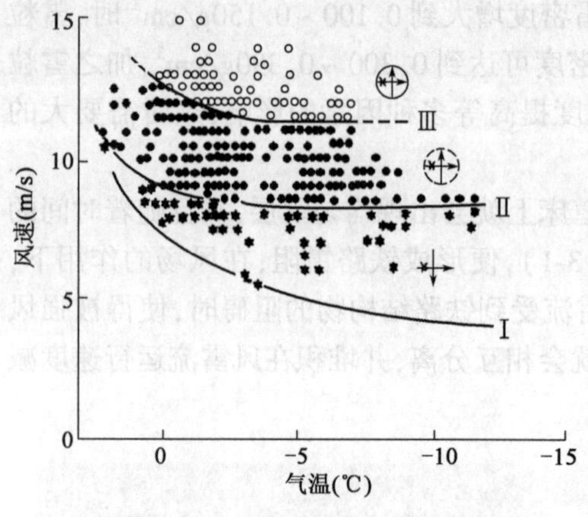

图 3-3　风速和温度对风吹雪发生的影响

3）地形地貌

地形地貌对风雪流灾害的形成起着关键作用。不同的区域地形由于其纵横起伏形成多种多样的气候类型,这些特有的地形、地貌和气候条件直接影响了风吹雪的形成。同时,不同地形对降雪、积雪、日照分布、地面辐射和大气温度等都有一定影响。我国地形复杂,任何一次冷空气的侵袭,受地形影响,不论是风向和风力都有差别,因此要根据我国不同地区的地形特点,以及大风出现的特点,进一步探讨我国不同地区风吹雪灾害的形成关系。

我国国土面积广阔,地形地貌极其复杂，由于地理位置和地形的影响,我国风吹雪地区气候的海洋性弱,大陆性强。且由于云量较少,晴天多,因而其光能资源非常充裕,日照充足。充足的日照加快了雪粒的烧结速度,加大了风吹雪的起动风速。另外,我国主要遭受风吹雪灾害的地区,特别是内蒙古和北疆的草原由于处于西伯利亚冷空气南下的必经之路,盛行西北风,且大风天气非常频繁,因此往往风吹雪形成规模大、持续时间长,与西北—东南方向夹角较大的道路就容易发生风吹雪灾害。

(1)平原地区

在开阔的平坦地区,水平流场均匀,对雪粒的扩散输送是有利的,风吹雪向前移动因不受地形起伏的影响,其速度没有局部降低或增加。当风吹雪吹经平坦开阔地面时,仅有摩擦阻力损失、风速变化不大,吹雪处于不饱和状态,雪粒随风运行,并造成各种风蚀状态;当由地表面进入气流中的雪粒数与沿途降到地面的雪量接近相等或处于相对平衡状态时,地表吹蚀及堆积均不明显;如果地表面粗糙度显著增大,由于摩擦阻力的增加使气流搬运能力相应减弱,形成片状或舌状的雪堆积,这就是平坦开阔地草地、灌木丛中积雪较多的原因,但此种积雪深度一般不大。总之,整体而言草原牧区地势平坦,水平流场均匀,对雪粒的扩散输送是有利的,同时提供了丰富的雪源。

(2)山丘丘陵地带

在山区,山川纵横起伏,由于山体的存在,雪粒随气流分为绕流和爬升两部分,山坡越陡绕流的比例越大。由于地形高度高于雪粒排放高度,翻越山顶的雪粒较少,而绕流部分较多。山前风速衰减区由于雪粒不易输送和扩散形成了浓度高值区。绕流运动也在背风坡形成一个浓度相对高值区,但浓度比山前小好几个量级。在风速较大时,山体的水平范围越大对雪粒的阻挡越明显;风速较小时( $<1.5$m/s),山体坡度越陡造成的阻挡越明显。山脊较高时,低空气流并不翻山而过,而是沿山谷内地形绕流。山谷的渠道效应影响高度可波及至400~500m。

当风吹雪气流遇到高低起伏的山丘时速度则要发生变化。这表明地形是铁路发生雪害的重要影响因素之一。在山地及丘陵地带,其迎风侧附近,由于受到山丘屏障的壅塞,一部分气流抬高,准备翻越山丘,因而使迎风一侧某一范围内贴近地面的气流有明显的减速。减速场的大小与山丘高度成正比,山丘越高减速范围越大,一般为山丘高度的4倍。减速程度是随距离的缩小而增大,越靠近山丘,风速减小越大。

在山丘的背风侧，由于山的屏障作用和两侧风雪流的绕流，产生强大的涡流，风速也有明显减弱。例如，陡立的山丘背风侧山脚处的风速，与山前平地相比，降低60%左右。离开山脚后，风速又逐渐增大。当路基位于迎风侧或背风侧的山脚处时，将产生不同程度的积雪，其范围大小与山丘高度成正比，一般影响范围为山丘高度的12倍。风力减弱程度随着距山丘距离的增大而减小，距离达到山丘高度的12倍后，即恢复到山前不受山丘影响的风速，山脚下减速最大。因此在雪害地区，如果路基位于山丘的风力减弱范围内，为防止公路积雪，必须采取一定的工程设计和防护措施，以消除铁路上积雪的形成。

另外，山区地形对降雪、积雪、日照分布、地面辐射和大气温度等都有一定影响。如随着离地高度的增加，自由大气中的气温一般总是递减的。根据探空资料，在中纬度地区，自由大气中的海拔每上升100m年平均气温约降低0.6℃。海拔高度越高，全年降雪日数越多，初雪越早，终雪越晚，降雪期间隔越长。由于阳坡日照多，降雪随着时间的变化沉积变质得早而快，起动风速有所增加，风吹雪的危害程度有所减少。总之，山区有大量的雪源且对风吹雪的形成有一定的影响。

(3)沟谷地带

山间沟谷也影响着风速的变化。当风向与沟谷一致时，进沟处风速突然增加，风力最大（大约增大17%）。在沟内，由于两侧山坡的摩阻影响，风速逐渐变小，在出口处风速大约降低34%；离开出口以后，由于风雪流的扩散和山地的屏挡作用，风速进一步降低，并在出口处一百多米处降至最小值。此后，风速又开始增大，并逐渐恢复到沟前开阔地带的风速当风向与沟谷方向斜交时，沟的狭管作用减弱，山的屏障作用增强，使沟内风速降低。当风向垂直于沟谷时，沟内风速最小。因此，如果路基位于山沟谷中，无论路线的走向与风向垂直还是成一定角度或平行，只要路基位于减速区域中，一般来说均会产程度不同的积雪现象。表3-1和图3-4是中国南疆铁路的实测资料。

**中国南疆铁路实测资料** 表3-1

| 序号 | 测　　点 | 高沟外平地距离(m) | 风速(m/s) | 与沟外点风速比值 | 增减率(%) |
|---|---|---|---|---|---|
| 1 | 沟口山前平地 | 0 | 10.8 | 100 | 0 |
| 2 | 进沟口 | 113 | 12.6 | 117 | +17 |
| 3 | 沟内 | 773 | 11.1 | 103 | +3 |
| 4 | 沟内 | 998 | 9.2 | 85 | -15 |
| 5 | 沟内 | 1068 | 8.7 | 81 | -19 |
| 6 | 出沟口 | 1143 | 7.1 | 66 | -34 |
| 7 | 出口山前平地 | 1248 | 6.1 | 57 | -43 |
| 8 | 出口山前平地 | 1298 | 6.6 | 61 | -39 |

不同地形类别条件下风吹雪灾害发生的频率由小到大的次序是平原、丘陵、山岭。地形起伏变化越大的地区，靠近地表的风速流场的改变也越大，导致风速流场的复杂变化和差异分布，因而铁路公路发生风吹雪灾害的频率也就越大。

风吹雪在我国东北地区、西北地区、青藏高原、西南山区和平原地区一些积雪区域均有发生，其灾害主要表现在对山区公路和铁路的影响方面，严重灾害地区的公路铁路阻车时间可达

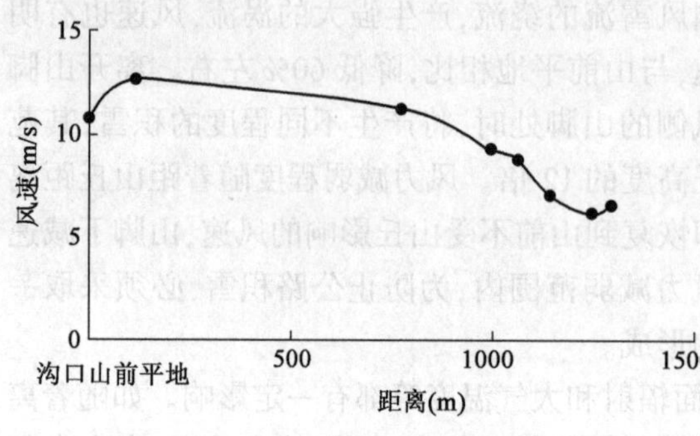


图 3-4 中国南疆实测风速

半年之久。通过上述分析可见,地形对风吹雪灾害的形成具有很大的影响,这就要求我们外业选线时一定要多考虑、谨慎选择路线。线路应尽量选在地形开阔、地势较高、起伏较小、通风顺畅、移雪量最少的部位通过。

#### 4)气候因素

我国北方地区"立体气候"明显,特点是寒暑变化较为悬殊,冬季酷寒,夏季燥热,日温差变化大,降水量较少,无霜短期并且多风。进入冬季后,我国北方地区逐渐开始降温,陆续出现强降温和大雪天气。每年 11 月—次年 4 月为寒冷的冬季,其中 12 月—次年 3 月属于主要降雪期。与此同时,降雪期内大气温度几乎均在 0℃ 以下。每年的 11 月—次年 3 月的月平均气温都在 0℃ 以下,年日平均气温低于 0℃ 天数超过 120d,积雪不易融化。

根据我国受风吹雪灾害影响较为严重区域气候特征,得出影响我国风吹雪灾害的气候条件主要是冷空气入侵和较为频发的大风天气。

(1)冷空气入侵

冷空气的入侵是引起我国北方风吹雪灾害的主要因素之一。根据新疆气象手册,影响新疆的冷空气(寒潮)移动路径一般都要经过乌拉尔山南端、巴尔喀什湖北部东移,当冷空气移到新疆东部或内蒙古两地时,部分冷空气从新疆东部、河西走廊西部一带迂回进入南疆,影响南疆天气,除这部分冷空气外,还有小股冷空气翻越帕米尔高原或天山的山隘进入南疆,在南疆造成降雪。相对于北疆的冷空气降雪过程,南疆风雪灾害相对较少,影响新疆的冷空气最主要的两条路径是西方路径、西北路径,分别约占 29%、45%,从宏观上解释了处于西北路径冷空气影响下的塔城地区老风口一带风雪灾害严重的根本原因。

(2)大风天气

大风指瞬时风速大于或等于 17.0m/s 的风场。冷空气过程伴随的天气主要是降雨(雪)、大风和降温,三个要素中大风的破坏作用最大,如果在降温的过程中遭遇大风天气,则很容易形成风吹雪灾害。新疆的大风天气主要在北疆各地、南疆东部。南疆沿天山一带偏北风为主,东疆地区则是偏东风为主,具有大风天气日数多、持续时间长、风力强的特点。大风在造成风吹雪灾害的同时也对交通运输、工、农、牧业的正常生产产生了很大的影响。

大风日数是指某地一段时间(如月、季、年等)内出现瞬时风速大于或等于 17.0m/s(相当风力 8 级或以上)的天气日数。从新疆整体来看,北疆西北、东北部和南疆东部大风日数较多,大风日数最多的区域是准噶尔盆地西部的阿拉山口,年平均 161d,其次是达坂城地区,年平均 150d,最多的年份达 202d。还有百里风区、托克逊、喀什南部的高山等地区全年大风日数均超过 100d。中低山区大风较少,一般都小于 10d。高倩等利用新疆 105 个气象观测站 1961—2009 年近 49 年大风观测资料绘制出的年均大风日数空间分布,如图 3-5 所示,可以看出大风日数空间分布总体特点是:东疆、北疆大风日数多于南疆;盆地边缘多于腹地,高山区多于中、低山区;大风高值区呈孤岛状分布。

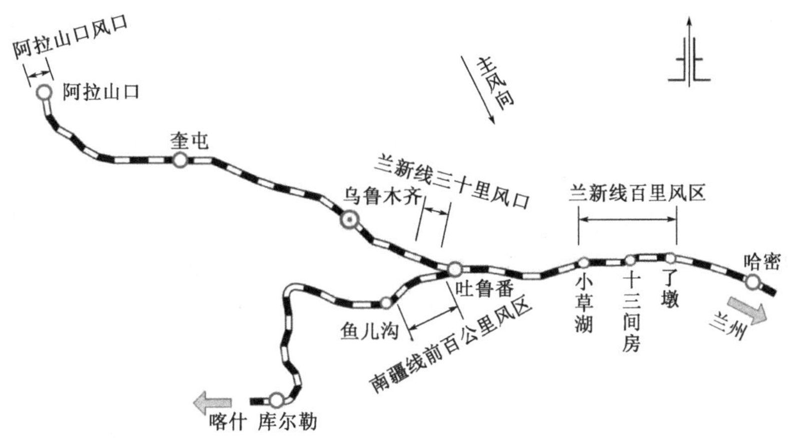


图3-5 大风区位置示意图

新疆玛依塔斯老风口位于巴尔鲁克山与乌日喀夏依山之间，这段位于塔城至托里间的狭窄谷地，长约70km，是冷空气从西北进入准噶尔盆地的通道。北边距额敏县城44km，西面是裕民县，向南25km则是托里县。老风口的地理位置很特别，在准噶尔盆地西侧，塔额盆地南缘，将两盆地相连。不仅如此，它还三面环山，东北面是乌日喀夏依山，南面是加依尔山，西南面是巴尔鲁克山，而三山唯一敞口的西面，正是老风口的所在地。一年内出现8级以上大风的日子有150d以上，其风速之高、移雪量之大，为世界罕见，是世界著名的风区之一。强劲的冷空气进入准噶尔盆地后，猛烈地冲击着一切障碍物。经过亿万年狂风的吹蚀，形成了多处罕见的被称作“魔鬼城”的风蚀地貌。准噶尔盆地中，古尔班通古特沙漠的气候昼热夜凉，如果把它比作呼吸的肺叶，塔城老风口正好是气流通过的咽喉。

老风口是乌鲁木齐至塔城地区公路干线的必经之路。这里每年8级以上大风有50多次，冬季大风卷着积雪向来往车辆横冲直撞，积雪最厚时达2m以上，人称“夺命口”，是世界级的风雪灾害区。为彻底治理“老风口”风雪灾害，塔城地区启动“老风口”生态建设工程。形成了以乔木树种为主体、防风阻雪林为基本框架、农林牧彼此镶嵌的防护林生态系统，构筑了28km的绿色屏障。经过治理，2010—2015年间，“老风口”生态区路段因风雪造成的交通阻断不到5起。

在老风口区域，由于春季冷暖空气交替，地区间气压梯度加大，常出现较大风。在夏季气层不稳定，多多出现大风天气。而在秋季大风日数明显减少；冬季由于气层稳定，大风较少，只是风口地带出现，比如老风口、哈巴河到吉木乃沿线偏东区域大风特别多，大风日数占全年总天数的20%～30%，所以也是风吹雪灾害最为严重的区域。

综上所述，气候条件决定了风吹雪灾害的分布，风吹雪灾害的防治工作应根据不同地区的气候条件因地制宜进行。

**5）铁路线路周边植被及障碍物**

植被对地表粗糙度影响很大，地面粗糙度不同，起动风速也不一样，相互之间的关系比较复杂。对于一般自然地表，因为长有野草、灌木等，地面凹凸不平，粗糙度比较大。较大的粗糙度，虽然促进气流向上运动，有利于雪粒起动，但主要是起阻碍作用。它阻挡近地面气层的气流运动，使地面雪粒不易起动，并使运动着的雪粒停留下来。地面植被盖度越大影响的程度就越大,植被越高,地表粗糙度也会越大。一般随着自然下垫面地面粗糙度的增加,雪粒起动风速亦随之增大。

(1)防风林带

铁路沿线附近的防护林带会对附近的风速流场特性产生相当大的影响,与风吹雪雪害的形成影响关系密切。降雪发生后,在地形、植被以及风的作用下,会发生重分布积累过程,其中,植被在降雪拦截及风吹雪过程起着重要作用。树木的存在会对其附近的流场结构产生较大影响,与风吹雪雪害的形成影响关系密切,会产生有利和不利的两种情况。一般来说,树木影响风吹雪的主要因素有树种、树高、树冠密度、枝下高度、株距与行距、林带宽度、林带长度、林带与(盛行)主导风向角度、林带到线路的距离等。当铁路线路附近覆盖有浓密的树木(图3-6)时,这些防护林可以看作一种具有一定透风系数的防雪措施,当风吹来时,由于树木的阻挡作用,风速降低,造成风雪流流经路面之前经过大量的"卸载"。根据林带宽度、树冠密度、枝下高度等不同,使风吹雪沉积在林带前、林带中和林带后等多种形式,形成雪丘,且减少了风吹雪中的雪粒数量,缓解了视程障碍。研究结果显示,平均高1.2m的防风雪林带林内20~170cm(高度)的平均风速降低60%~90%,林带后积雪与路肩距离应小于林带阻雪高度的5倍。

图3-6 铁路沿线防雪林及灌丛

(2)植物灌丛

在我国风吹雪灾害严重的北方,草原地区的植物灌丛对风吹雪灾害也有很大的影响。植物灌丛具有防风阻雪作用,风雪流受灌丛的影响会在其背风一侧形成积雪的二次堆积,使积雪在一定空间范围内进行重新分配。

在容易积雪的地区,路基两侧如果是大片草地,低风吹雪在未达路基之前,由于受草的影响,风雪流的速度会显著降低,大量移动的雪粒被拦截在杂草之中,路基及其附近不易产生积雪现象。一般来说,植被草的密度、高度和草坪的面积越大,防御风吹雪雪害的效果就越好。植被覆盖面越广、高度越大,导致地表的粗糙度越大,雪粒就不会轻易地被卷起,起动风速就越大,使得移动的风雪量相对减少了,储雪能力增大。但是如果草距离道路较近,尤其是当草长到道路的边坡甚至路肩上时,反而容易导致路面的积雪。

寒区灌丛生长受低温条件的限制,灌丛生长季较短,养分条件受限,生长环境严酷,伴随着阶段性积雪覆盖,因此,寒区灌丛在形态上比较低矮,且大多为落叶型灌丛。通常情况下,植物灌丛在风雪流运行过程中因其障碍作用会在灌丛下风向一定范围内形成静风或弱风区,这个二维空间就是吹雪堆积的范围,积雪范围的大小从空气动力学的角度可反映灌丛对气流干扰的范围,用野外实测数据求算的积雪底面积指标代表灌丛积雪范围,积雪底面积在一定程度上也体现灌丛的滞雪能力。灌丛的高度显著影响积雪的累计深度。与此同时,风吹雪地区积雪量同灌丛的冠幅也有明显的相关性。植被能截留 40% ~50% 的降雪量,同时影响积雪的重分布过程。寒区灌丛高度以及盖度的增加,能显著改变积雪积累过程的时空分布和物理特征。我国内蒙古地区芨芨草灌丛特征对积雪高度变化影响的研究表明,芨芨草灌丛积雪高度随着灌丛高度、灌丛迎风侧宽度、灌丛顺风侧长度的增大而增大。

(3)线路附近土堆或雪堆

当风吹雪发生时,由于铁路线路附近土堆或者雪堆的影响,改变了路面上的风雪流场性质,在局部形成了风速减弱区。在这个风速减速区,风携带的雪粒就会沉积,且在土堆(或雪堆)和积雪的影响下形成恶性循环,积雪越来越多,逐渐扩展进而形成雪阻。

### 3.1.2 工程因素

工程因素主要与铁路工程及其附属设施相关。由于铁路路基的出现破坏了风雪流的相对平衡,造成铁路贴地气流的分离,从而产生了较大的旋涡,进而在地面路基的影响作用下,近地表面气流速度大大下降,下降雪粒慢慢沉积到铁路道床内。铁路路基工程导致道床内积雪如图 3-7 所示。

a)

b)

图 3-7 铁路路基工程导致道床内积雪

#### 1)线路走向与风向的关系

铁路线路积雪和风雪流方向的夹角密切相关,除隧道或棚洞外,若风雪流顺着线路方向,线路对风雪流的阻碍作用很小,线路以外的降雪也不易被带到铁路上,基本不会在铁路路基内积雪,两者夹角越大,铁路对气流的阻碍作用越大,风雪流产生的旋涡越大,气流减速越明显,雪粒堆积越严重,当铁路线路走向和风向角度垂直时,雪灾最严重。

因此,在铁路选线设计时,应尽可能使铁路线路与当地冬季主风向保持一致;当铁路线路方向与当地冬季主风向有一定夹角时,必要时应修建工程措施来改善来流方向,以减少铁路路基面上的积雪。可采用导流板等工程措施导流,使风向与铁路线路大致平行,来达到缓解铁路道床内积雪的目的。

**2)挡雪墙**

挡雪墙作为高寒地区铁路风吹雪灾害重要的防护形式,广泛放置于铁路线路两侧,对风吹雪有较大的影响。调查测量结果显示,挡雪墙附近风速最低处为挡雪墙前3m左右,即当风吹雪经过挡雪墙时受到一定的阻挡,风速开始减小,越接近挡雪墙风速越低,距离墙越近堆积的雪越多。越过挡雪墙后,挡雪墙正后方出现一个旋涡减速区,风速较低,雪粒下降。挡雪墙前后形成减速区,这样雪粒随风速下降便会掉落堆积,在墙后形成一定长度的积雪带。

**3)房屋**

由于房屋的阻挡,风速在房屋的上风侧逐渐降低,气流翻越房屋后,在下风侧形成低速区。这样,房屋的存在会使上风侧雪源处由风吹雪搬运过来的积雪大量堆积在上风侧墙脚部位,而在下风侧以及路基面上不会形成积雪。同时,另一部分则从两侧绕过并在下风侧形成水平旋涡。这种情况导致大部分风吹雪搬运过来的雪沉积在房屋的下风侧形成较深的积雪。观测表明,一些路侧有房屋的路堤雪害常发的原因是,房屋下风侧的积雪漫上上风面边坡和靠近上风面边坡路基面。

**4)铁路附属设施**

根据野外调查观测结果显示,铁路两侧设置护栏、标志牌以及铁路中信号装置等设施的影响下,上风侧的风流会在结构物处受到阻碍,这些设施在一定程度上起到了类似障碍物的作用,可能导致大量雪粒就地或者是悬浮到铁路道床中心位置降落,从而引发铁路风吹雪灾害。

**5)路堤工程**

路堤工程是铁路工程中重要的线路形式,当风雪流经过路堤时,速度发生显著变化,其中,迎风坡脚处形成风速减速区,路肩位置形成高速区;路堤近表面形成低速区;背风坡风速减弱区范围显著大于迎风坡,背风坡产生紊流区,在旋涡气流下沉的影响下,涡流区下部形成速度突增区。

在高寒地区一段通畅的铁路上,没有遇到任何障碍物的情况下,雪流在铁路路基运行两侧的过程中,一方面雪粒会不断地从风雪流中掉落到地面,在雪地上沿平坦的表面上流动,这一过程减弱了风雪流;另一方面雪粒不断地从地表面被吹起,流入风雪流中,增加了挟雪量,所以形成了风雪流较为普遍的动态平衡。铁路路基的出现破坏了风雪流的相对平衡,造成铁路贴地形成气流的分离,从而产生了较大的旋涡,进而在地面铁路的影响作用下,气流速度下降非常快,造成下降雪粒慢慢沉积到路面上。从现场来看,低路堤是易受雪害攻击的地段。

**6)路堑工程**

我国高寒地区铁路最主要风吹雪灾害的危害类型是路堑积雪。风吹雪有一个重要特征,总是力图抹平地面或填平沟槽,恢复山坡的原始坡面。修铁路时,开挖原始坡面,破坏了气流流场,导致积雪在路堑中堆积。路堑积雪是铁路最主要的风吹雪灾害。

路堑有三种基本形式,分别是全路堑(图3-8)、迎风半路堑(图3-9)和背风半路堑(图3-10)。对于迎风半路堑,由于积雪吹雪高度很低,雪粒不易从迎风边坡爬上至线路,因此积雪吹雪不能使迎风半路堑积雪,积雪发生在降雪阶段,气流在路堑下风侧边坡阻挡下,在下风侧坡脚处速度大幅降低,雪粒首先堆积在下风侧坡脚处,再向线路中心延伸,而路堑上方气流速度略微有减小,在上风侧路肩也会形成少量积雪。对于全路堑和背风半路堑,积雪吹雪和降雪吹雪均可使雪粒堆积在路堑内,虽然两者的流场结构不同,但积雪位置基本相同,雪粒易集中堆积在上风侧坡脚处,形成雪檐,再向线路下风侧延伸。

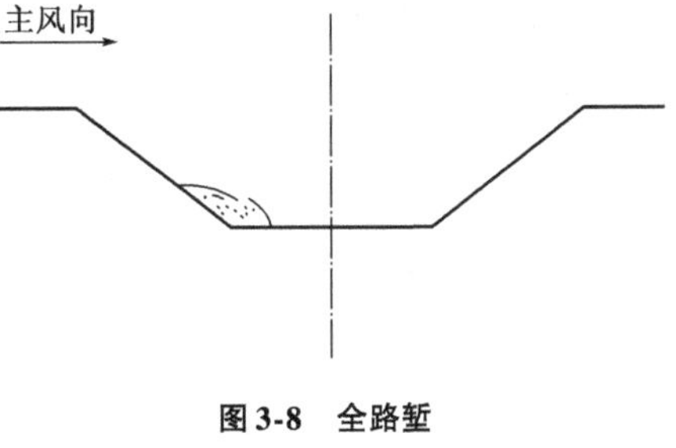

图3-8　全路堑

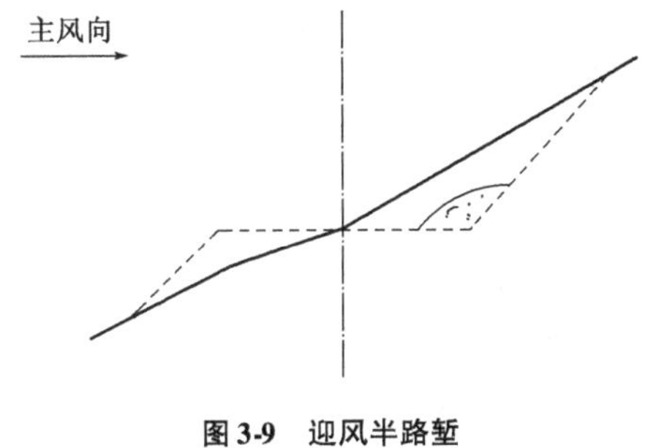

图3-9　迎风半路堑

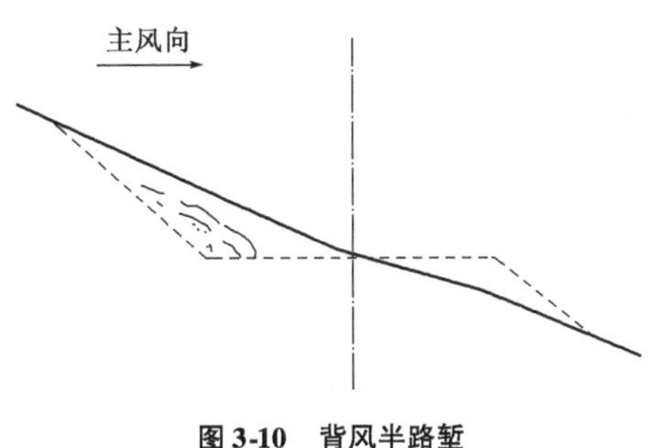

图3-10　背风半路堑

## 3.2　风吹雪灾害与路基结构形式的关系

在风雪地区,铁路是否产生风吹流雪粒沉积危害,很大程度取决于路基断面的形式和规格。贴地气层的风速大小对风吹雪的发展趋势起到决定性的作用,影响贴地气层风速变化的因素很多,主要有地表面粗糙度、地面障碍物、地形局部变化等。因此,在其他因素相同的情况下,路基断面形状是是否发生风吹雪灾害的重要影响因素。

### 3.2.1　与路堤的关系

对于具有一定高度的路堤,其流场结构是相似的,都是在接近路堤时风速逐渐减小,在上风侧边坡坡脚处达到最小;之后由于受边坡抬升风速逐渐增高,在路肩附近达到最大;路面上由于地形平缓,风速先降低后升高,且幅度不大;在下风面边坡处由于地形陡然开阔风速大幅度下降,在坡脚处达到最小。当风雪流经过铁路路堤时,由于气流受到压缩,路面风速显著增加,所以风吹雪穿过路堤时,路面不易发生风吹雪沉积。

**1)路堤高度**

根据野外观测,零路堤的风速流场基本保持稳定、气流线基本连续,没有出现明显的附面层分离，但易受自然降雪和路侧地物的影响，容易积雪。低路堤的风速流场，风速在路基上风侧和下风侧坡脚处都有所降低，路面上的风速提高不明显，当饱和风雪流或过饱和风雪流通过铁路路基时，易在坡脚处积雪，受雪粒黏滞性的影响，积雪范围有扩大的趋势，若降雪量较大时，造成路面积雪的概率大(图 3-11)。中、高路堤的风速在上风侧和下风侧坡脚处都有所降低，但路面上的风速明显增加，路面不易积雪。在一定高度范围内，路基越高路面积雪的可能性越小(图 3-12)。

图 3-11　低路堤道床内较多积雪

图 3-12　高路堤内较少积雪

一般来说，在一定高度以下路堤高度越高，路堤的加速作用越明显，路面风速也就相对越大，风吹雪也就越不易在路面上沉积。在以往的风吹雪多发路段的路堤设计研究中，一般要求路堤高度最少要比当地自然积雪深度高出 60cm，才能发挥路堤的防风吹雪沉积的作用，如图 3-13所示。

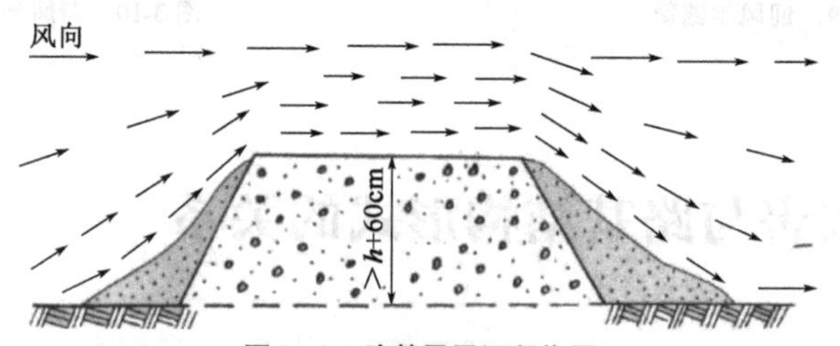


图 3-13　路基风雪沉积作用

$h$-积雪深度

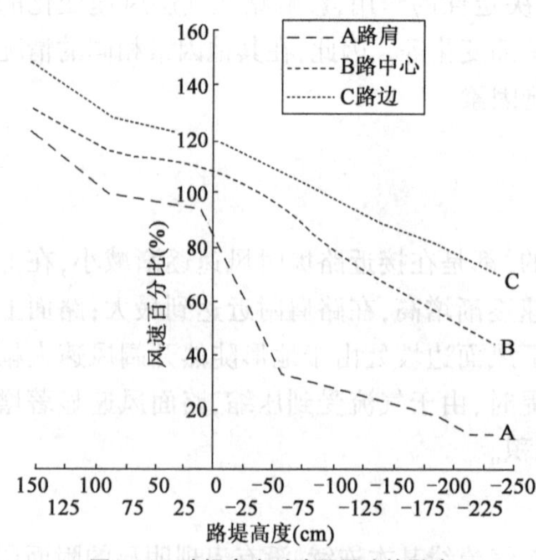


图 3-14　路堤高度对路面风速的影响

对于高路堤而言，路堤越高，路基两侧的风速减速范围和程度越大，迎风路肩风速大于背风路肩风速，随着路堤高度的增加二者之间的差值增大，背风坡的风速减速区远大于迎风坡的风速减速区，路基高度超过一定值之后，路面中心风速下降较多，易形成路面积雪。

路基高度对路面风速的影响如图 3-14 所示。

根据风速的变化与积雪的对应关系，与迎风路肩相比，背风路肩相对容易发生积雪，形成雪檐。对于铁路路基道床表面来说，其表面越粗糙，流速就会越来越保持稳定，遇到背风坡，气流开始扩散，在铁路路基背面处及边坡的上面，还有坡脚位置的地方,形成了另外一个涡流的大区域,这样容易使雪粒在边坡位置的地方进行沉积,风雪流速度的降低幅度越大,雪粒在背风侧边坡位置处的沉积越多。高路堤迎风路肩与低路堤相比有较大风速,一般不易积雪。路堤高度的增大会致使背风坡减小积雪,当风速改向时,路基面容易产生积雪。

从工程造价考虑,路基高度越小越好。因此要使所选择的路基高度既不至于引起路面积雪,又要工程造价合理,并与自然环境相协调。美国学者 Tabler 提出的路基最小高度 $H_e$ 可按下式计算:

$$H_e = 0.4S + 0.6 \tag{3-1}$$

式中:$H_e$——路基最小高度,m;

$S$——年降雪量,m。

**2)边坡坡度**

现场观测和室内数值模拟均证明一定高度的路堤,随着边坡比的减小,路基中风速与背风路肩风速都呈增加趋势。边坡坡度大易于造成路基面与背风路肩风速减小,背风坡减速区增大,会导致积雪的大量堆积。其边坡坡度越小,路面越不容易积雪。但是从工程成本角度考虑,边坡坡度越小工程量越大,所以必须选取二者最佳的结合点。结合现行《铁路路基设计规范》(TB 10001),建议在中间取值。

边坡坡度的改变对迎风路肩风速的影响较小,迎风路肩风速主要路堤的高度有关。边坡坡度的改变对路基中背风路肩风速影响较大。迎风边坡风速减速区对路堤边坡坡度的改变不敏感,而背风边坡风速减速区受边坡坡度改变的影响较大。

不同边坡坡度下旋涡范围对比如图 3-15 所示。

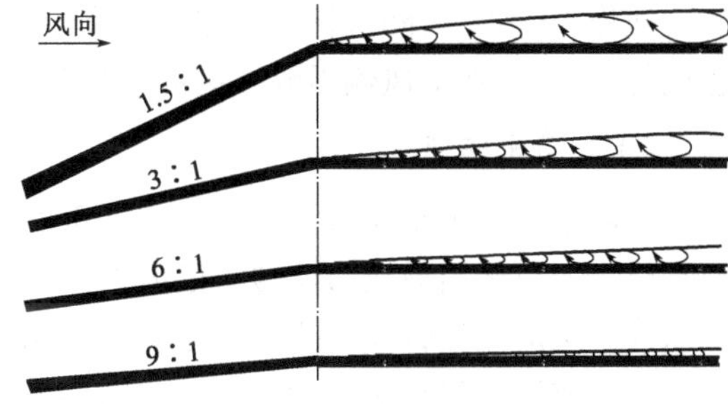


**图 3-15 不同边坡坡度下旋涡范围对比**

## 3.2.2 与路堑的关系

铁路主要风吹雪灾害的危害类型是路堑积雪。上述分析可以看出,路堑积雪是铁路线最主要的危害类型。下面对路堑与雪害的关系进行分类说明。

**1)迎风半路堑**

迎风半路堑是比较容易发生风吹雪雪害的一种路基断面形式。迎风半路堑上空的流场一般是在上风侧山坡或者边坡的压缩作用下风速增加,在路肩处达到最大值;由于下风侧边坡和山坡的阻碍作用,风速又一次下降,在坡脚处达到最低,对于坡度较大的边坡在坡脚处形成旋涡减速区;随后,由于地形的压缩作用风速逐渐升高。迎风半路堑造成的减速区主要存在于上风侧路肩到边坡坡脚处,而边坡坡脚处的减速程度最大,出现旋涡减速区后的风速可以降到来流的40%以下。对迎风半路堑这种断面,下风侧边坡的坡度越缓、高度越低,则减速区的强度和范围越小;反之,减速区的强度越高,范围越大。

图3-16 迎风半路堑路肩积雪

经分析及观测知,由于减速区的存在,下风面边坡坡脚处会形成大量积雪,而且随着积雪的增加,虽然减速强度会有所减小,但减速区位置会逐渐向路基面中央道床移动。因此,当风吹雪持续时间较长时,坡脚处的积雪会漫上路面造成较为严重的雪阻。另外,由于迎风半路堑路面上风速整体要低于来流风速,因此,上风侧路肩附近道床也经常会产生积雪,其积雪深度虽然不及下风侧坡脚处严重,但是在较强的风吹雪过程中,路肩附近积雪会逐渐增加并和坡脚处的积雪连接起来,形成严重的雪阻(图3-16)。

从流场的角度防治迎风半路堑风吹雪应从控制坡脚的旋涡减速区入手。研究表明,下风侧边坡坡脚处旋涡减速区的强度和范围,及其对路面风速的影响主要与下风面边坡的坡度、高度以及坡脚与道路的距离有关。

防护措施从以下两方面入手:一方面,可以减小路堑边坡坡度和高度,条件允许的情况下应修建敞开式路基;另一方面,从数值仿真、风洞试验和理论分析中发现,增加下风侧边坡坡脚到路面的距离,可以在一定程度上降低路面上的减速效应,同时还可将下风侧路肩和坡脚之间的空地作为储雪场,降低积雪上路的概率。另外,由于迎风半路堑对风吹雪的阻碍作用是难以避免的。因此,在上风侧雪源地区应设置防雪栅等阻雪、储雪设施。

**2)背风半路堑**

背风半路堑也是风吹雪雪害较为严重的一种路基断面形式。背风半路堑流场最明显的特征是位于上风侧山坡或边坡转折处的附面层分离,及其导致的位于上风侧边坡坡脚处的旋涡减速区。来流流经背风半路堑时受旋涡减速区的影响速度大幅度减小,因此,路面上的风速整体上比来流风速低得多,一般只有来流风速的10%~60%。但是在风吹雪开始阶段,路面上空风速变化不大,而背风半路堑上风侧地形转折点的附面层分离及其导致的旋涡减速区造成的减速效应要强烈得多,此处也是风吹雪大量沉积的主要部位。

综上所述,背风半路堑风吹雪雪害的发生和严重程度受上风侧附面层分离及因此而产生的旋涡减速区的影响较大,其风吹雪雪害的防治重点应从控制旋涡减速区入手。显然,边坡和山坡的坡度和高度决定了旋涡减速区的范围和强度,边坡和山坡的坡度越大、高度越高,则旋涡减速区的范围和强度越大;反之,其范围和强度越小。因此,在防治时可以通过适当放缓边坡、降低边坡高度,以及修建敞开式路基的形式减弱旋涡减速区;而在没有条件对地形进行大规模改造的山岭重丘区则应该尽量避免傍山线或者选择山脊线作为越岭线,或者在地形转折处尽可能按照流线型的要求修整局部地形,尽量避免附面层分离。

从野外观测的情况也发现,背风半路堑导致的风吹雪并不直接堆积在路面上,而是先在上风侧山坡和边坡堆积,形成雪檐(图3-17)。随着吹雪过程的延续,雪檐不断向路面方向伸展,直至到达路面中央形成雪阻。而在一些自然降雪不大、大风天不多、地形起伏较大的地区,迎风半路堑出现铁路风吹雪雪阻的比率反倒比背风半路堑大。这种情况的出现正是因为背风半路堑的积雪首先发生在上风侧山坡和边坡上，使得这些地点和边坡坡脚附近形成了一个储雪区，从而减缓了吹雪上路。事实上，背风半路堑若形成风吹雪灾害，需有较为充足的雪源和较长的风吹雪过程。因此，为了防治风吹雪灾害，可以增大边坡坡脚到路肩的距离，增大储雪区来延缓积雪上路；也可以在上风侧雪源设置防雪栅等阻雪和储雪设施，控制雪源，避免路面雪阻的发生。

图 3-17　背风半路堑积雪

### 3）全路堑

全路堑形式下的流场形态在上风侧与背风半路堑相似，都是在地形转折点发生附面层分离并形成旋涡减速区；而在下风侧，与迎风半路堑有一定相似性，即由于边坡和山坡的阻挡，风速进一步降低，在坡脚处达到最低。野外观测的结果，发现由于两侧边坡和山坡的不同和周边地形的差异，全路堑风吹雪雪害存在一些特殊的性质，如下叙述。

（1）浅路堑

深度在 2m 以下的路堑称之为浅路堑，由于其两侧边坡较低，背风边坡储雪能力较差，而且这类路堑一般周边地形相对开阔平坦，往往拥有较为充足的雪源，因此，风吹积雪的发生要频繁得多。其积雪的规律基本可以参考背风半路堑，但由于迎风边坡的阻挡作用，路面风速更低，背风坡脚处的减速区范围更大。

（2）中等深度路堑

深度在 2～6m 之间的路堑称为中等深度路堑，这种路堑在山区较为常见，其雪害形成机理在路堑中最为典型。风雪流通过时，风速的降低从上风侧背风坡开始，在路面上风速变化不大，而在迎风侧的边坡附近产生旋风气流。因此在上风侧边坡风速急剧减弱区雪粒会大量堆积，在迎风侧的边坡上不会产生积雪，野外观测进一步证实这一推测（图 3-18）；在路面上，由于一开始风速变化不大，尽管风速小但不会导致大量雪粒的沉积。随着雪粒在上风侧边坡的大量堆积，积雪前沿形成新的风速减弱区，并逐渐向路面推进。当风吹雪持续到一定时间后，堆积前沿到达路面中央，就会形成严重的雪阻。因此，中等深度路堑在风吹雪发生时能否形成路面雪阻，关键看背风边坡储雪区是否足够大，如果其储雪能力大于当地最大移雪量，就不会形成严重的积雪灾害，否则必然会造成严重的雪阻且往往难以清除。这类路堑的防治除了尽量放缓边坡、减缓地形突变外，最好的办法是修建防雪栅等设施，控制雪源。

图 3-18　全路堑断面背风坡积雪情况

(3)深路堑

单纯依靠路堑深度是难以对深路堑进行归类的,从工程上讲,开挖深路堑是极不经济的,而且建成后也容易受到地质灾害影响。实际上,深路堑往往是在特定地形(如山谷、垭口)进行少量土石方工程形成的,如果没有合适的地形可以利用,一般都会采用隧道通过或者绕行。根据调查和观测,深度大于 6m 的路堑为深路堑。路堑范围内风速都很低,其风速减弱区的位置和范围与中等深度路堑类似。但深路堑风吹积雪的形成机理要比中、浅路堑复杂得多,原因是周边地形起伏大、顺风作用较强,气流运动远比风洞试验中理想条件下风向恰好垂直于道路走向复杂得多。总体上深路堑的积雪主要集中在背风坡,在山坡不陡峭的地段往往由于边坡和山坡高大,形成较大的储雪区。如果路侧山坡非常陡峭(山坡坡角大于 75°,多为石质),加之深路堑一般建在地形呈缩小趋势的地段,从而导致顺风作用更强,反而阻碍了背风坡大规模旋涡的形成。调查和观测也表明,在深路堑路段上风吹雪雪害并不常见。但是与之对应的是,深路堑的入口和出口处常常形成一定程度的积雪,这一方面是随着地形变缓深路堑变为中浅路堑,另一方面也在于出、入口处地形逐渐开阔导致的风速减小。另外,深路堑路段内部不易形成积雪除了上述流场方面原因外,周边没有平坦宽阔的雪源也是重要原因(图 3-19)。一旦雪源等条件具备,这种断面形式造成的积雪将非常严重而且难以防治。因此,这种断面风吹雪的防治必须从路线走向避免与风向成过大夹角和雪源控制入手。

图 3-19 深路堑内较少积雪

综上所述,在全路堑这种路基断面形式中,背风坡在风吹雪灾害形成中发挥了主导作用,背风坡的高度和坡度很大程度上决定了风吹雪灾害的严重程度。

PREVENTION TECHNOLOGY OF RAILWAY SNOW-DRIFTING DISASTER

# 第4章 风吹雪现场监测技术

风吹雪作为我国高寒地区铁路工程的主要自然灾害,其防护一直是一项世界性的技术难题。高寒地区铁路工程风吹雪灾害的成因复杂,铁路与主导风向的夹角、风速、路堤高度、边坡坡度、路堑形式、路堑深度以及路堑边坡坡度等因素都是影响铁路风吹雪的直接因素,仅通过理论分析难以准确评估其危害程度。为了深入掌握风吹雪灾害的成因和分布特点,结合课题研究开展了铁路沿线风吹雪灾害易发区域的监测,并在此基础上探索以自动监测为主、人工监测为辅的评价方法,对风吹雪作用区域的铁路安全运营危害程度进行合理评估。

## 4.1 监测点选取与主要监测参数

### 4.1.1 监测点选取原则

为了进一步分析风吹雪灾害的典型特征,为铁路工程防雪设施的布设提供科学依据,相关科研人员对我国高寒地区各铁路线实施了周期长、范围广、针对性强的风吹雪监测。监测方法主要包括自动监测和人工监测,其中以自动监测为主,辅以少量的人工监测进行验证。监测点位的选择应结合地形、地貌、主导风向、风吹雪危害程度、填挖高度及桥涵工程等因素综合考虑,重点选择深路堑、低路堤、小孔洞涵洞、框构桥和隧道洞门等具有代表性的典型工点。风吹雪监测应坚持“永临结合、分步实施、安全可靠、经济合理”的原则。

(1)永临结合。监测设施的设置应兼顾建设期的监测与运营期运营要求,点位一次设置,长期服役。监测点的数据采集及传输应充分考虑其与铁路通信传输系统的兼容性。

(2)分步实施。鉴于高寒地区铁路风吹雪灾害危害周期较长及成因复杂,为避免风吹雪灾害监测的盲目性,应坚持分步实施的原则。如第一年入冬前,在风吹雪区域选择代表性工点布设第一批监测设施,之后结合第一年冬季监测效果和现场实际情况,在第二年入冬前布设第二批监测设施。

(3)安全可靠。风吹雪监测仪器设备工作条件恶劣,冬季道路被大雪阻断,不具备检修条件,所以仪器设备的可靠性至关重要,应选择电源供应、防低温、防尘、防腐蚀等方面性能优异的仪器设备。切不可贪图仪器的“高、新、奇”,忽视稳定性和可靠性,否则一个观测期将白白失去。

(4)经济合理。风吹雪灾害危害影响范围大,面广量多,合理确定监测段落、监测断面和监测设施的布置方案,合理选择监测数据的采集和传输方案,在安全可靠的基础上尽量减少工程投资。

高寒地区铁路风吹雪监测设备包括风监测设备和雪监测设备两个部分,雪监测设备包括积雪深度、吹雪量等数据现场采集设备。监测点选取原则如下:20 年来铁路沿途积雪最大深度超过 3cm 的区域;当地冬季主流风向和铁路的行进方向交叉的夹角较大的低填方区段、铁路弯曲较大的地段、铁路隧道的进出口、容易产生积雪的地方等处。满足以上原则其中一个便需要进行监测。对于建设期铁路,依据当地气象资料,判断有风吹雪危害时,在低填方、挖方、隧道口、曲线处等处设置风和雪的监测点，监测点永临结合，不影响运营，不会被施工损坏。对于已开通铁路，结合实际积雪上线情况有针对性设置监测点。积雪深度测点可设置在基础网立柱上，从而达到对轨枕以及轨道板等积雪深度监测的最佳效果，但需征得运营单位意见。风监测可利用全线灾害监测系统的数据，没有时自行设置在线路外侧，防止倒伏侵限。

### 4.1.2 主要监测参数

风吹雪监测的内容主要包括风速、风向、积雪深度以及风雪流强度等。

(1)风速、风向

分别测量3s、1min、2min和10min内的平均风速和风向，记录最大风速、风向及其出现的时间和极大风速、风向及其出现时间(最大风速是指在给定时段内的10min平均风速的最大值，极大风速是指给定时段内的瞬时风速的最大值)。测量仪器可分别布设在距离地面4m、6m和10m的高度位置处，根据现场实际情况选择适应现场监测条件的高度即可，条件允许时选择4m高监测。

(2)积雪深度

积雪深度测量往往同风速风向测量集于同一设备，监测设备测量风速风向的同时也分别测量3s、1min、2min和10min内的积雪深度并记录最大积雪深度出现的时间。积雪深度监测允许最大误差为5mm，监测深度范围为0～1000mm，分辨率不低于1mm。测量积雪深度的仪器位置一般低于风速风向监测仪器，可以根据现场实际情况调整积雪深度监测激光仪的位置，固定位置后将仪器积雪深度数据归零即可开始积雪深度的测量。

(3)风雪流强度

利用风吹雪粒传感器或计算机视觉识别技术测量风吹雪粒的通过量及摩擦风速。

## 4.2 风速及风向监测

风是空气流动的现象，用风向和风速表示。风向是风的来向，风速是单位时间内空气移动的水平距离。监测设备一般由传感器、数据采集(处理)单元、数据传输单元及其他附属设备等构成，实时监测铁路沿线的风速风向，并将风速值和风向以数字信号输出。

风速风向计分为机械式(图4-1)与非机械式(图4-2)。机械式采用机械式螺旋桨或风杯式传感器，而非机械式的风速风向计则采用超声波传感器。我国高寒地区风吹雪灾害风速风向监测主要采用四款产品，如表4-1所示。

我国目前对风速风向监测设备主要采用机械式风速风向监测设备，与传统机械式螺旋桨或风杯式对比，超声波速风向计有以下特点：

(1)测量精度方面，超声波传感器与机械式相比更为准确。机械式传感器的风速、风向的精度分别为0.5m/s和±5°；而超声波传感器的风速、风向精度分别为±0.3m/s和±3°。从原理上来讲，超声波在不同的风速风向中的传播速度不同，通过相关函数计算就能得到精确的风速和风向。而机械式风速风向计通过轴承的转动来完成测量,精度由轴承的转动决定。在室外环境下,可能会由于腐蚀性、灰尘、风沙等因素引起轴承部件的卡转。

图 4-1　三杯式风速风向监测设备

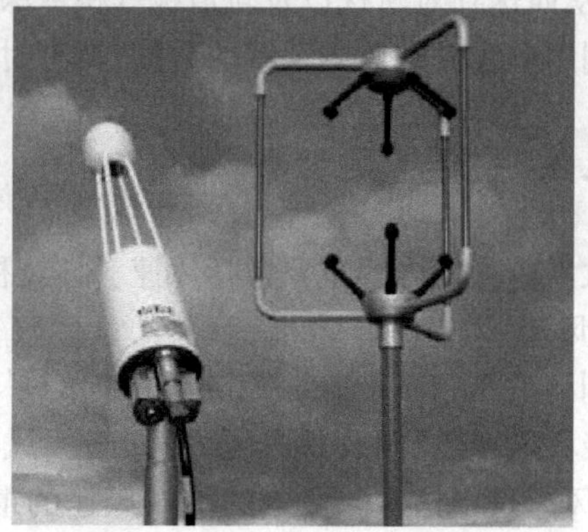

图 4-2　超声波风速风向监测设备

四款传感器性能参数

表 4-1

| 产地 | 中国 | 日本 | 芬兰 | 德国 |
|---|---|---|---|---|
| 型号 | ZZ6-5C | FV301 | WXT520 | WS600 |
| 测量方式 | 螺旋桨 | 螺旋桨 | 超声波 | 超声波 |
| 测量要素 | 风速、风向 | 风速、风向 | 风速、风向、温度、气压、湿度、雨量 | 风速、风向、温度、气压、湿度、雨量 |
| 风速 | 1.5 ~ 7.5m/s | 0 ~ 60m/s,抗风 90m/s | 0 ~ 60m/s | 0 ~ 60m/s |
| 风速精度 | ±0.5m/s | ±0.5m/s | ±5% | ±0.3m/s |
| 启动风速 | <1.5m/s | | | 0.3m/s |
| 风向 | 0 ~ 360° | 0 ~ 360° | 0 ~ 360° | 0 ~ 359.9° |
| 风向精度 | ±5° | ±5° | ±3° | ±3° |
| 数据更新 | 3s | 1s | 1s | 1s |
| 工作温度 | -30 ~ +60℃ | -40 ~ +70℃ | -52 ~ +60℃ | -40 ~ +60℃ |
| 数据接口 | RS232/RS422/RS485 | RS-232C/RS485 | RS232/RS422/RS485 | RS485 |

(2)超声波风速风向计不需要机械式的转动零件,使用时间更为长久。目前主流的超声波传感器设备均安装在不锈钢传感器外罩中,外罩采用不锈钢材料,减少了风沙、雨水和腐蚀干扰,更加耐用。

因此,当对风速风向监测结果精度以及耐久性要求高的情况下可选用非机械式超声波风速风向监测设备。

# 4.3 雪量监测方法

雪量监测的相关参数主要包括积雪深度测量和吹雪监测，其中积雪深度测量在气象领域属于基本观测项目，对于掌握降雪信息，进行灾害性天气预警和提供气象服务具有重要价值。目前，我国气象部门对积雪深度测量仍然是以人工观测为主，通过人眼观察测雪尺刻度的方法，读取积雪深度数据，具有费时费力、连续性不强的问题。现在国际上已经有多种自动化观测仪器，常见的观测方法有超声波传感器测量积雪深度、激光成像技术测量积雪深度以及激光测距法等。

## 4.3.1 积雪深度测量

目前，积雪深度测量的方法主要有多种，例如测雪尺测量法、称重测量法、同位素测量法等。

**1）测雪尺测量法**

传统的方法是采用测雪尺或者带有相应刻度的杆子插入雪中至地表面从而对地面积雪深度进行测量，由于积雪下面通常有冰层，使得测雪尺难以插入，同时风吹雪导致积雪重新分布，因此需要选择有代表性的测量点和多次测量，该方法费时费力、随机误差大，并且难以实时监控。

**2）称重测量法**

称重测量法基于称重的原理测量雪水当量。测雪水当量的标准方法是使用采雪管采出样芯并称其重量，也是国际上测量水当量的常用方法。该方法既可称量融化样本后的液体重量，亦可称量冻结后的样本重量。降雪的水当量可以用新雪的深度来进行估算。该方法通过使用合适的比密度把积雪深度和水当量进行换算，测量精度与比密度的选取密切相关。

**3）同位素测量法**

雪量器是一种基于水、雪或冰能对辐射造成衰减的原理，由辐射源和辐射检测器组成的测雪装置，可用于现场记录。该方法测量精度高，但是装置复杂且可能危害测量人员的健康。

**4）基于图像处理的测量方法**

该方法基于激光图像随雪面厚度的增高而变化的原理来得出积雪深度。测量时将激光发生器置于某一高度，再将工业照相机设于同一垂直线方向的上方并向下倾斜合理角度投射光线，不同投射角度将影响测试的量程和质量，由于激光发生器向地面的投射方向与水平线方向有一定的倾斜角度，将形成的激光图像显示在计算机显示屏幕上即为一个白色线条，而并非如同垂直投向地面那样是一个点而是多点集合。当地面上没有雪时将扫激光发生器发出的光线投射到地面并在地面上形成投影，通过调整该发生器的位置和方向，使投影有一个初始化的位置并且使其在计算机上的成像处于水平状态，此时的位置即设为零点位置；当地面上有积雪时,再次采集扫描仪投影在雪面上的图像。由于雪面深度的提高,投影的位置会发生改变,实际测试获取图片对比如图 4-3 所示,通过与零点位置的图像做对比分析得出积雪深度。但是该方法成本较高,并且受天气和光照影响较大,不适合铁路沿线大量布设。

a) b)

图 4-3 投射到一定深度雪面的激光位置变化前后对比

**5)超声波传感器积雪深度测量**

超声波传感器积雪深度测量是应用超声波在声阻抗不同的两种物质界面上产生反射的性质测量界面距离的原理来测量雪的深度。它由发射器发出超声波脉冲,传到目标经反射后返回接收器,测出超声波脉冲从发射到接收到所需的时间,由此便可计算出积雪深度。超声波测量方法有很多其他方法不可比拟的优点:①测量下投雪面,连续快速测量积雪深度变化,非接触式测量;②测量原理成熟,在其他领域已有应用,性能比较稳定;③价格比较便宜,工作频率对人体没有伤害。同时超声波测量方法也存在其自身的缺点:观测精度受空气温度、湿度等的影响比较大,需要通过温度补偿的方法来订正;单点测量也会带来一定的误差。

**6)激光测量法**

中国气象局气象探测中心的王柏林等在《基于相位法激光测距原理的雪深传感器研究与应用》中,从传感器测量原理、观测方法、数据处理算法等方面介绍了一种利用相位法激光测距原理测量积雪深度的雪深传感器,并参加了中国气象局于 2010—2011 年在黑龙江通河、新疆阿勒泰等台站开展的积雪深度对比观测试验,与超声波传感器和人工测量积雪深度进行了对比,试验结果表明基于激光测距技术的雪深测量方法,具有测量精度高,受外界温度、风速等影响小的特点,使用范围逐步推广。

激光雪深传感器主要由测距探头、处理控制单元和安装支架 3 个部分组成。采用相位法测定光往返测线一次所产生的相位延迟,以此换算延迟所代表的距离,激光雪深传感器工作原理如图 4-4 所示。利用激光雪深传感器监测每次风吹雪结束后积雪深度,由此可知积雪深度随时间的变化规律。

(1)积雪深度测量装置组成及现场应用

积雪深度测量装置组成及现场应用如图 4-5、图 4-6 所示。

(2)仪器设备的主要技术参数要求

由于监测现场条件较差,为了保证监测的持续且准确,监测设备需满足表 4-2 ~ 表 4-4 的要求。

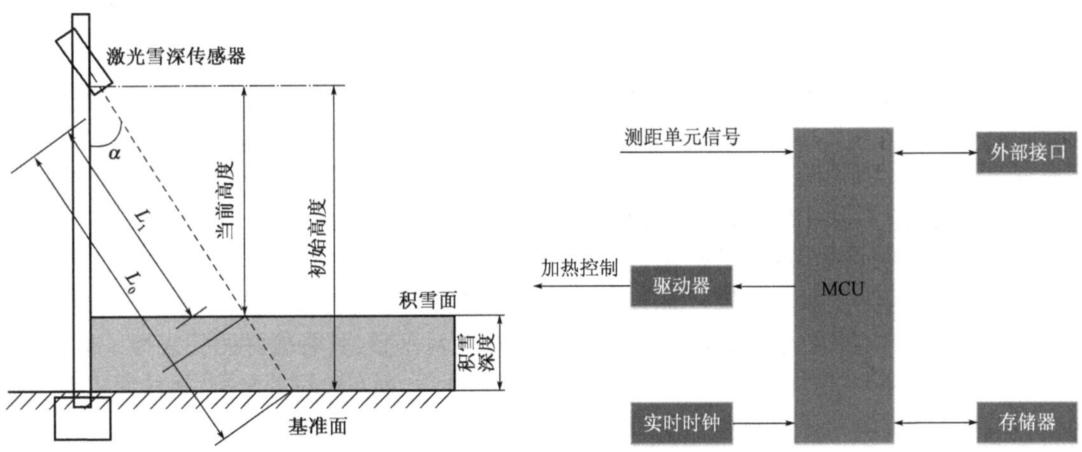


**图4-4　激光雪深传感器工作原理**　　**图4-5　积雪深度测量装置组成示意图**

**图4-6　阿富准铁路现场积雪深度测量装置**

**环境适应性要求**　　表4-2

| 温度 | -40 ~ +50℃，-45 ~ +50℃ |
|---|---|
| 抗风强度 | 66m/s |
| 气压 | 53.5 ~ 106kPa |

**测量精度要求**　　表4-3

| 激光雪深计 | 分辨力 | 不低于1mm |
|---|---|---|
| | 测量范围 | 0 ~ 1000mm |
| | 测量允许误差 | 不大于±5mm |
| 图像采集单元 | 图像分辨率 | 不低于640×480 |

**采集、传输、接口方面要求**　　表4-4

| 采集方式 | 连续自动采集 |
|---|---|
| 数据输出频率 | 不低于1次/min |
| 接口方式 | 应具备RS422/RS485标准接口，支持与计算机进行数据减缓或参数设置 |

(3)激光雪深测量装置误差分析和优化建议

①激光探头倾角误差

激光测量单元在安装固定后,需要测定倾斜角度,并输入激光传感器作为参数保存,此后测量距离可直接换算为雪深输出。但是,如果激光探头安装于铁路沿线接触网支柱上,长期受高速列车经过等振动影响,固定部件可能松动或者发生位移,导致倾斜角度发生改变,进而影响雪深测量精度。使用中应在设备制造厂家指导下予以修正。

②基于多点测量的雪深测量装置优化

铁路雪深测量与气象站测量雪深不同,一般气象监测点会选择在地势平坦的开阔地带,且测量范围内不允许有外物侵入破坏积雪面,因此雪面相对平整,具有较好的代表性。但是,在高速铁路实际应用中,雪深测量点位于轨枕面上,受风吹雪、列车经过等影响,轨枕面积雪不均匀,所以,基于激光测距原理的单点雪深测量受雪面不平整性影响测量误差大。因此,可以考虑改进激光雪深测量装置,将激光测距单元、倾角传感器和云台组合在一起,实现如图4-7所示的线测量(多点测量)。通过控制步进电机的旋转相位,调整激光探头对准预设测量位置,$P_1$、$P_2$、$P_3$、$P_4$、$P_5$ 预设测量点的数量可以根据实际需要选定,一般来说,中间测量点密度越大,对步进电机的精度要求越高。激光探头和倾角传感器必须共轴,通过倾角传感器测量每次旋转到指定位置时的倾角,记为 $\alpha_0$、$\alpha_1$、…、$\alpha_D$,得出各个位置处的积雪深度 $h_0$、$h_1$、$h_2$、…、$h_D$。使用该测量方法的一个好处就是,大大减少了倾角误差对测量的影响,通过采用高精度倾角传感器可以实时测量倾斜角度,测量精度取决于倾角传感器和激光测距仪的精度。通过增加测量点的密度,可以获取轨枕面上的积雪断面曲线,可通过取平均值的方式得到更加接近于真实值的积雪深度,计算公式如下。

$$h_i = H - L_2\cos\alpha_i \tag{4-1}$$

$$h = \frac{1}{n}\sum_{i=1}^{i=n} h_i \tag{4-2}$$

式中:$h_i$——某一个测量点的雪深测量值;

$\alpha_i$——某一个测量点位置处的倾角。

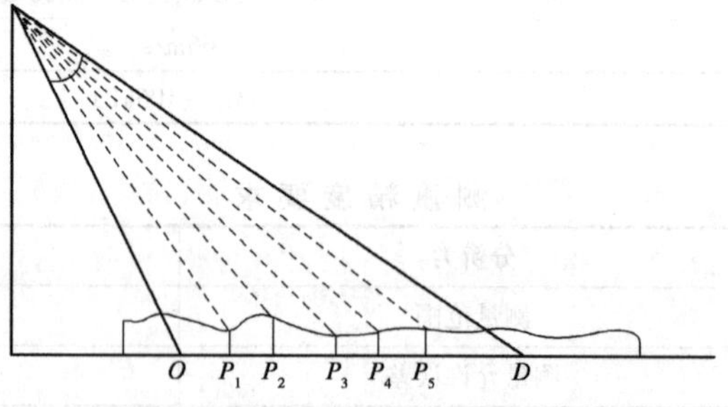


图4-7 基于云台和倾角传感器的雪深多点测量示意图

## 4.3.2 吹雪监测

吹雪监测需要用到计算机视觉方法,同时基于视频分析对实时吹雪强度进行估计。

**1)计算机视觉方法**

计算机视觉是在计算机出现,尤其是计算性能有了显著提高后才迅速发展的,通过计算机处理数字图像信息，实现对图像内容的“认知”。计算机视觉的研究目的是利用计算机代替人眼及大脑对于景物环境进行感知、描述、解释和理解。它是一口交叉学科，涉及计算机、心理学、生理学、物理学、信号处理和应用数学等诸多学科。计算机视觉的研究开始于20世纪60年代，并在20世纪80年代取得了重大的突破，近二十年来随着图像视频处理技术和人工智能技术的迅猛发展，计算机视觉技术发展迅速，各种新方法新技术越来越多，其应用领域更是越来越广。智能视频监控(Intelligent Video Surveillance,IVS)是计算机视觉领域中近几年来新兴的一个应用方向。它是利用计算机视觉技术对视频信号进行处理、分析和理解，并对视频监控系统进行控制，从而提高视频监控系统智能化水平。其在交通运输领域的应用也在不断扩展。

**2）基于视频分析的实时吹雪强度估计**

不同于静态的天气条件，如雾、霾等，这些天气大多由半径极小的颗粒物散布在空气中形成，分布相对比较均匀，且在一定时间内，不会发生明显的变化。而发生风吹雪的天气条件下，雪粒半径相对较大、运动速度较快，在时间域和空间域分布不均匀，因此，被雪粒遮挡的像素会发生明显的突变。而在极短的时间内，当雪粒运动离开后，又会恢复背景的像素值。如此往复，受粒子半径、粒子密度和风速风向等的影响，图像在时空域表现出较强的波动性。同时，当前景中存在较强的运动目标时，也会改变图像中雪粒的分布和运动，这些问题使得基于视频分析风吹雪强度充满挑战。

在通常的海拔高度、气温条件下，由于雪粒形状复杂，精确估计出雪粒下落的最终速度比较困难，一般采用如下经验公式。

$$v(a) = k(-0.2 + 5.0a - 0.9a^2 + 0.1a^3) \tag{4-3}$$

式中：$v(a)$——雪粒下落速度；

$a$——雪粒直径。

雪粒在被风吹起过程中被摄像机捕获，受到摄像机曝光时间、焦距等参数以及雪粒下落的速度和距离摄像机距离等影响，雪粒呈现的形状和尺寸不同，通常情况下，雪粒的呈现形状可近似为具有一定长度和宽度的线条，见如下公式：

$$b(a,z) = \frac{af}{z} \tag{4-4}$$

$$l(a,z) = \frac{v(a)ef}{z} + \frac{af}{z} \tag{4-5}$$

$$S(a,z,f) \propto bl = \frac{f^2 a}{z^2}[ev(a) + a^2] \tag{4-6}$$

式中：$b$——雪粒成像后宽度；

$l$——雪粒成像后长度；

$f$——摄像机焦距；

$z$——雪粒距离摄像机距离；

$e$——摄像机曝光时间；

$S$——雪粒在图像平面上的面积。

一般情况下，对于某一确定型号的摄像机，其水平和垂直分辨率(像素个数)是固定的，对于同一场景，当焦距增大时，场景的可见范围减小，物体细节被放大。当摄像机焦距增加一倍时,图像平面能够观察到的被吹起雪粒数量减少为原来的1/4。但是,在现实三维空间中,两者的雪粒分布是相同的。因此,三维空间中的雪粒密度不仅和拍摄到的雪粒数量有关,也和摄像机的参数有关。所以,为了使不同摄像机参数条件下拍摄到的雪粒密度能够反映三维空间中真实的雪粒密度,需要对雪粒密度进行修正,见如下公式。而在实际应用中,需要将摄像机调整到统一的参数后再进行后续处理。

$$\rho = \frac{f^2 N}{z^2 LW} \tag{4-7}$$

式中:$\rho$——三维空间中的风吹雪雪粒密度,单位像素的风吹雪雪粒个数;

$N$——可识别的雪粒的数量;

$L$——摄像机垂直方向的分辨率(垂直像素个数);

$W$——摄像机水平方向的分辨率(水平像素个数)。

## 4.4 数据采集及分析处理

风吹雪灾害采集的数据主要是风速、风向、输雪量及积雪深度(包括道床上、轨道及轨枕处)。积雪深度、风速和风向可以通过监测设备直接监测,输雪量则需要通过风速等参数推测。线路上雪深则是基于上述数据最终得到的直观反映行车安全并进行预警工作的数据。利用积雪深度的监测结果,也可以实现对清雪工作量的预判。

### 4.4.1 风吹雪监测数据采集

仪器设备埋设稳定、调试完毕后,便开始长期监测工作。由于大雪封路,测试期间人员难以到达测点位置,所以监测数据采集工作至关重要。铁路风吹雪灾害现场监测系统结构如图4-8所示。

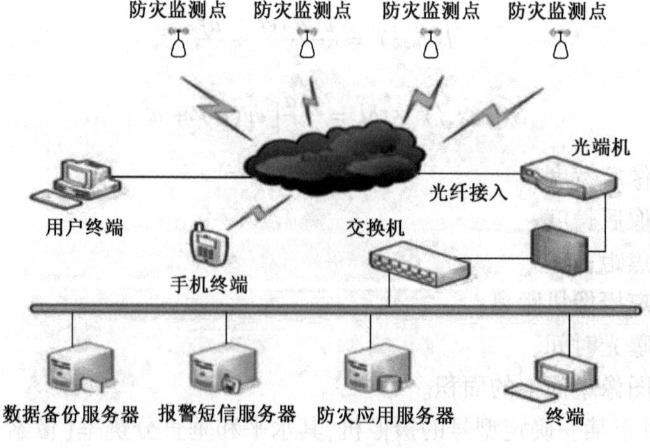


图4-8 铁路监测系统结构图

监测数据主要采用无线通信、互联网等方式实现自动数据通信和传输，现场设备采集完监测数据后，通过数据发射模块发射至通信网络，经过路由器交换，通过开放的端口，进入公网服务器，根据相关协议，服务器内专用软件进行数据接收并存储至终端控制数据库中，实现监测数据无线传输。考虑到铁路修建地区野外通信网络信号较差问题，监测设备也可以通过短距离有线传输至发射模块再进行无线通信。阿富准铁路用于野外环境监测积雪深度、风速和风向的自动监测设备，具有数据智能采集，长期固态存储和远距离传输功能；拥有强大的组网功能，可通过局域网或无线网进行网络化数据监测，局域网可通过调制解调器（Modem）、光纤网、路由器等进行组配；数据采用无线传输，采用通用分组无线服务技术（GPRS）传输方式。针对新疆野外通信网络信号较差问题，其监测数据也可以通过现场有线传输，以此了解线路附近的气象环境。监测设备管理软件在Windows98以上环境即可运行，实时显示各路数据，每隔10s更新一次，整点数据自动存储（存储时间可以设定），与打印机相连自动打印存储数据，可连续存储40000条数据，数据存储格式为Excel标准格式，可供其他软件调用。其具有的大容量数据采集和存储、良好的防腐蚀性材料特点，适用于野外无人状态下的长期监测。

### 4.4.2 最大风速设计值推算

风速对雪的吹移和堆积有重要的影响，在交通设计中重点考虑最大风速的影响。气象上，最大风速一般指的是10m高度的10min平均自记风速，而研究风吹雪问题则更关心2m高度处的10min平均风速。因此，需要对冬季最大风速设计极值进行换算。

由于比较健全的风速监测设备大多设置在城市中，城市内监测可以获得该地区30年、50年、100年一遇的风速极值，而在铁路线路通过的地方很少有健全的监测设备监测风速风向等，我们可以通过同时监测市区和线路附近监测点一段时间内的最大风速，并拟合线路所在位置同该市区风速极值的关系曲线，近似推算铁路沿线30年、50年、100年最大风速设计值，从而进一步分析研究相应区域内的风吹雪问题。具体实例计算可见第9章。

### 4.4.3 数据处理软件设计

鉴于数据数量较大，需要及时处置并发出预警，因此需要编制专门的软件，实现采集的数据及现场视频数据获取、数据可视化显示，将数据进行存储，进行历史数据的查询和下载，历史数据分析，同时需要具备对恶劣天气进行报警及预警等功能。

## 4.5 风吹雪灾害监测预警

为了保证铁路安全运营，对线路上的积雪深度进行监测，适时发出预警信息是非常必要的。我国现行《高速铁路设计规范》（TB 10621）中有关灾害预警的监测，包含了积雪深度、风速监测，并建立了灾害监测预警系统。当监测参数达到预警阈值，系统自动发出预警信息，信息经调度指挥系统处理，及时通知给列车、车站和维护人员，采取必要的处置措施，确保运营安全。

例如，在对阿富准铁路风吹雪防治研究中，目前考虑拟定的监测预警方案见表4-5。

阿富准暂定监测预警方案　　表4-5

| 雪害级别 | 代表颜色 | 严重程度 | 评价标准(积雪深度) | |
|---|---|---|---|---|
| 一级 | 绿色 | 无 | 0～19cm | 正常运营 |
| 二级 | 黄色 | 轻度 | 19～22cm | 120km/h 以下 |
| 三级 | 橙色 | 中度 | 22～30cm | 110km/h 以下 |
| 四级 | 红色 | 重度 | ≥30cm | 列车停运 |

当监测设备监测到轨面积雪深度达到30cm，为避免影响线路正常运营，在铁路局指挥部署下，清雪车应迅速到达积雪严重路段进行积雪清理。

设直接监测轨面设备的监测积雪深度为$H_1$，防雪栅外20m处的监测设备监测积雪深度为$H_2$，当$H = K \times H_2 + H_1 \geqslant 30$cm且监测风速高于6m/s时采取应急响应措施，其中$K$值根据现有监测资料计算，见表4-6。

不同深度路堑相关系数　　表4-6

| 路堑深度(m) | 路基面积雪体积分数 | 监测点积雪体积分数 | 相关系数$K$ |
|---|---|---|---|
| 1 | 0.147、0.121、0.170 | 0.102 | 1.225 |
| 2 | 0.099、0.092、0.096 | 0.094 | 1.016 |
| 3 | 0.166、0.164、0.171 | 1.501 | 1.111 |
| 4 | 0.124、0.094、0.119 | 0.110 | 1.021 |
| 5 | 0.140、0.124、0.133 | 0.134 | 0.988 |
| 6 | 0.097、0.075、0.089 | 0.099 | 0.876 |
| 7 | 0.124、0.100、0.119 | 0.141 | 0.811 |
| 8 | 0.110、0.096、0.099 | 0.123 | 0.801 |
| 9 | 0.092、0.071、0.088 | 0.106 | 0.788 |

根据新疆地区现场雪粒物理性质试验以及数值模拟结果可知，当风速大于6m/s时，雪粒被流动气体搬运速度较快，积雪深度会很快达到前文叙述的稳态，所以规定当现场监测装置监测到10min平均风速大于6m/s时，将根据上述理论进行预警与紧急清雪工作，避免线路积雪深度很快达到30cm而影响线路的正常运营。

该监测预警体系采用直接监测轨面积雪深度的直接监测值代替原来的拟合估计值，并且结合数值模拟结果将风的影响也考虑进风吹雪监测预警的研究中，拥有更高的合理性、可靠性和准确性。

PREVENTION TECHNOLOGY OF RAILWAY SNOW-DRIFTING DISASTER

# 第 5 章

# 风吹雪灾害治理的试验研究

现场监测是研究风雪场分布最直接的方法,但现场测量中对影响风雪场的各种因素难以进行有效地控制,获得的结果往往是特定区域内的积雪分布,通常是为了对室内试验进行结果验证。随着世界各发达国家对空气动力学发展的高度重视、流体力学理论的完善及计算机技术的飞速发展,通过风洞试验及数值模拟等在试验室内进行风吹雪模型预测已成为获得积雪分布信息的重要方法之一。

风洞试验与数值模拟计算是两种互补的手段,数值模拟对计算条件进行了理想化的假设,其计算过程不受人为干扰,严格遵循各种物理力学定律,忽略了现实中的随机性与差异性,所得到的结果能较严谨地阐述风吹雪灾害的形成过程;而风洞试验是在风洞中还原出实际自然环境中积雪的表象,从防灾减灾的角度找出影响积雪堆积分布的因素,从而得到较符合实际并且具有指导意义的结果。由于风洞试验的模型、模拟材料不能完全与现实相符,试验受机械技术水平、测量方法等因素的影响,其结果具有一定的不确定性。数值模拟和风洞试验这两种手段相互补充、完善,数值模拟得到的理论分析可以指导风洞试验的建模与研究方向,而风洞试验得到的实际数据可以对数值模拟的理论分析起到支撑作用。随着技术的发展,部分低温风洞已经可以采用真雪粒来进行试验,可以真实的模拟现场情形,得到更具有说服力的结果。两种方法相互结合得到合理且准确的风吹雪灾害防治措施。

## 5.1 室内风洞试验

风洞试验为缩小试验,其理论基础是相似原理。相似原理要求风洞流场与真实飞行流场之间满足所有的相似准则,或两个流场对应的所有相似准则数相等。模型及试验过程必须遵循相似原理,所以风洞试验的首要任务是研究相似比,得出合理的模型结构与计算条件。对于风吹雪气固两相流,通过无量纲分析表明,物理模型需要满足的相似参数多达十几种(Iversen,1981),有些甚至相互矛盾,不可能全部满足。但不同相似参数的重要性不一样,一些次要参数在模拟中可以忽略,因而需要确定模型的主要相似参数,这方面 Kind、Iversen 以及 Anno 等人开展了较多的研究。目前风吹雪风洞试验模型需要满足的一些主要相似参数已基本形成一致,但仍存在一些问题有待解决,如时间尺度的确定,模型雷诺数与弗劳德数的选择等。

### 5.1.1 试验设备与相似性

#### 1)设备简介

风洞设备有多种类型,其中常见的为直流和回流式风洞,图 5-1 为北京交通大学全钢直流风洞,该风洞尺寸为 1.2m($W$)×1.5m($H$)×10.0m($L$),最大风速 20m/s。该风洞的流场品质已经第三方评测机构进行评测,评测结果表明:试验段流场达到优秀边界层风洞流畅标准。该风洞试验室配备包括测压、测力、测振在内的完整的风荷载及相应测试设备,能满足各种要求的风荷载及相应测试。

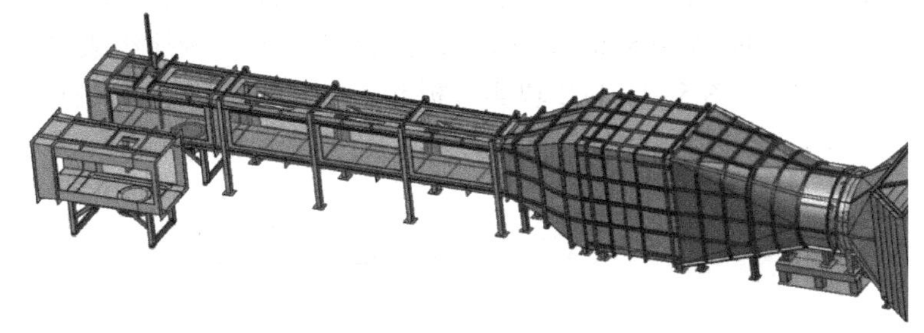

图 5-1 风洞结构示意图

此试验为刚性模型测速试验，试验主要由风速控制系统、风向角控制系统、风场测试系统和风压测试系统四部分配合组成模型的风荷载控制系统。

(1)风速控制系统采用速压计及相关软件对来流风速进行控制，同时采用微净压计对风速进行监控，从而保证来流风速的准确性和稳定性。

(2)风向角通过电机驱动的转盘精确控制来流与试验模型的相对夹角。

(3)采用澳大利亚 Turbulent Flow Instrumentation 公司的风速测试系统 CobraProbe 结合可精确定位至 0.1mm 范围内的三维移测架对风洞中模拟的风场进行测试，从而保证风场模拟的准确可靠。

**2）试验相似性**

鉴于风洞试验条件的限制以及雪粒的自然属性，采用真实雪粒来进行风吹雪风洞试验只能在极少数的低温风洞中进行，大多数风吹雪风洞试验只能选用其他介质对雪粒进行等效。风吹雪风洞试验模拟要保证模型与原型的相似，主要包括几何相似、运动相似及动力相似等。

要保证雪粒的相似，必须要满足直径、速度、密度、Re 数和 Fr 数的相似。但要同时达到这些参数的相似几乎是不可能的。因此我们要选择所需的关键参数进行试验，忽略一些次要参数的影响。参考相关代表性文献，可以看出试验中大部分相似参数都能满足要求，但由于弗劳德数和雷诺数在相似条件的表达式上存在矛盾，无法同时满足，Lever 认为，弗劳德数主要影响粒子的跃移长度，当模型尺寸远大于跃移长度时，则可以放松对弗劳德数的要求。根据比选后本次试验选取标准路基高度 3m，标准路堑深度 3m，当几何缩尺比选定为 1∶30 时，路基模型的最大高度与深度为 10cm，并选择细硅砂替代雪粒。

### 5.1.2 试验模型与工况

**1）试验模型**

根据上述几何缩尺比和现场实际的路基断面与防雪栅结构形式，设计路堤模型、路堑模型以及防雪栅模型。在路堤模型的制作中，主要变量有路堤高度与边坡坡度，所有模型路基表面宽度均为26.7cm(与现场 8m 对应)，满足风洞试验中对阻塞率的要求。栅栏模型部分，设计不同高度、不同排数以及不同孔隙率的栅栏来对比积雪分布的影响，栅栏高度与布置距离也均满足相似比,且符合风洞试验中对阻塞率的要求。模型中采用插板式栅栏改变空隙与高度,这种形式与现场布置也是相符的,如图 5-2a)为 3 块实心板和 3 块空心板所组成的插板式风洞试验栅栏模型,简称“实 3 虚 3”;图 5-2b)为 2 块实心板和 4 块空心板所组成的插板式风洞试验栅栏模型,简称“实 2 虚 4”,在以下的内容中也用“实 $x$ 虚 $x$”表明栅栏结构,$x$ 表示数量。

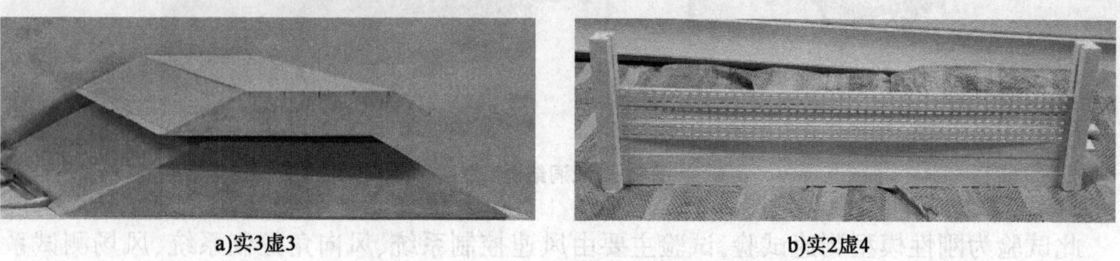

a)实3虚3　　b)实2虚4

图 5-2　部分路堤和栅栏模型图

图 5-3 为路堤模型示意图。在路堤模型中,考虑了不同坡度路堤、不同高度路堤对积雪分布的影响,其中迎风面宽度均为 80cm,满足风洞试验中对阻塞率的要求。

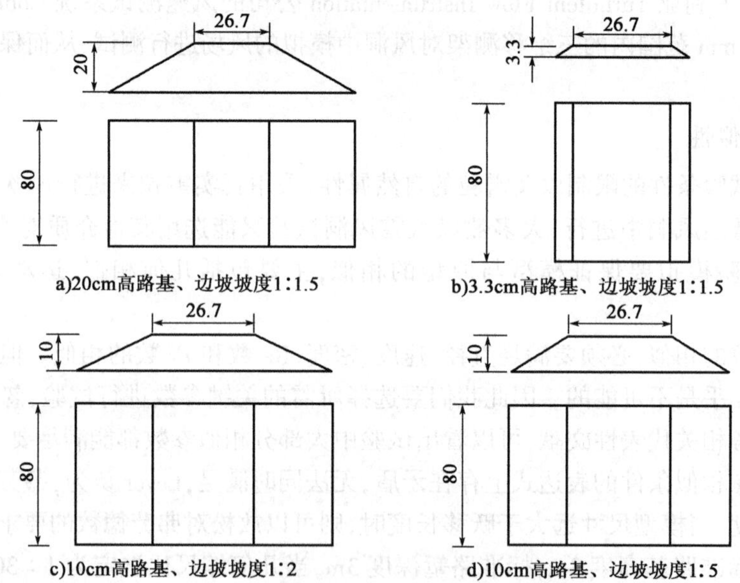


a)20cm高路基、边坡坡度1∶1.5　　b)3.3cm高路基、边坡坡度1∶1.5

c)10cm高路基、边坡坡度1∶2　　d)10cm高路基、边坡坡度1∶5

图 5-3　路堤模型示意图(尺寸单位:cm)

针对路堑模型,考察了不同深度路堑、不同积雪平台对积雪分布的影响,其迎风面宽度均为 80cm。路堑模型示意图如图 5-4 所示。

**2)试验工况**

无栅栏段路堤工况见表 5-1,主要对比了入风口固定、单一风向条件下,路堤高度分别为 3.4cm(实际路堤高度 1m)、10cm(实际路堤高度 3m)、20cm(实际路堤高度 6m)时,开机风速分别为 5.5m/s、7.5m/s、8.5m/s 时的积雪分布特征。

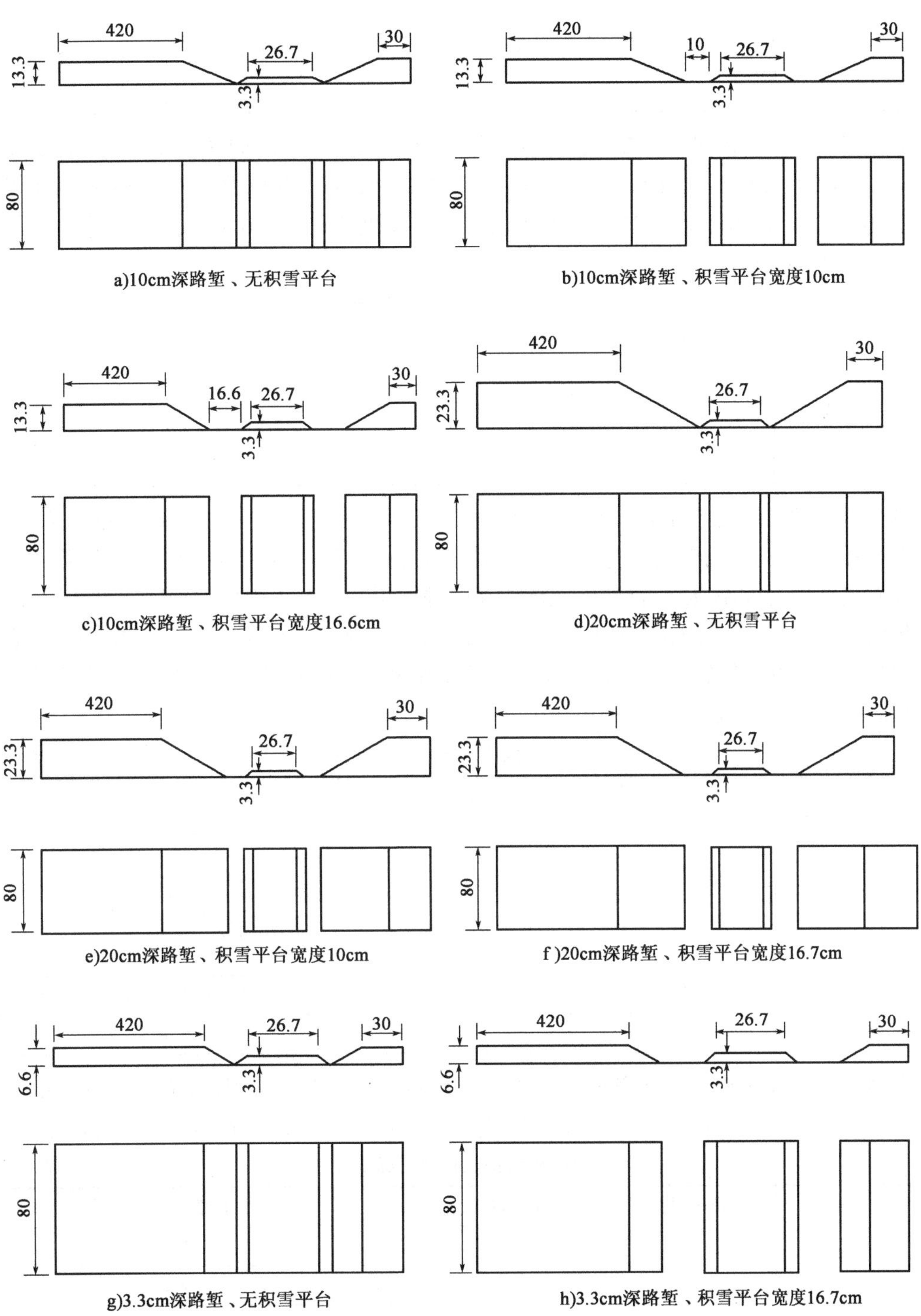


**图5-4 路堑模型示意图**(尺寸单位:cm)

**无栅栏段路堤工况统计** 表 5-1

<table>
<tr><th>工况变量</th><th>路堤高度(m)</th><th>开机风速(m/s)</th><th>边坡坡度</th><th>路基面宽度(m)</th></tr>
<tr><td>①</td><td>1</td><td rowspan="3">5.5、7.5、8.5</td><td rowspan="3">1∶1.5</td><td rowspan="3">8</td></tr>
<tr><td>②</td><td>3</td></tr>
<tr><td>③</td><td>6</td></tr>
</table>

无栅栏段路堑工况见表 5-2，主要对比了入风口固定、单一风向条件下，路堑深度分别为 3.4cm（实际路堑深度 1m）、10cm（实际路堑深度 3m）和 20cm（实际路堑深度 6m），以及积雪平台宽度 0（实际无积雪平台）、10cm（实际积雪平台宽度 3m）与 16.6cm（实际积雪平台宽度 5m）时，开机风速分别为 7.5m/s 时的积雪分布特征。

**无栅栏段路堑工况统计** 表 5-2

<table>
<tr><th>工况变量</th><th>路堑深度(m)</th><th>积雪平台宽度(m)</th><th>开车名义风速(m/s)</th><th>路基面宽度(m)</th></tr>
<tr><td>①~③</td><td>1</td><td rowspan="3">0、3、5</td><td rowspan="3">7.5</td><td rowspan="3">8</td></tr>
<tr><td>④~⑥</td><td>3</td></tr>
<tr><td>⑦~⑨</td><td>6</td></tr>
</table>

有栅栏防护段路堤工况见表 5-3，主要对比了入风口固定、单一风向、3m 高路基条件下，不同的栅栏孔隙率、高度与布置排数在开机风速为 7.5m/s 时的积雪分布特征。有栅栏防护工况主要对栅栏的孔隙率、栅栏排数以及栅栏高度进行研究。由于栅栏模型制作工艺的限制，单个插板的孔隙率为 20%，无法使用更大面积的孔增大孔隙率，所以在插板全虚的时候栅栏孔隙率达到最大 20%，在全实的情况下即等于挡雪墙；模拟 3m 高栅栏时采用 6 块插板，模拟 5m 高栅栏时采用 9 块插板。

**有栅栏防护段路堤工况统计表** 表 5-3

<table>
<tr><th>工况变量</th><th>栅栏排数</th><th>栅栏高度(m)</th><th>栅栏孔隙率(插板形式)</th></tr>
<tr><td rowspan="3">①~⑦</td><td rowspan="3">1</td><td rowspan="3">3</td><td>6 虚、6 实、虚实交替</td></tr>
<tr><td>4 虚 2 实、2 虚 4 实</td></tr>
<tr><td>3 虚 3 实、3 实 3 虚</td></tr>
<tr><td rowspan="2">⑧~⑪</td><td rowspan="2">1</td><td rowspan="2">5</td><td>9 虚、9 实</td></tr>
<tr><td>3 虚 6 实、3 实 6 虚</td></tr>
<tr><td>⑫</td><td>2</td><td>3</td><td>6 虚</td></tr>
</table>

有栅栏防护段路堑工况见表 5-4，试验模拟主要对比了入风口固定、单一风向、3m 深路堑条件下，不同的栅栏孔隙率、高度与布置排数在开机风速为 7.5m/s 时的积雪分布特征。

**有栅栏防护段路堑工况统计** 表 5-4

<table>
<tr><th>工况变量</th><th>栅栏排数</th><th>栅栏高度(m)</th><th>栅栏孔隙率(插板形式)</th></tr>
<tr><td rowspan="4">①~④</td><td rowspan="4">1</td><td rowspan="4">3</td><td>6 虚</td></tr>
<tr><td>4 虚 2 实</td></tr>
<tr><td>3 虚 3 实</td></tr>
<tr><td>虚实交替</td></tr>
</table>

续上表

| 工况变量 | 栅栏排数 | 栅栏高度(m) | 栅栏孔隙率(插板形式) |
|---|---|---|---|
| ⑤、⑥ | 1 | 5 | 9虚 |
| ⑦ | 2 | 3 | 6虚 |

根据模拟试验风场的要求,以路基模型距离风洞地面10cm处作为测试点,采集开机风速分别为5.5m/s、6.5m/s、7.2m/s、7.5m/s、8.5m/s时的流场数据,测试点的风速$v$分别为3.9m/s、4.8m/s、5.1m/s、5.3m/s、6.0m/s。试验中发现,当风机出口速度为6.5m/s时,即测试点风速为4.8m/s时,模型区内颗粒发生明显跃移运动,而后控制开机风速以0.1m/s递减,当开机风速为6m/s时模型区内仍有少量粒子运动,考虑到目测误差等,确定当开机风速为5.5m/s时颗粒开始运动,此时测试点对应的风速为3.9m/s。

试验中每个工况开始与结束后均对铺雪面进行平整使其达到同样的高度,吹风时间均为20min。为了更直观地反映积雪深度分布的结果,试验中采用积雪分布系数$r_s$,按式(5-1)计算。

$$r_s = \frac{h_s}{h_c} \tag{5-1}$$

式中:$h_s$——实测积雪深度;

$h_c$——吹风后平均积雪深度。

### 5.1.3 路堤段试验结果

#### 1)不同路堤高度

图5-5为典型工况下路堤模型积雪分布试验前后的对比。

a)试验前

b)试验后

图5-5 路堤模型试验前后对比

以标准模型路堤高度100mm(实际路堤高度等于3m)为特征尺度作为横坐标的无量纲化处理,图5-6为不同风速、不同路堤高度条件下路堤顺风向中轴线的粒子堆积形态。由图5-6可知,路堤高度的变化对路基表面积雪深度有显著的影响,1m高路堤的积雪明显大于

3m 和 6m 高路堤上的积雪,而 3m 高路堤上的积雪量在不同风速条件下积雪量变化不大,1m 与 6m 高的路基上的积雪量在不同的风速条件下差别较大。在 5.5m/s、7.5m/s、8.5m/s 3 种风速条件下,1m 高路堤路基范围内,各位置积雪基本相同,即整个断面被积雪填平,此时对线路危害最大。3m 高路堤路基表面积雪随着风速的增大而降低,当风速较小时,雪粒会在路基上堆积,且蔓延到背风坡处;而风速达到 8.5m/s 时,雪粒反而在迎风坡坡脚行程堆积,且由于风速较大,部分雪粒被气流卷走,其他雪粒沿路基表面向背风坡蔓延。6m 高路堤不同风速下规律统一,均在背风坡处形成堆积,主要是因为高路堤对加速效果明显,迎风坡和路堤表面的雪粒均被气流卷走,堆积在了背风坡。

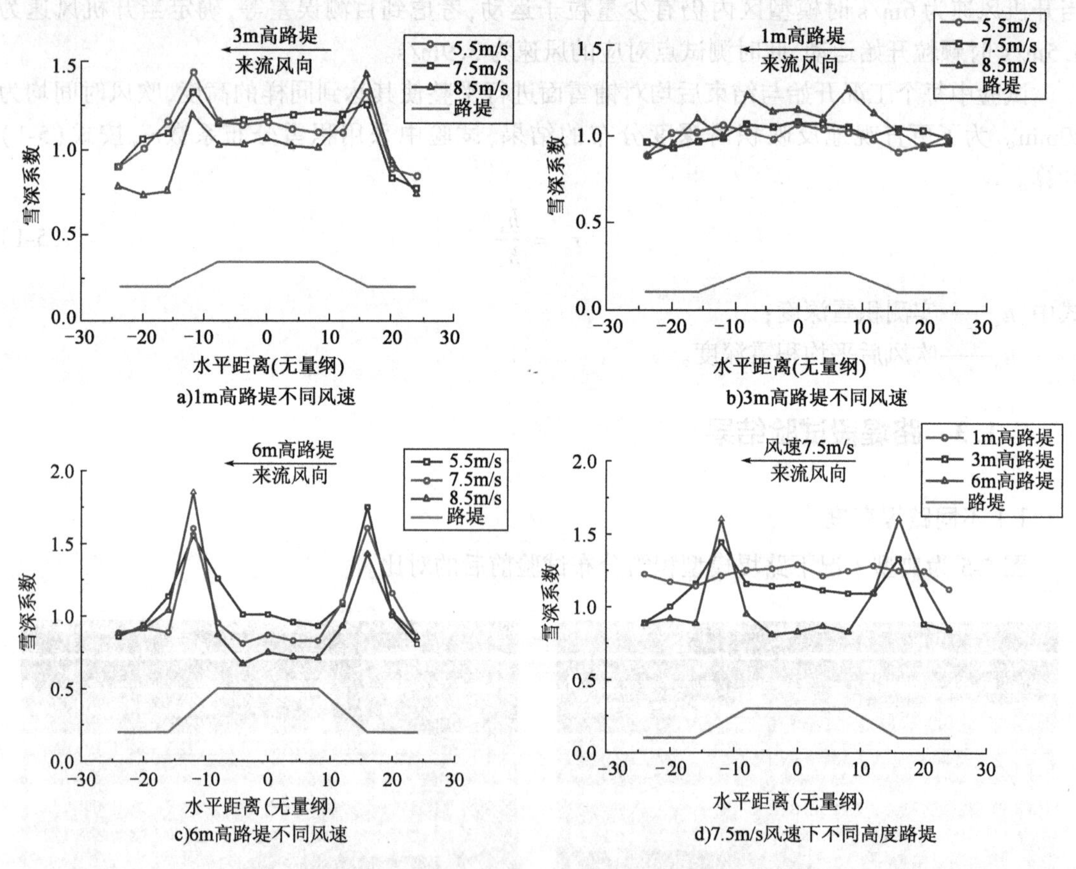


a)1m高路堤不同风速

b)3m高路堤不同风速

c)6m高路堤不同风速

d)7.5m/s风速下不同高度路堤

图 5-6　不同条件下路堤中轴线的粒子堆积形态

雪粒的分布差异主要是由两因素造成:一是风速的影响,当入口风速为 5.5m/s 时,根据对风场的测量,此时路堤前开阔地带风速通常只有 4m/s,且由于低路堤对风场的阻碍作用,使得其路基表面风速减弱更加明显,只有少部分颗粒能达到起动风速,所以造成了 1m 与 3m 路堤的积雪量整体变化都不大;二是路堤高度的影响,路堤高度越大,其边坡长度与横断面面积也越大,能够较多地把颗粒阻挡在边坡上,而且增高路堤会显著改变风雪流场,路堤面上空风速值有增大的趋势,颗粒会更容易通过路基面,所以造成了大风速下高路堤表面积雪减少的现象。

### 2）路堤段栅栏形式的影响

在对路堤积雪形态的模拟基础上，设置栅栏探究路基风吹雪灾害的被动防护技术，研究最为合理的栅栏布置形式。本试验由于栅栏两端焊接在模型路基上，在试验过程中无法改变栅栏与路基的位置，所以试验主要针对栅栏形式对防雪效果的研究。

图5-7为典型工况下路堤—栅栏模型试验前后对比图。以标准路堤高度100mm作为特征尺度作为横坐标的无量纲化处理，对不同的栅栏高度、栅栏排数和栅栏孔隙率路堤顺风向中轴线的颗粒堆积形态试验结果进行分析。

a)试验前

b)试验后

图5-7 路堤—栅栏模型试验前后对比

图5-8为不同形式的栅栏作用下中轴线的粒子堆积形态。由图可知，除了"6实"形式的栅栏（即挡雪墙）后堆积形式相对稳定，其他形式的栅栏颗粒均在(4～6)$H$（$H$为防雪栅高度，下同）范围内形成堆积，而$6H$之后的范围，雪量相对稳定。对比各种栅栏的布置形式，可以明显看到插板为"6实"[图5-9a)]栅栏形式下，路基表面的积雪最少。而其他布置形式，底部为虚、上部为实的，均在路基表面形成了大量积雪，防雪效果较差。插板"6虚"[图5-9b)]形式时其栅栏孔隙率相对最大达到20%，这与数值模拟计算中不同栅栏孔隙率对路基表面的防雪效果是相符的。

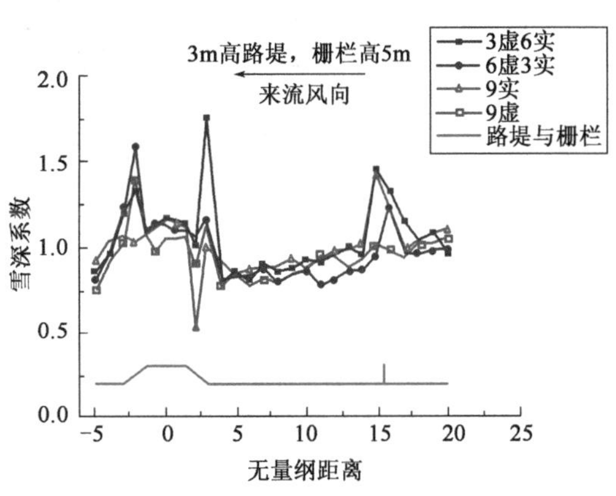


图5-8 不同形式的栅栏作用下中轴线的粒子堆积形态

a)6实型栅栏

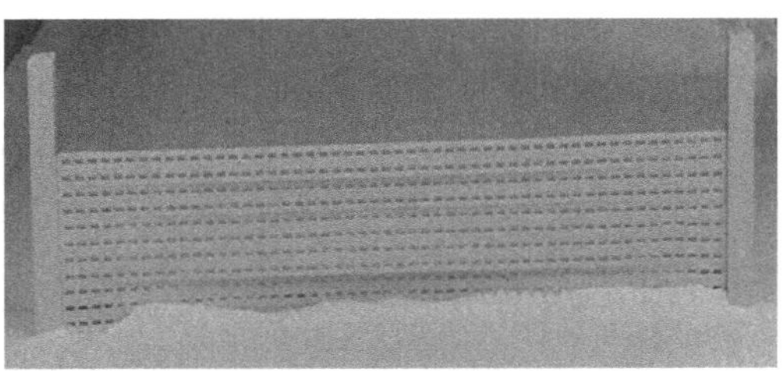

b)6虚型栅栏

图5-9 插板式防雪栅

### 5.1.4 路堑段试验结果

1）不同路堑深度

图 5-10 为典型工况下路堑模型积雪分布试验前后的照片。

a)试验前

b)试验后

图 5-10 路堑模型试验前后对比

不同形式的栅栏作用下路堑中轴线的雪粒堆积形态如图 5-11 所示。

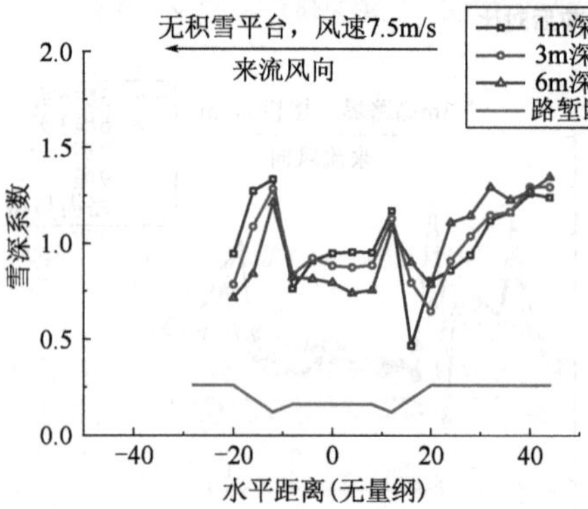

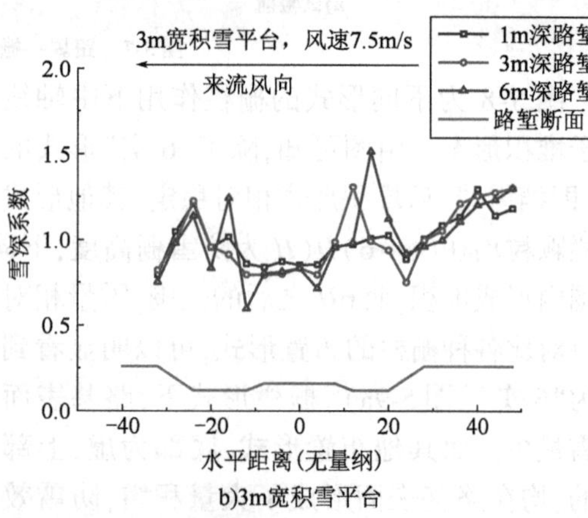


b)3m宽积雪平台

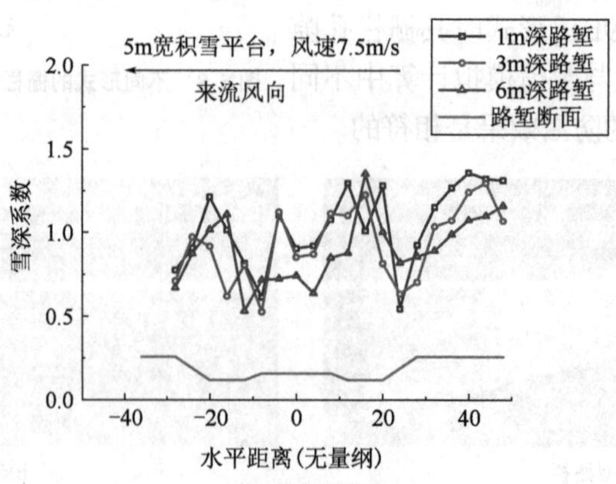


c)5m宽积雪平台

图 5-11 不同形式的栅栏作用下路堑中轴线的雪粒堆积形态

从图5-11中可以看出，在不同的工况中路堑内的积雪分布趋势是相同的，雪粒在整个路堑断面内堆积形式近似于“W”形，即路基两侧积雪多，中间表面积雪少。没有积雪平台时，路堑深度为1m工况的路基表面中心线处雪深系数为0.99，路堑深度增加到3m时该值减小到0.85，当路堑深度为6m时雪深系数就只有0.73了，说明随着路堑深度的增加，其路基表面处积雪会减少。3m宽积雪平台条件下，各种路堑的积雪深度几乎相同，即3m宽积雪平台对路基本体的积雪效果影响较小。5m宽积雪平台的情况下，1m和3m深的路堑，路基部分积雪深度几乎相同；而6m深路堑其路基部分积雪较少，即雪量一定的情况下，路堑深度低于3m时路基表面的积雪较多，当路堑深度达到6m时，路基表面的积雪反而相对减小，这种积雪减小趋势说明了在深路堑地段增加积雪平台宽度能有效减少路基表面积雪。

从三组结果对比来看，没有积雪平台时，深度为1m与3m的路堑其路基表面积雪分布较为相近，而6m深路堑路基表面积雪则相对较少；当积雪平台宽度为3m时，三种深度路堑的路基表面雪深系数接近相等，说明此时在1m与3m深的路堑内布设积雪平台可以起到一定的防雪作用；继续增加积雪平台宽度至5m，1m和3m深的路堑的路基部分积雪深度还是几乎相同，而6m深路堑此时路基部分积雪再次明显少于浅路堑的工况，说明浅路堑本身比深路堑更容易产生雪灾。

**2）不同积雪平台宽度积雪量的对比**

不同宽度积雪平台作用下路堑中轴线的雪粒堆积形态如图5-12所示。

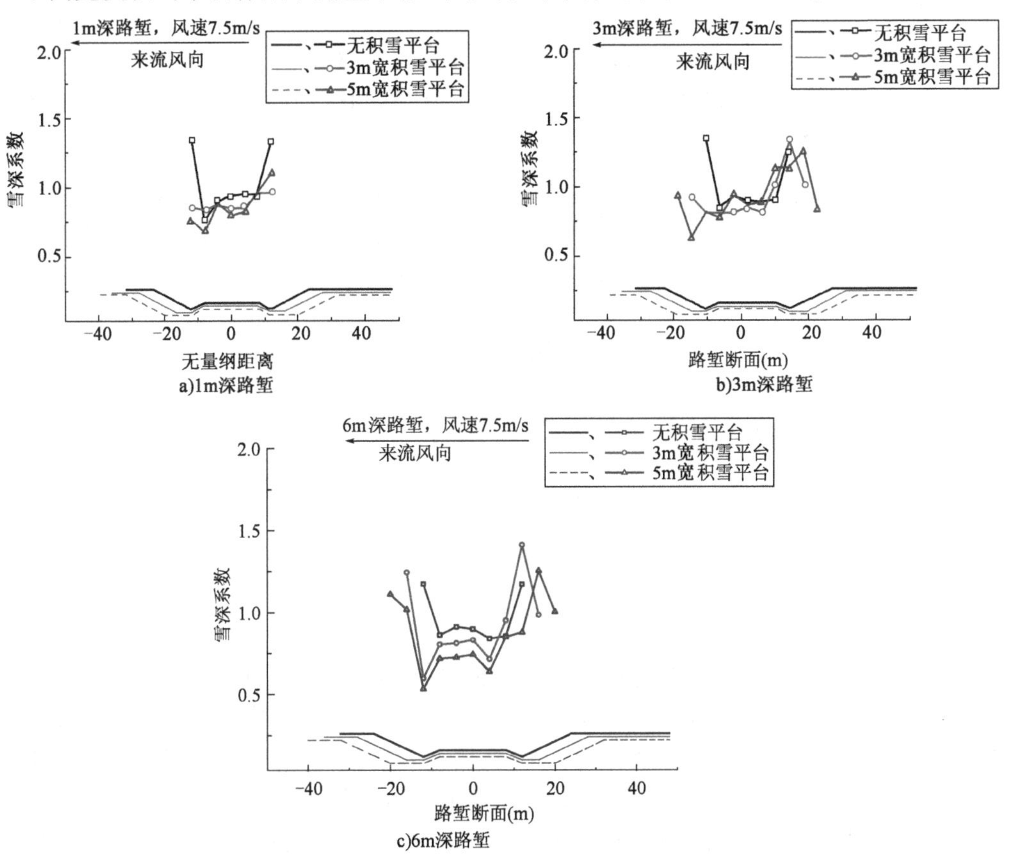


图5-12 不同宽度积雪平台作用下路堑中轴线的雪粒堆积形态

该组试验中所有工况来流风速保持为7.5m/s不变,通过改变积雪平台的宽度探究积雪平台宽度对路堑内积雪分布的影响,按照实际情况选取了积雪平台宽度0(现场无积雪平台)、10cm(现场积雪平台3m)和16.6cm(现场积雪平台5m)三个变量。

由图5-12可看出,浅路堑段布设积雪平台起到的效果较有限,在深路堑段增加积雪平台宽度可以对路基表面起到更好的阻雪效果。顺着风场的来流方向,路堑内最大积雪都出现在路基表面的两个坡角处;路堑深度为1m时,积雪平台的存在可以阻挡一定量的雪粒向路基表面蔓延,没有积雪平台时,颗粒便会更多地向路基面上蔓延,但是随着积雪平台宽度的增大其路基表面积雪深度并无显著变化,说明在1m深路堑布置积雪平台可以起到减少路基表面积雪量的作用,但是这种作用程度是有限的;当路堑深度为3m时,随着积雪平台从无到有并增大宽度,路基表面的积雪逐渐减小,雪粒更多的堆积在积雪平台与路基两侧边坡内;在6m深路堑段,积雪平台发挥的作用明显增强,不设积雪平台时其路基表面中心线处雪深系数为0.92,积雪平台为3m宽时雪深系数减小到了0.81,继续增宽积雪平台至5m宽时雪深系数只有0.74,积雪平台宽度越大,路基表面上的雪深系数就越小,这种趋势说明5m宽积雪平台效果明显好于3m宽平台,而无积雪平台的路基表面积雪最厚,增加积雪平台宽度可以有效减少路基表面的积雪量。

**3)路堑段栅栏形式的影响**

防雪栅作用下的路堑型路基风吹雪灾害模拟考虑了在入风口固定、单一风向、3m深路堑条件下,不同的栅栏高度、孔隙率与布置排数在开车名义风速为7.5m/s时的积雪分布特征。每种工况开始前与结束后均对铺雪面进行平整使其达到同样的高度,吹风时间均为20min。图5-13为典型工况下路堑—栅栏模型积雪分布试验前后对比。

a)试验前

b)试验后

图5-13 路堑—栅栏模型试验前后对比

以标准路堤高度100mm作为特征尺度作为横坐标的无量纲化处理,图5-14为不同的栅栏高度、栅栏排数和栅栏孔隙率路堑顺风向中轴线的雪粒堆积形态模拟结果。在路堑段加入栅栏防护后,由于栅栏对风雪的阻碍作用,风速在栅栏背后大为降低,雪粒达不到起动速度形成沉落。然后在逐渐远离栅栏的方向,栅栏对风速的影响慢慢减弱,地上雪粒逐渐减少,但是因为栅栏背后对风速存在影响范围,从实测数据可以看出,雪粒堆积厚度在(9~11)$H$达到平衡,可以认为栅栏理应布置在27~33m之外。

其次,各种不同栅栏形式,与路堤的试验结果相同,插板为6虚的栅栏形式路基表面的积雪最少,在所有工况里该种结构形式的栅栏对风吹雪的防治效果最佳。对比2排3m高栅栏和1排5m高栅栏积雪的堆积可以看出,两种栅栏积雪的堆积形式几乎相同;不同的是,1排5m高栅栏路基表面积雪小于2排3m高栅栏。当风吹雪灾害较严重时,可以选用1排高栅栏的形式来防治,在更节约结构材料的前提下,仍可取得更好的防治效果。

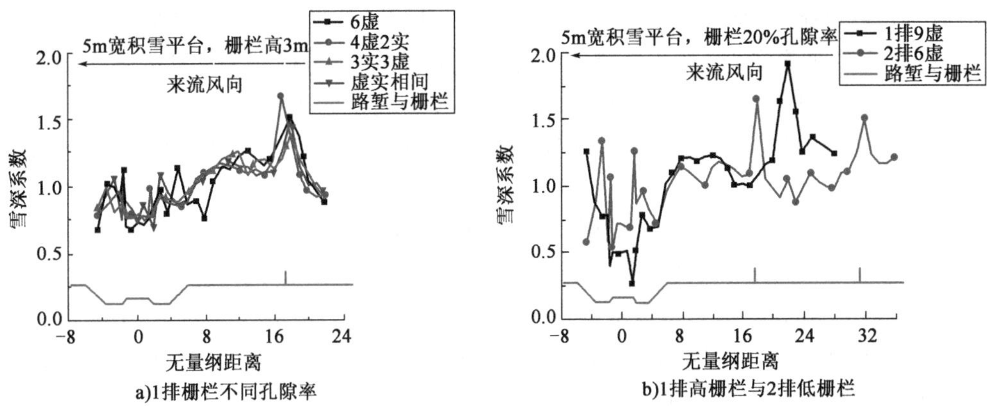


图5-14 不同栅栏形式下路堑顺风向中轴线的粒子堆积形态

### 5.1.5 试验结论

(1)布设栅栏时需重点关注高度较低的路堤。通过对风速的调节可知,在一定的风速范围内,1m高路堤的路基表面均会出现明显积雪;随着路堤高度的增大,风速越大、路基表面积雪越少。

(2)路堤高度的变化对路基表面积雪深度有较大影响。1m与3m路基表面上的积雪量相差较小,且明显大于6m高路堤的积雪。3m以下的路堤路基表面积雪较多,需要布设防雪栅;当路堤高度大于3m时,路基表面的积雪明显减少。

(3)路堑深度与积雪平台宽度的变化对路基表面积雪深度有较大影响。在浅路堑段,为减弱风吹雪灾害,宜将短距离的积雪平台与被动防护的栅栏相结合进行布置;深路堑内适合布置长距离的积雪平台。

(4)路堤段防雪栅的影响范围,颗粒在栅栏背后(4~6)$H$范围内形成大量堆积,6$H$之后的范围雪量相对稳定。对比多种栅栏的结构形式,孔隙率大的防雪栅效果更好。

(5)路堑段防雪栅的影响范围,颗粒在栅栏背后(9~11)$H$范围内形成大量堆积,11$H$之后的范围雪量相对稳定。对比多种栅栏的结构形式,孔隙率大的防雪栅栏效果更好。

(6)对比栅栏布置的排数与高度可以看出,无论是在路堤还是路堑段,其阻雪效果为1排高栅栏>2排低栅栏>1排低栅栏。因此,在风吹雪灾害较严重地区,可以考虑设计1排高栅栏或者2排低栅栏。

## 5.2　室外风洞试验

目前风洞试验多在室内风洞，采用其他替代材料模拟雪粒，该方法虽然对实际风吹雪现象的模拟有一定的准确性，但毕竟不是对真实雪粒进行试验，兰州大学曾在室内采用真雪进行试验，但仍是在室外采集了新雪后，放置到室内风洞进行试验，与现场未扰动的雪粒仍有区别。为了使风洞试验更贴近现场情况，该试验在新疆现场对真正的雪粒进行原位风吹雪试验。为了对应之前的室内风洞试验，该次试验主要针对路堤、路堑不同参数和不同栅栏组合形式进行试验。

与室内风洞设备基本一致，室外风洞也主要由风洞洞体、数据采集及控制系统组成。主要包括风洞洞体、数据采集及控制系统。风洞洞体由进气段、动力段、过渡段、稳定段、试验段和尾部扩散段组成。在稳定段上壁板末端，可安装皮托管。动力段内设有风扇、电动机、后整流罩和电机支座构成。自由来风风速为 2～10m/s 连续可调。试验所遵循的相似性与室内风洞试验保持一致，模型比例为 1∶60。

图 5-15　可移动风洞

### 5.2.1　试验方法与步骤

#### 1）现场雪粒性质测试

图 5-15 为现场测量雪的物理性质现场测量图。积雪密度是准确确定路基表面雪压、合理选择风洞试验所采用的等效粒子以及数值模拟所需的重要参数。目前，测量积雪密度的常用方法主要包括称重和融化雪水测体积两种，其主要测量差别在于积雪质量的测量方法：前者采用电子秤、天平等直接测得雪样质量，操作简单方便；后者通过测得融化后的雪水体积与水密度的乘积，间接计算雪样质量，操作烦琐、耗时。综合比较，选用称重法作为本次积雪密度的实测方法。

测量工具包括电子秤、钢尺等工具。具体测量步骤如下：第一步，选取平坦坚硬的地面作为取雪场地；第二步，利用工具在雪地里直接划取大小不一的长方体雪块，并将周围积雪清理干净；第三步，利用钢尺测得长方体雪块的边长，边长分别为 $a$、$b$、$c$；第四步，将长方体雪块取出，利用电子秤称取其质量 $m$。根据式(5-2)按照以上步骤计算雪样密度，最终测得雪粒密度 $\rho$ 测量平均值为 139kg/m³。

$$\rho = \frac{m}{abc} \tag{5-2}$$

#### 2）毕托管风速测量

图 5-16 为毕托管风速测量现场。根据伯努利方程可知，理想正压流体在有势外力作用下

做定常运动时，运动方程（即欧拉方程）沿流线积分可得到表达运动流体机械能守恒的方程。该方程因伯努利于1738年提出而得名。对于重力场中的不可压缩均质流体，方程为：

$$p + \rho gz + \frac{\rho v^2}{2} = 常量 \tag{5-3}$$

式中：$p$、$\rho$、$v$——分别为流体的压强、密度和速度；

$z$——铅垂高度；

$g$——重力加速度。

a)

b)

图5-16 现场测量雪的物理性质

对于气体，可忽略重力，方程简化为：

$$p + \frac{\rho v^2}{2} = 常量(p_0) \tag{5-4}$$

显然，流动中速度增大，压强就减小；速度减小，压强就增大；速度降为零，压强就达到最大（理论上应等于总压）。

用测压管分别将毕托管的全压输出接口与静压输出接口与微压计的两个压力通道输入端连接；将毕托管各测验管连接好后，固定于风洞中，调整毕托管的方向，使得毕托管的全压测压孔正对风洞来流方向，调整完毕固定好毕托管；点击微压计面板上的“on/off”，开启微压计，待微压计稳定，如果仍不能回零，可以按下“Zero”键进行清零。

开启风洞，如果此时微压计上的压力读数为负值，则表明微压计与毕托管之间的测压管接反了，适时调整即可；开始测量，读数稳定后，可记录读数；测量后可以得到不同风速与面板读数的对应值，以便为之后进行风吹雪试验施加不同风速做准备。为了提高试验中的精确度，试验场地选在平整的水泥地面上，如图5-17所示。

风速决定着风吹雪的发展趋势和运动规律。当风速接近雪粒的起动风速时，雪粒有一个从动而不移（蠕动或振动）的过程，这时的风速称之为临界风速。在临界风速时，雪粒并没有真正运动起来。当风速达到能使雪粒发生滑移和迂回滚动，在滚动中相互发生碰撞，并在气流空吸作用下形成离开雪表面做较低高度的跃移运行，而且跃移雪粒不断增多时，雪粒即发生运动，这时的风速称之为“起动风速”。起动风速的大小既与积雪本身物理力学性质（如雪粒粒径、积雪密度、积雪雪粒形状、积雪深度、积雪雪粒的温度、积雪雪粒的湿度、积雪雪粒的硬度、黏滞系数等)有关,又与外界条件(如太阳辐射、气温、地面粗糙度等)有关。一般低温情况下,雪粒的起动风速为4~8m/s。起动风速是判断是否发生风吹雪的临界条件。

a)

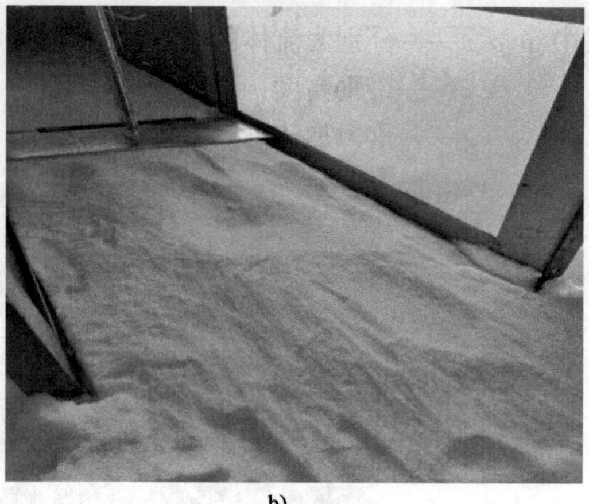

b)

图5-17 测风速现场

## 5.2.2 路堤段试验结果

在仅考虑单侧作为迎风面时的单一风向条件下,考虑了3m高路基条件下,不同栅栏形式,开车名义风速分别为5.5m/s、7.5m/s时的积雪分布特征。图5-18为典型工况下路堤模型积雪分布试验前后的对比。

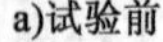

a)试验前

b)试验后

图5-18 路堤模型积雪分布试验前后的对比

以标准路堤高度100mm作为特征尺度作为横坐标的无量纲化处理,图5-19为不同风速路堤顺风向中轴线的粒子堆积形态。

从图5-19a)中可以看出,不同风速条件下,路基附近积雪分布形式相似。5.5m/s风速时,雪粒在迎风坡坡脚处发生大量堆积,这是因为,此时雪粒大多发生蠕移,大多数雪粒未发生跳跃,无法越过路基表面,故大量雪粒堆积在迎风坡坡脚与坡中部分,形成雪檐。部分雪粒爬上路基,沿着路基表面移动,在背风坡形成堆积,这是因为,背风坡路基处的风速大幅度降低,致使雪粒大量堆积。而7.5m/s风速时,风速相对于5.5m/s增大,大部分雪粒到达跃移阶段,迎风坡雪粒仍有堆积,但是较5.5m/s风速时,堆积较少,相反,在背风坡雪粒堆积量增大。对比5.5m/s风速时路基表面的积雪状态,7.5m/s风速时路基表面雪粒堆积明显减少。说明当风速大到一定程度,即7.5m/s风速时,雪粒在路基表面反而不容易堆积。

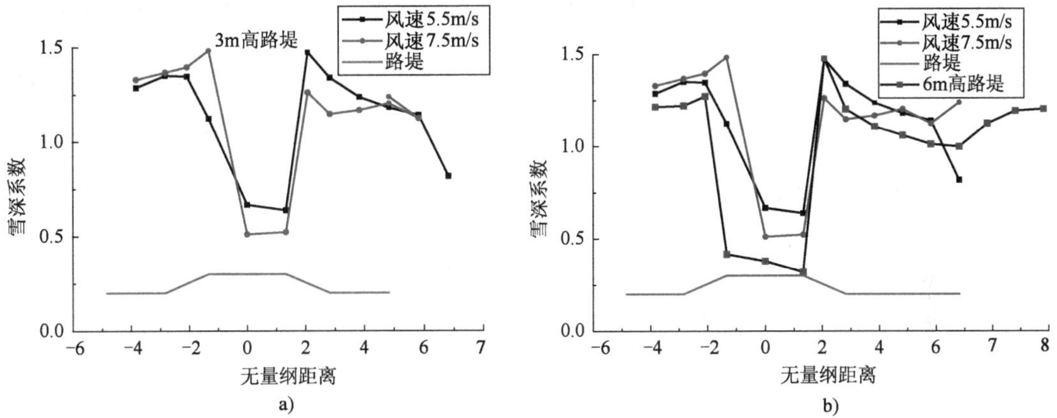


图5-19　不同风速路堤顺风向中轴线的粒子堆积形态

对比6m高路堤的不同栅栏顺风向中轴线的粒子堆积形态分布(图5-20),可以明显看出,雪粒大量堆积在迎风坡坡脚与坡中,这是因为雪粒的跃移高度无法越过路基表面。反而,路基高度对风雪流的加速,使得路基表面的雪粒被风带走,从而堆积在路基背风坡,而6m高路基的背风坡雪量堆积,明显小于3m高路基。因此,路基高度达到一定程度,可以有效地使路基表面积雪减少。

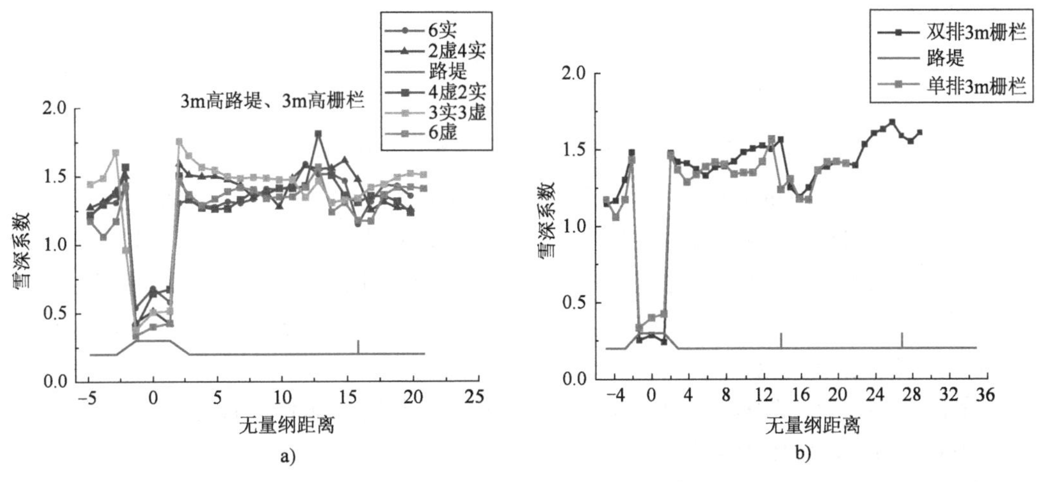


图5-20　不同栅栏顺风向中轴线的粒子堆积形态

顺着风雪流来流风向,雪粒首先在栅栏前后形成堆积,部分雪粒堆积在栅栏前形成雪堆,而剩下的雪粒穿过栅栏,堆积到了栅栏后。靠近栅栏部分,因为栅栏的减速效果最明显,使得风雪流的速度大大低于雪粒起动速度,形成大量堆积。而随着距离栅栏越来越远,栅栏对风雪流速度的影响逐渐变弱,雪粒堆积量逐渐变少,这是因为距离栅栏后一定范围后,栅栏对风雪流影响较弱。因此在远离防雪栅的区域雪粒再次随气流起动,使雪粒堆积量减少,这部分的雪粒,再次堆积在迎风坡坡脚与坡中。由于栅栏的作用,使得风雪流带来的雪源相对变少,因此,有栅栏的路基表面积雪量明显少于无栅栏路基。这是因为在雪源变少的情况下,风速带走了部分积雪,使得路基表面积雪相对减少,而剩下的积雪则越过了路基表面,在背风坡风速减速区形成堆积。由试验可知,该栅栏的影响范围为(4~6)$H$,而"6 虚"的这种架构形式,路基表面的积雪最少,为最佳的结构形式。

对比 2 排 3m 的栅栏和 1 排 3m 的栅栏试验结果可知,双排栅栏对路基表面积雪量降低有明显效果,故在雪源较大的情况下,可以考虑采用双排积雪栅栏作为防护形式。

### 5.2.3 路堑段试验结果

在仅考虑单侧作为迎风面时的单一风向条件下,考虑了路堑不同深度,不同宽度积雪平台时,开车名义风速分别为 7.5m/s 时积雪分布特征。

图 5-21 为典型工况下路堤模型积雪分布试验前后的对比照片。

a)试验前

b)试验后

图 5-21 典型工况下路堤模型试验前后积雪分布

以标准路堤高度 100mm 作为特征尺度,按横坐标的无量纲化处理,图 5-22 为不同路堑深度条件下路堑顺风向中轴线的粒子堆积形态。由图可以看出顺着来流方向,雪粒首先在栅栏前后出现了堆积,而更多的颗粒,穿过栅栏,在栅栏后形成堆积。由于栅栏对风雪的阻碍作用,风速在栅栏背后大为降低,雪粒达不到起动速度形成沉落。然后在逐渐远离栅栏的方向,栅栏对风速的影响慢慢减弱,地上雪粒逐渐减少,但是因为栅栏对近风速存在影响范围,从实测数据可以看出,雪粒堆积厚度在(9~11)$H$ 时达到平衡,可以认为,栅栏应布置在 27~33m 之外,即现场 40m 的布置位置较为合理。

在路堑内,积雪大量堆积到了积雪平台上,从而使路基表面的积雪大幅度减少。这是因为积雪平台处风速减弱明显,雪粒较多地沉积在此,从而相对减少了路基表面的积雪。因此,路堑结构形式设置积雪平台有利于减少路基表面积雪量,同时也可以看到 6 虚栅栏形式路基表面的积雪量最少。

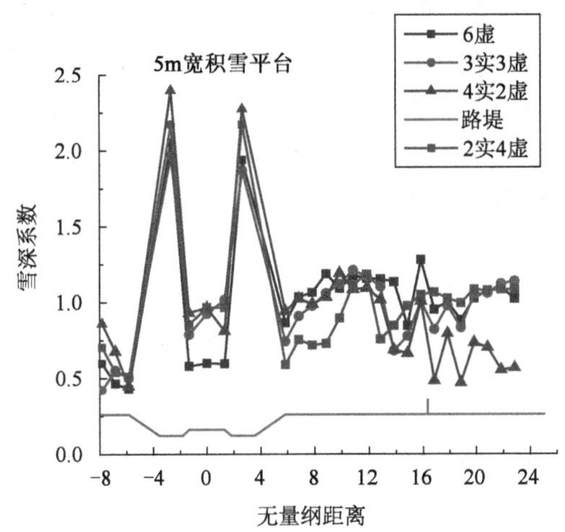


图5-22 不同深度条件下路堑顺风向中轴线的粒子堆积形态

### 5.2.4 试验结论

(1)各种高度路基,迎风坡坡中均出现堆积,即迎风坡均出现积雪路肩,高度近似于路基坡顶的积雪深度。这是因为在迎风坡坡脚,风速急剧降低,形成堆积,而随着路基高度的逐渐增大,风速相应增大,当达到路基顶部时,风速增加到足够大,从而将路基表面积雪带走。而迎风坡坡中位置,风速仍低于雪粒的起动风速,雪粒大量堆积,直到堆积量与路基齐平。路堤高度的变化对积雪深度有显著的影响,路基高度对风雪流的加速,使得路基表面的雪粒被风带走,从而堆积在路基背风坡,其中1m、2m高路堤的积雪明显大于3m高和6m高,而3m、6m高的路基上的积雪量基本相同。当路基高度达到一定程度,可以有效地使路基表面积雪减少,当路基高度高于3m时可不进行防护。

(2)不同风速条件下,路堑积雪堆积形式相似,均是在背风坡的积雪平台,出现了大量的积雪,且在背风坡路堑边坡出现积雪路肩。风速越大,路基上积雪越厚,即风速是影响路基积雪的重要因素。

(3)积雪平台的设置有利于减少路基表面的积雪情况,且5m积雪平台优于3m积雪平台。条件允许的情况下增大积雪平台,有利于降低路基表面的积雪。

## 5.3 数值模拟计算

风吹雪运动以流体力学理论为基础,其数值模拟计算的核心是计算流体力学(CFD)。CFD是基于数学、计算机与流体力学等理论的一门边缘学科,广泛应用于科学研究、工程设计中。

CFD的整个过程是将现实中实际的流体流动状态以力学模型的样式还原出来,得出流体流动的流场在连续区域上的离散分布,然后以网格划分的形式将连续的计算域划分为离散的小空间,在电子计算机中对力学模型进行代数方程组的数值求解,获得计算域空间上所有节点上的物理量的值,为了更好地利用计算结果,通常将数值模拟结果以图表的形式进行展示。

数值模拟可以等比例还原工程现场实际路基断面与栅栏尺寸,这是传统研究手段比如风洞试验无法做到的,而且数值模拟成本低,可模拟工况多,且几乎无消耗,数据结果直观,易于分析。

数值模拟计算过程主要包括建模、计算、数据处理等。现阶段比较常用的 CFD 计算软件有 CFX、flow-3D、Fluent、comosol 等数十种软件,其中 Fluent 是最为主流的商用 CFD 软件之一,其能够解决任何流体问题,拥有丰富的物理模型、完善的求解机制以及强大的后处理功能。

## 5.3.1 运动方程与颗粒性质

### 1) 运动方程

在风雪流的数值模拟计算中要遵循的基本定律包括动量守恒定律、质量守恒定律与相应的湍流运输方程,根据研究对象,得出上述控制方程表达式(Versteeg, 1996),如式(5-5)和式(5-6)所示;所需满足的动量守恒方程如式(5-7)所示。

$$\frac{\partial}{\partial t}(\alpha_{a,s}\rho_{a,s}) + \frac{\partial}{\partial x_{a,s}}(\alpha_{a,s}\rho_{a,s}v_{a,s}) = 0 \tag{5-5}$$

$$\alpha_a + \alpha_s = 1 \tag{5-6}$$

式中:$\rho$——密度;

$t$——时间;

$v$——速度;

$\alpha_a$、$\alpha_s$——分别为空气相与雪相的体积分数。

$$\frac{\partial}{\partial t}(\alpha_{a,s}\rho_{a,s}v_{a,s}) + \nabla\cdot(\alpha_{a,s}\rho_{a,s}v_{a,s}^2) = \nabla\cdot\tau_{a,s} + \alpha_{a,s}\rho_{a,s}g - \alpha_{a,s}\nabla\cdot P_s - \beta(v_a - v_s)$$

$$P_s = \alpha_s\rho_s\theta_s + 2\rho_s(1 + e_s)\alpha_s^2\theta_s g_0 \tag{5-7}$$

式中:$\beta$——两相之间的曳力系数,选用 Syamlal-Obrien 气固曳力模型用来封闭动量方程中的$\beta$;

$g$——重力加速度;

$P_s$——雪相的固体压力;

$e_s$——雪相的碰撞恢复系数;

$g_0$——雪粒间相互碰撞概率的径向分布函数。

黏性不可压缩风雪流的计算控制方程采用 Navier-Stokes 方程,如式(5-8)所示:

$$\begin{cases}\rho\dfrac{\mathrm{d}u}{\mathrm{d}t} = -\dfrac{\partial p}{\partial x} + \rho X + \mu\Delta u \\ \rho\dfrac{\mathrm{d}v}{\mathrm{d}t} = -\dfrac{\partial p}{\partial y} + \rho Y + \mu\Delta v \\ \rho\dfrac{\mathrm{d}w}{\mathrm{d}t} = -\dfrac{\partial p}{\partial z} + \rho Z + \mu\Delta w\end{cases} \tag{5-8}$$

式中：$\Delta$——拉普拉斯算子；

$\rho$——流体密度；

$p$——压力；

$u$、$v$、$w$——流体在 $t$ 时刻在点$(x,y,z)$处的速度分量；

$X$、$Y$、$Z$——外力的分量；

$\mu$——动力黏性系数。

用 Fluent 模拟气固双向流时的方法主要有以下两种。

一是基于欧拉—拉格朗日方程的离散法。即拉格朗日离散相(Discrete Phase)模型，该模型中空气视为流体，雪粒看作离散存在的一个个颗粒，通过计算流场中的粒子，得到雪粒在风雪场中的运动轨迹，通过分析其在不同条件下的运动轨迹差异，进而得到雪粒在计算域的分布特征。这种模型侧重于分析单个粒子运动的坐标与轨迹，而不适用于流—流混合物，固—流混合物和其他第二相体积率不容忽略的情形。

二是欧拉—欧拉法。这种方法侧重于整个风雪场中各个变量与时间的关系，研究风雪场整体速度、压强、温度及雪粒分布等空间上的规律，在欧拉—欧拉方法中，不同的相被视为互相贯穿的连续介质，由于一种相所占的体积无法再被其他相占有，故在欧拉—欧拉法中可以计算每一相与体积相关的参数，在整个计算过程中，计算域中所有相的体积率之和始终等于1。欧拉—欧拉法侧重于整个计算域中各空间点流动参数与时间的变化，式(5-9)为用欧拉—欧拉法表示流场内各处流速分布的计算公式。

$$\vec{v} = \vec{v}(x,y,z,t) \tag{5-9}$$

式中：$x$、$y$、$z$——流场中空间点的位置坐标；

$t$——欧拉变数。

根据两种方法的特点，欧拉—拉格朗日法多用于风沙流研究，而研究风雪流效应时则常用欧拉—欧拉法，该方法假定空气相与雪粒相均为连续相，二者之间不进行热量交换，相互贯穿渗透，用体积分数来描述每一相的存在，并从整个流场角度分析流速、压强及雪粒分布变化等规律。雪粒相和空气相在连续的时间与空间的函数上，体积率之和始终为1。由于对各相介质的数学描述及处理方法均使用欧拉方法，所以该方法又称欧拉欧拉—双流体模型，简称为欧拉双流体模型。

选定欧拉—欧拉模型分析风雪场整体速度、雪粒分布等空间上的规律，用体积分数来描述雪粒的存在；计算中采用标准 $k$-epsilon 模型，其中湍动能 $k$ 与耗散率 epsilon 表达如下：

$$\frac{\partial(\rho k)}{\partial t} + \frac{\partial(\rho k u_i)}{\partial x_i} = \frac{\partial}{\partial x_j}\left[\left(\mu + \frac{\mu_t}{\sigma_k}\right)\frac{\partial k}{\partial x_j}\right] + G_k - \rho\varepsilon \tag{5-10}$$

$$\frac{\partial(\rho\varepsilon)}{\partial t} + \frac{\partial(\rho k u_i)}{\partial x_i} = \frac{\partial}{\partial x_j}\left[\left(\mu + \frac{\mu_t}{\sigma_\varepsilon}\right)\frac{\partial \varepsilon}{\partial x_j}\right] + \frac{C_{1\varepsilon}}{k} - C_{2\varepsilon}\rho\frac{\varepsilon^2}{k} \tag{5-11}$$

式中：$G_k$——平均速度梯度产生的湍动能；

$C_{1\varepsilon}$、$C_{2\varepsilon}$——经验系数，分别取1.44和1.92；

$\sigma_k$、$\sigma_\varepsilon$——分别表示 $k$ 和 $\varepsilon$ 的 Prandtl 数，取1.0和1.3；

$\mu_t$——湍流黏度，$\mu_t = \rho C_\mu \dfrac{k^2}{\varepsilon}$，其中 $C_\mu$ 为经验常数，取0.09。

**2）流体的基本性质**

(1)可压缩流体

气体分子间的间距比液体大很多，其弹性模量小，压缩性大，因此，可以当作可压缩流体；但当气体受到压力很小，气流速度不高时，在一定情况下可认为是不可压缩流体。在风吹雪现象中气流密度变化较小，故可把气流当作不可压缩流体处理。

(2)黏性流体

在流体黏性很小或流体相对运动速度较小时，产生的黏性力会很小，计算过程中可以不考虑黏性力，我们把这类流体称作理想流体。可以选用欧拉—欧拉模型，作用在雪粒上的主要动力来自黏性，故研究中气流可按照黏性流体处理。

(3)牛顿流体

牛顿流体的剪切应力与剪切速率呈现线性关系，在不同剪切速率下得到的黏度为定值，涉及的空气按牛顿流体处理。

(4)非定常流

流体内的压力、速度、密度是稳定的，不随时间推移而变化，称作定常流体，又称恒定流体。这是为了分析简便而引入的理想化的物理模型，在风雪两相流中，压力、速度等随时间变化而变化，固可按照非定常流处理。

### 5.3.2 模型建立与参数设置

风吹雪的发生包括两类：降雪和积雪风吹雪。雪花一般是由小冰晶逐渐增大形成的，雪花的形状也是各式各样，在风雪流数值模拟中，为了简化模型减小研究难度，可以在模拟中把雪粒看作球状物。降雪过程中雪粒的粒径大小也不一样，在研究过程中可以把雪粒简化为单一粒径的雪粒，雪粒粒径取200μm。

雪粒从空中下降，在竖直方向上，雪粒受到重力、浮力以及阻力的作用，速度从零增加，最终匀速运动。因此研究时可将雪粒看成从入口匀速进入流体域。

**1）二维计算模型**

为了研究风雪流通过不同路堤断面时的流场变化，本次计算时利用SCDM18.0软件建立路堤断面简图，如图5-23所示。计算区域入口处 $D_1$ 距离是路堤高度的10～15倍，出口处 $D_2$ 距离是路堤高度的20～30倍，计算高度取30～50m，风雪流的运动方向与路堑走向垂直。

由于路堤附近流场变化较剧烈，设置的网格较密；在进口和出口等流场变化不大的地方，应设置相对较疏的网格，网格类型为四边形网格，如图5-24所示。

路堑断面简图如图5-25所示，模型划分网格后如图5-26所示，其中工况①(4.82m深路堑)、工况③(3.12m、7.62m路堑)分别与现场DK65+800、DK65+720、DK146+440断面吻合。边界条件设置、参数设置等参考第4章，这里不再赘述。

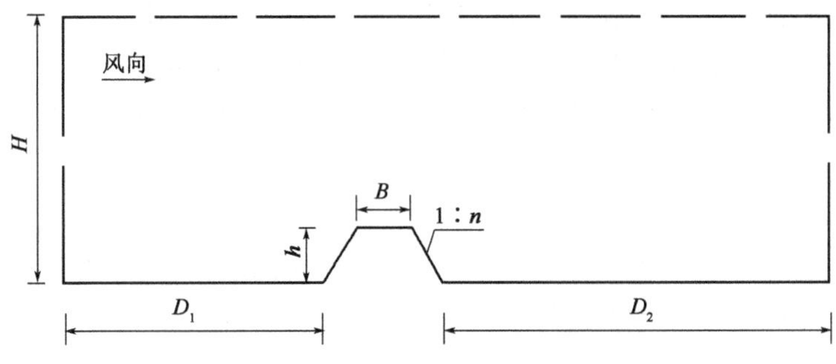


图 5-23 路堤模型简图

图 5-24 路堤模型的网格划分

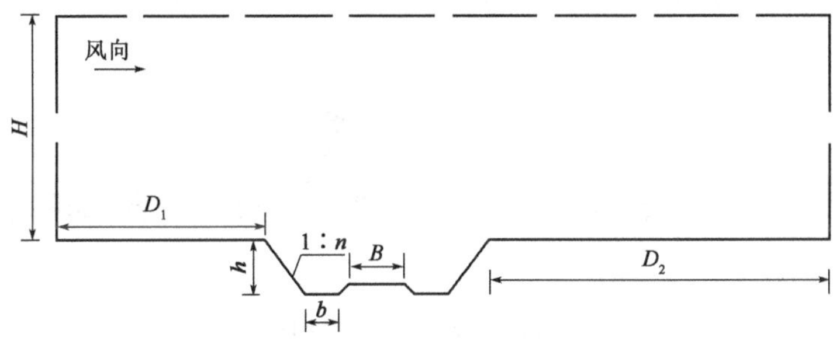


图 5-25 路堑断面简图

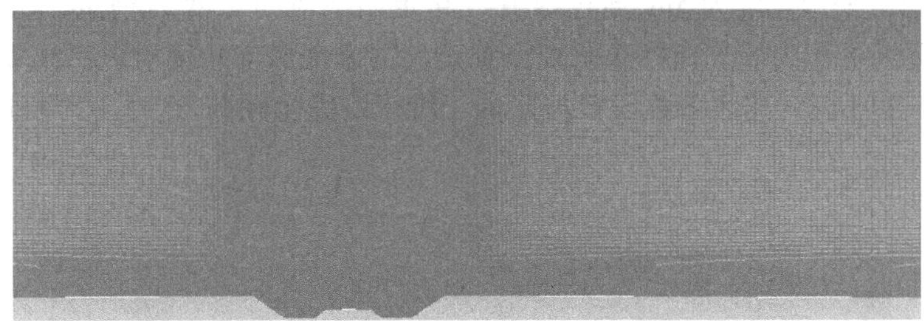

图 5-26 路堑模型的网格划分

## 2）三维计算模型

为了研究路堤线路走向与来流风向角度对风吹雪灾害的影响，选择 2m 高的路堤，边坡率为1∶1.5，通过改变线路走向与风向角度，分别取 30°、60°和 90°，以路堤周围的风速场变化为评价指标来研究线路走向与来流风向角度对风吹雪灾害的影响。本次计算时利用 SCDM18.0 软件建立路堤三维模型,如图 5-27 所示。模型左右两侧面设为速度入口,入口速度选用 UDF 自定义,大小等于和进风口一样,速度方向与进风口平行。其他参数设置和二维模型类型,这里不再赘述。

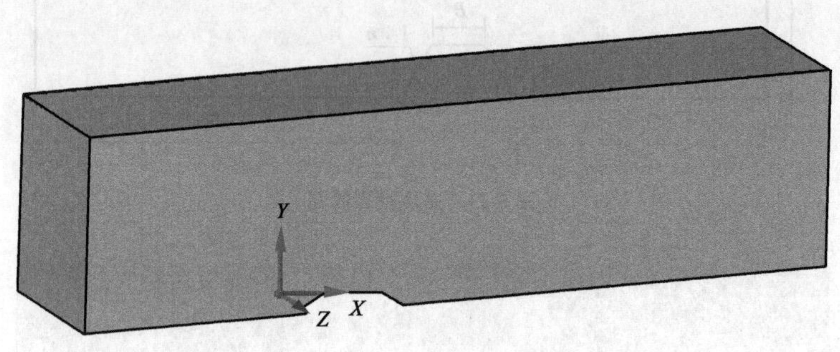


图 5-27　路堤三维模型

路堤结构模型根据工程现场实际,等比例还原易发生灾害的典型断面的参数。模型参数方面,路堤模型中的路基表面为线路实际宽度 8m,路堤高度为试验变量,根据计算需要进行调整;风速入口面距离路基断面的距离为路基宽度与栅栏距离之和的 7 倍,约 400m;风速出口面距离路基断面的距离为路基宽度与栅栏距离之和的 5 倍,约 250m;整个计算域高度为路基高度的 10 倍,全部工况取为 30m 整,计算域宽 100m。图 5-28 为 2m 高路堤模型以及划分网格后的计算域。

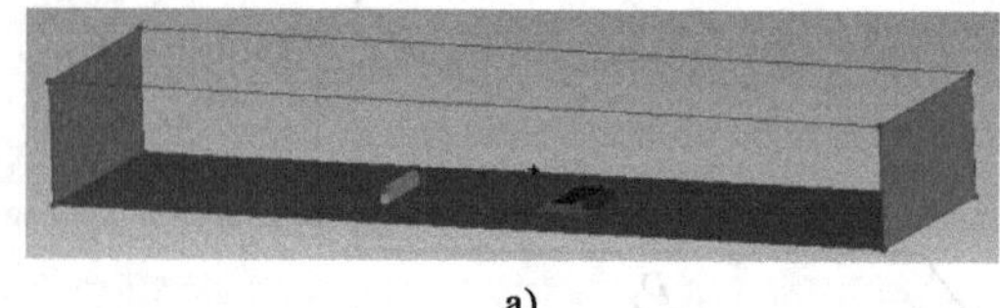

a)

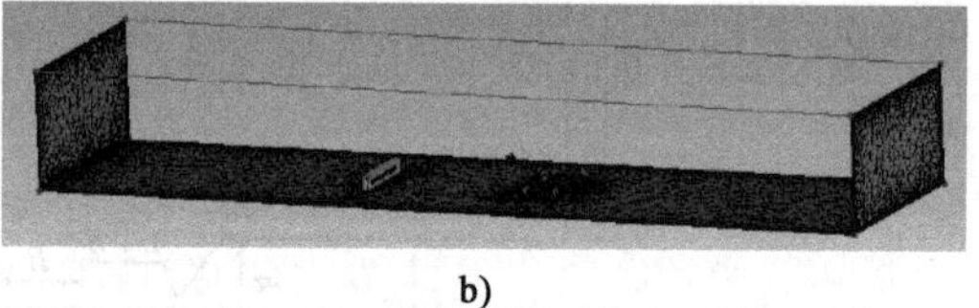

b)

图 5-28　路堤—防雪栅的建模与网格划分

为了研究路堑线路走向与来流风向角度对风雪流场的影响,本节选择 4.82m 路堑,边坡率为 1∶1.75,积雪平台宽度为 5m,通过改变线路走向与风向角度,分别取 30°、60°和 90°,以路堑周围的风速场变化为评价指标来研究线路走向与来流风向角度对风雪流场的影响。路堑三维模型如图 5-29 所示,其他参数设置与路堤三维模型完全相同,这里不再赘述。

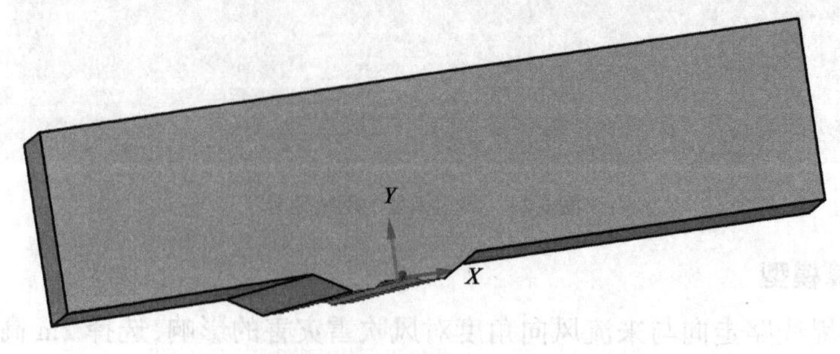


图 5-29　路堑三维模型

路堑模型根据工程现场实际情况，在建模时等比例还原现场调查中易发生灾害的典型断面的参数。模型参数方面，路堑模型中的路基表面均为线路实际宽度 8m，路堑深度根据计算需要进行调整；风速入口面距离路基断面的距离为路基宽度与栅栏距离之和的 7 倍，约 500m；风速出口面距离路基断面的距离为路基宽度与栅栏距离之和的 5 倍，约 300m；整个计算域高度为路基高度的 10 倍，全部工况取为 30m 整。计算域宽 200m。图 5-30 为 2m 深路堑模型以及划分网格后的计算域。

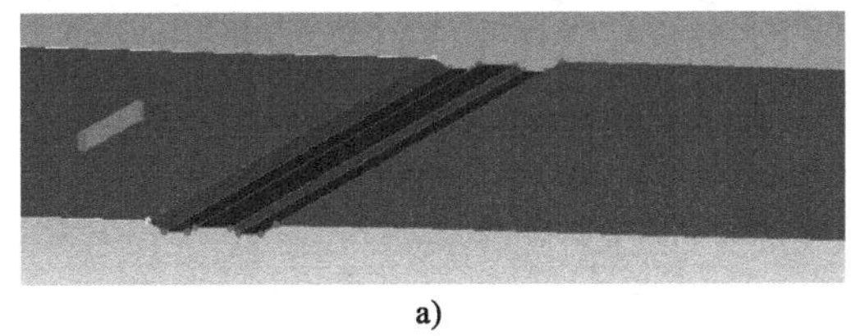

a)

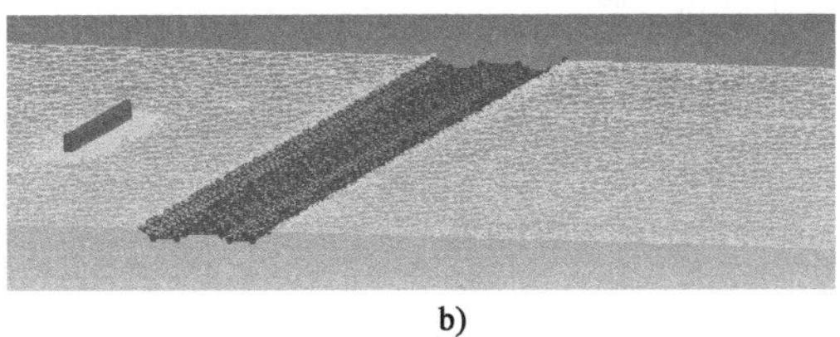

b)

图 5-30 路堑—防雪栅的建模与网格划分

路堑段栅栏模型也随着计算域宽度的增加而增长，网格划分参数与路堤段相同，在划分网格时防雪栅及路堑断面的网格适当加密。

由于现场试验段已经布设部分单、双排防雪设施，所以在栅栏的建模过程中，以现场已有的防雪设施形式与布置距离为基础，考虑对栅栏形式与布设位置的研究，合理改变栅栏的孔隙率与布置距离，并采用单排栅栏与双排栅栏作对比分析。图 5-31 为现场实际布设栅栏，图 5-32 为根据现场实际建模后划分网格的 55% 孔隙率栅栏。

a)

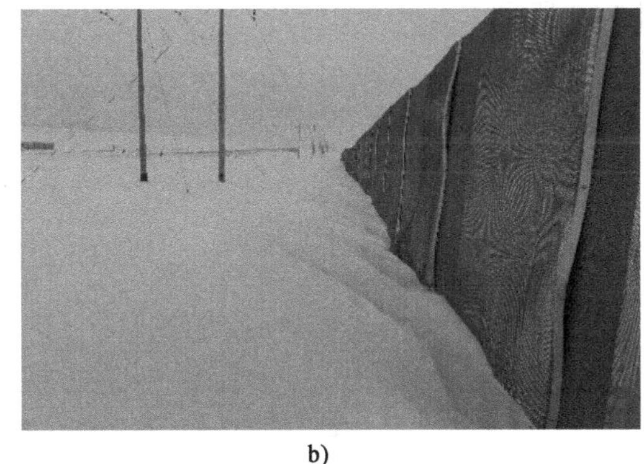

b)

图 5-31 现场实际布设栅栏

由风雪流的特性可知雪粒在近地表与路基断面附近的运动更为复杂，所以在划分网格时将防雪栅以及路基断面的网格适当加密，而在风雪场进、出口及四周壁面对网格划分稀疏一些，这种划分方式既节省了计算时间，又保证了模拟的准确性。

以单相流风场的变化对积雪深度进行预测存在着较大的局限性和主观性，而随着数值模拟技术的进一步完善，直接以多相流进行计算对积雪分布变化进行分析已越来越多的应用于工程应用当中，而目前研究较多的集中于路基结构与防治措施对积雪分布变化的定性分析，与实际风雪参数相关的定量分析则相对较少。

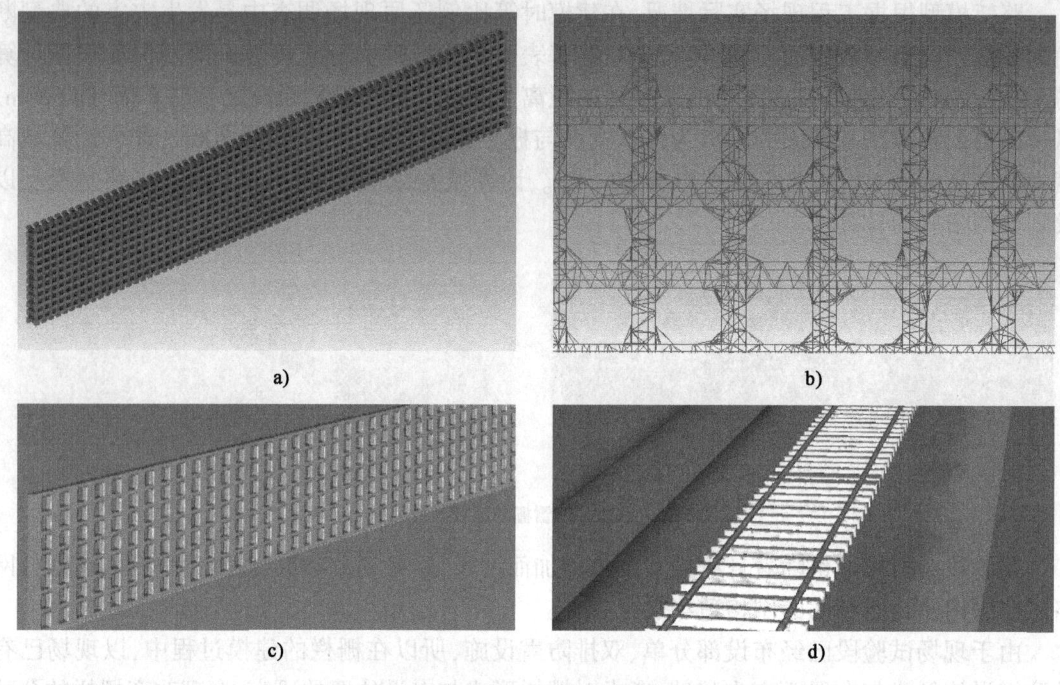

图 5-32　建模与划分网格后的图形

### 3）边界条件设置

确定合适的计算模型与设置好雪粒参数后，需对计算域边界条件与算法进行设置，如图 5-33 所示。

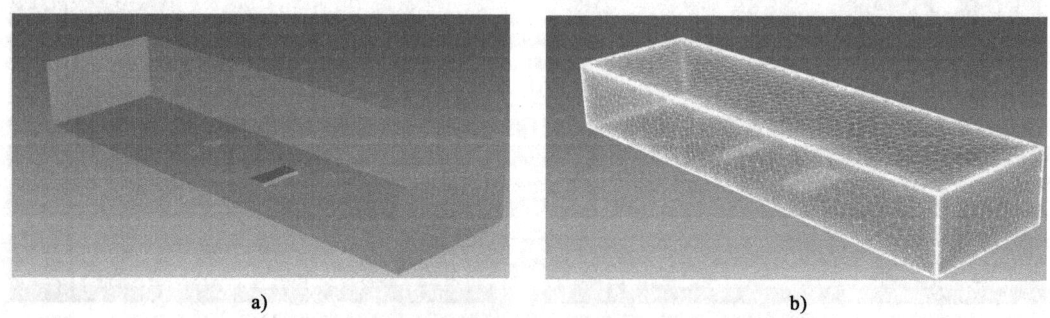

图 5-33　路堤模型边界

进口采用来流风速条件为 Velocity-inlet，出口条件采用 Press-out。模型的顶部采用对称边界条件 Symmetry。地面和路堑表面采用无滑移壁面的边界条件 Wall。介质条件为流体 Fluid。

在入口给空气和雪粒一个相同的初速度，为了使计算模型入口风速更接近真实情况，模型入口风速选用普朗特—冯卡曼速度对数分布律公式，如式(5-12)所示。

$$v(h) = \frac{u}{k}\ln\frac{h}{z_0} \tag{5-12}$$

式中：$v(h)$——高度为 $h$ 的风速；

$u$——摩阻速度；

$k$——卡曼常数，取固定值为0.4；

$z_0$——地面粗糙度。

在降雪时根据现场监测风速数据，将其带入速度对数分布函数。

为了降低探究难度，可将雪粒简化为球状物和单一粒径，雪粒粒径取0.2mm，雪粒密度取139kg/m³。在风雪流中，气相是主相，雪相是稀相，在风雪流中，雪粒占气流的体积分数一般为0.002～0.05。空气选择软件默认的空气值，计算中考虑重力因素。

### 5.3.3 路堤段计算分析

#### 1）路堤周围风速场分析

图5-34为路堤周围风速云图，可以看出当风雪流经过路堤时，速度发生显著变化，其中，迎风坡脚处形成风速减速区，路肩位置形成高速区；路堤近表面形成低速区；背风坡风速减弱区范围显著大于迎风坡，背风坡产生紊流区，在旋涡气流下沉的影响下，涡流区下部形成速度突增区，本模型路堤高度只有2m高，涡流区下部突增区不明显。

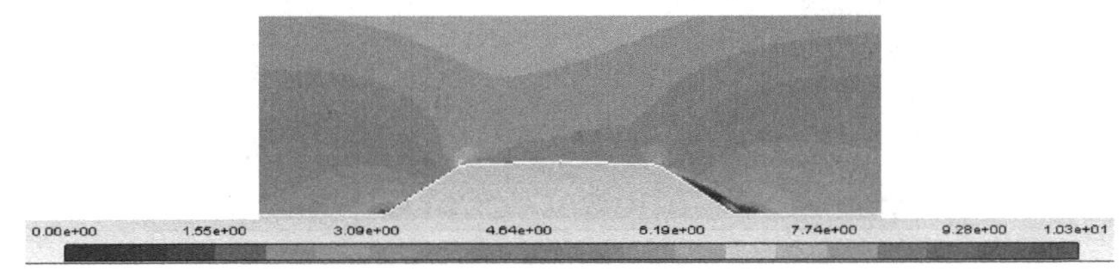


图5-34 $t=12s$ 时2m路堤周围风速云图

图5-35为2m高路堤不同高度处的风速沿着水平方向的分布图，可以看出距路堤床面越近，沿水平方向的风速波动越大。以0.5m高处的风速为例，气流来流风速约5.2m/s，进入路堤迎风坡脚迅速降低到2.59m/s，沿迎风坡风速逐渐增大；迎风坡路肩处风速值为6.32m/s，路基面上风速介于6.32～5.37m/s之间，背风路肩风速为5.86m/s，两侧路肩风速较大，背风坡脚处风速下降到2.44m/s，然后，气流逐渐恢复到来流风速。

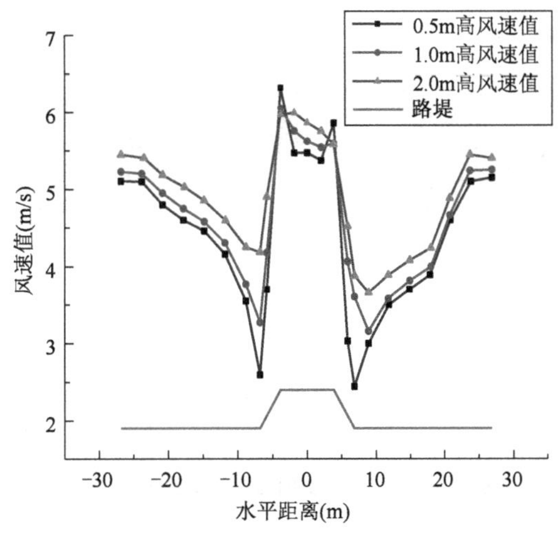


图5-35 2m高路堤距床面不同高度处风速沿着水平方向的分布图

2）路堤周围积雪形态分析

图 5-36 为路堤范围内雪粒体积分数云图。

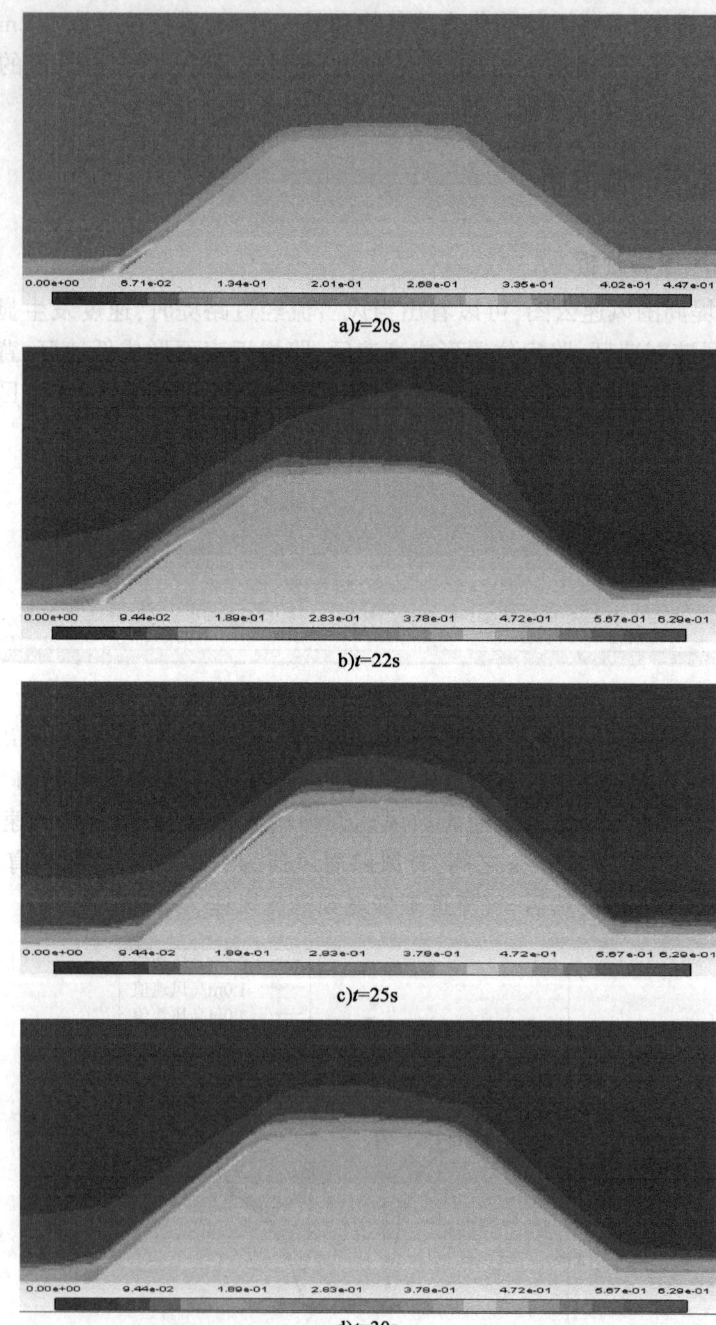


a)$t$=20s

b)$t$=22s

c)$t$=25s

d)$t$=30s

图 5-36　2m 高路堤周围雪粒体积分数云图

由图 5-36 可以看出，在 $t = 20s$ 时，积雪在迎风坡坡脚处沉积；$t = 22s$ 时，积雪逐渐蔓延到迎风坡向上；$t = 25s$ 时，积雪在迎风路肩处汇聚；$t = 30s$ 时，积雪向路基面上蔓延，由于路基面上风速值较大，部分雪粒被气流卷走，其他雪粒沿路基面上向背风坡蔓延。随着降雪时间的增加，路堤上雪粒会逐渐增多。

**3）不同高度路堤对风吹雪灾害的影响**

图 5-37 为三种不同路堤高度下床面不同高度处风速沿着水平方向的分布图，由图可以看出路堤高度的变化对风雪流场有显著的影响。随路堤高度的增加，路堤面上空风速值有增大的趋势，这样雪粒就更容易通过路基面，减弱风吹雪灾害的形成。以 0.5m 高处风速变化为例，上风侧坡脚处风速基本稳定，受路堤高度影响不大，2m、4.61m、8m 高的路堤迎风坡路肩风速分别为6.31m/s、7.48m/s、9.92m/s，背风坡路肩风速分别为 5.86m/s、5.85m/s、7.90m/s，随路堤与底面距离的增加，两者之间的差值越大。不同高度路堤路基面上的风速分别为 5.34 ~ 6.34m/s、5.85 ~ 7.51m/s、5.85 ~ 7.51m/s。

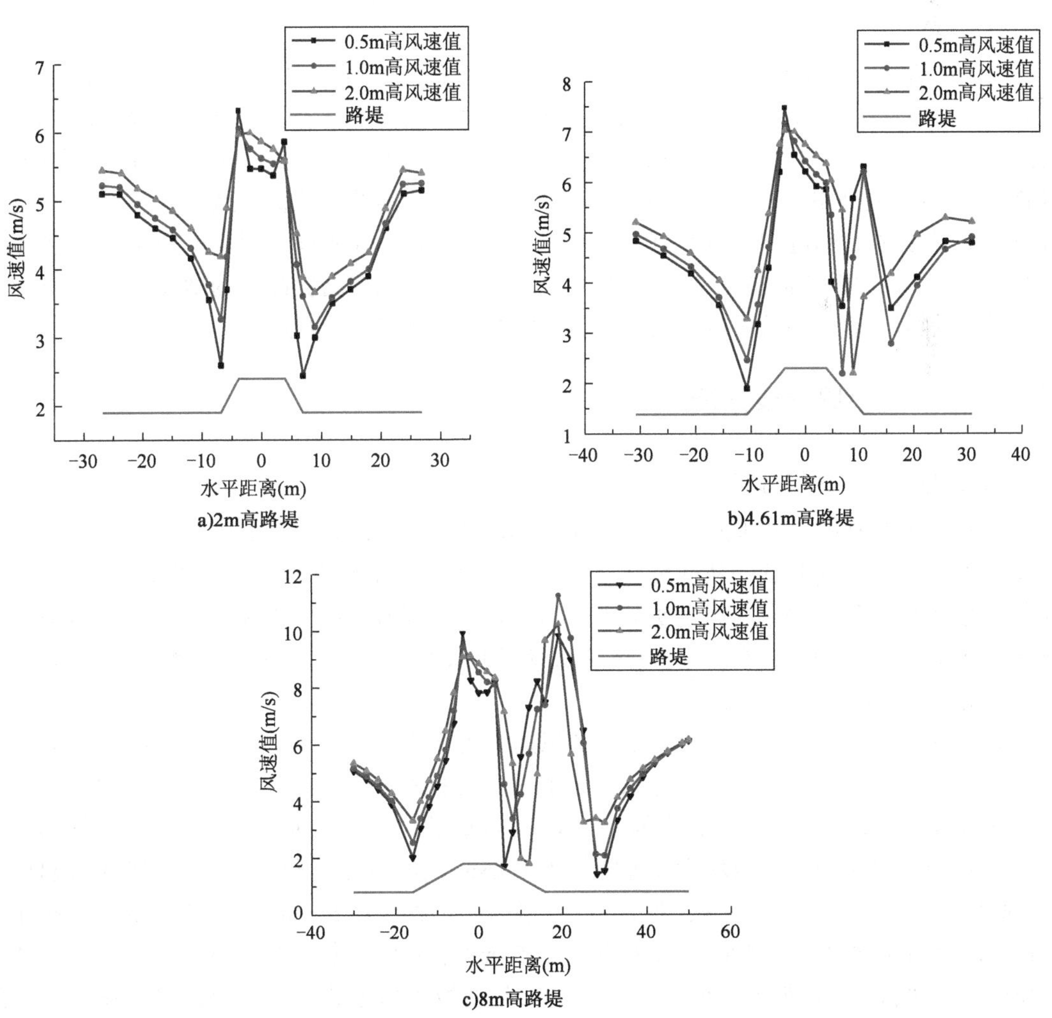


图 5-37 距床面不同高度处风速沿着水平方向的分布图

表5-5为不同路堤高度下,路堤各处位置的风速,可以看出随路堤高度增加,由于气固两相流本身的复杂性,即使沿水平方向风速值局部点虽有所减小,但总体上风速是增加的。

不同高度路堤距床面0.5m高度处风速沿水平方向分布　表5-5

| 路堤高度(m) | 迎风坡脚风速(m/s) | 迎风坡风速(m/s) | 迎风坡路肩风速(m/s) | 路基面上风速(m/s) | 背风坡路肩风速(m/s) | 背风坡风速(m/s) | 背风坡坡脚风速(m/s) |
|---|---|---|---|---|---|---|---|
| 2 | 2.59 | 2.59~6.32 | 6.31 | 5.34~6.34 | 5.56 | 2.40~5.92 | 2.44 |
| 4.61 | 1.89 | 1.89~7.50 | 7.48 | 5.85~7.51 | 5.85 | 1.50~6.90 | 6.36 |
| 8 | 2.01 | 2.01~9.94 | 9.92 | 9.97~7.77 | 7.90 | 1.05~8.61 | 7.48 |

#### 4)路堤结构积雪量

虽然路堤结构两侧和路基表面的沉积雪量与路堤高度、边坡坡度等因素相关,但由于路堤结构本身为不易产生风吹雪灾害的形式,所以本节仅针对路堤高度的不同进行分析,得到路堤高度与积雪量之间的关系。通过对比分析得到不同高度路堤在充足来流雪量的情况,其中路堤边坡坡度为1∶1.5。

当风雪流运动至路基迎风坡时,根据风速场的分布,积雪首先在迎风坡处形成堆积,顺着迎风坡向上风速增大,堆积在坡脚的积雪会被吹起并沿坡向上移动,运动至迎风坡路肩时风速最大。由于迎风坡路肩处路基断面形状的突变,风场在此处又会产生分离再附现象,雪粒在路肩处形成跳跃,但是路基表面上空的风速不足以维持雪粒继续持续保持跃迁状态,在惯性与重力的作用下雪粒沉落在路基表面右侧,从而出现积雪堆积。在不同路堤高度的作用下,路基结构迎风侧积雪向路基表面蔓延的时间也不同。总的来说,随着路堤高度的增加,其迎风侧沉积雪量能力也随之增加,阻挡雪的能力越强,迎风坡上沉积的雪粒也越多。

### 5.3.4 路堑段计算分析

#### 1)路堑周围风速场分析

图5-38为路堑周围风速云图,由图可以看出当风雪流经过路堑时,在路堑上空的风速明显低于来流风速,风速降低是从迎风坡坡顶(地形转折点)开始的,由于地形断面逐渐扩大,气流在贴地附面附近产生分离,风速明显下降,并形成一定的旋涡,在两侧积雪平台上空风速达到最小,路基面上风速相对有所增大,风速从背风坡坡脚开始沿背风坡逐渐增大,到达顶部风速后开始逐渐恢复到来流风速。

图5-39为4.82m深路堑不同高度处的风速沿着水平方向的分布图,由图可以看出,在路堑两侧积雪平台和路基面上,越贴近床面沿水平方向的风速波动越大,在贴地面总体上气流沿水平方向速度的变化呈现"W"形分布。以0.5m高处的风速为例进行详细分析,由图可知:气流经过路堑时,在路堑迎风坡坡脚风速降低到1.28m/s;经过左侧积雪平台时,风速有起伏变化,风速介于1.19~1.42m/s之间;路基面左路肩风速值为2.3m/s,在路基面上风速介于2.19~2.55m/s之间,右侧路肩风速值为2.53m/s;在右侧积雪平台上,风速介于1.1~1.46m/s之间;在背风坡坡脚风速为1.17m/s,到达坡顶风速为4.72m/s,随后,逐渐恢复到来流风速。

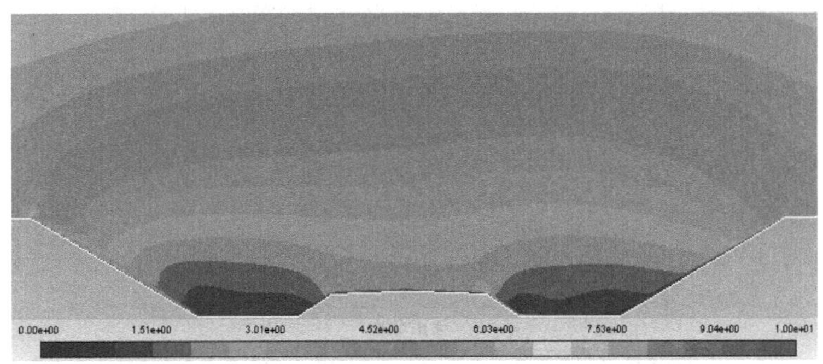


图 5-38 路堑周围风速云图

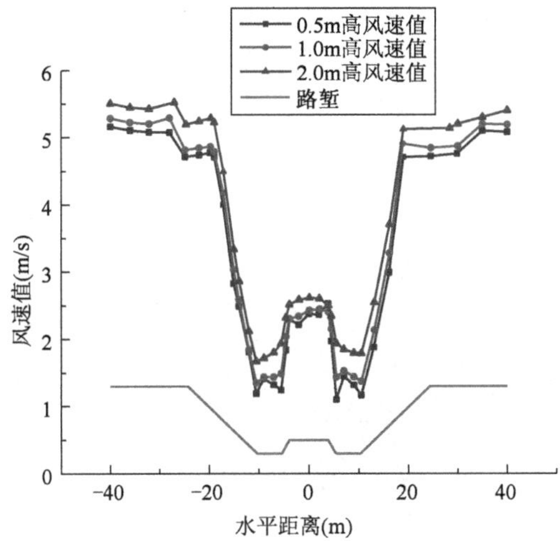


图 5-39 4.82m 深路堑距床面不同高度风速沿着水平方向的分布图

## 2）路堑周围积雪形态分析

路堑本身是一个天然的积雪场，当风雪流吹过时，在路堑内部产生了低速涡流，气流风速开始下降，使气流携雪能力下降，雪粒将会在路堑内沉积。

图 5-40 为不同时刻路堑内雪粒体积分数云图。由图可以看出：当 $t=20$s 时，大量雪粒在路堑床面上方汇聚，两侧积雪平台最多，其中，雪粒沿迎风坡逐渐增多，沿背风坡逐渐减少；当 $t=25$s 时，在气流的作用下，雪粒渐渐被卷走，路堑床面上空雪粒减少，雪粒逐渐在右侧积雪平台和背风坡坡脚处汇聚；当 $t=28$s 时，雪粒被吹到背风坡上；当 $t=35$s 时，一部分雪粒留在路堑上空，上空雪粒体积分数很高，随降雪时间的增长，雪粒会逐渐在路堑内汇聚，进而形成风吹雪灾害。

## 3）不同深度路堑对风吹雪灾害的影响

图 5-41 为不同路堑深度时路堑内风速沿着水平方向的分布图。由图可以看出，随着路堑深度的增加，路堑内风速减弱区范围越大，风速越低，积雪会增多。随着路堑深度增加，路堑内不同高度风速有减小的趋势。以 0.5m 高处沿水平方向风速变化为例，随着路堑越深增加，路堑迎风坡顶风速和坡脚风速差值越大，两者差值分别为 3.12m/s、3.43m/s、4.24m/s，路基面上风速分别为 2.35～2.92m/s、2.19～2.55m/s、1.0～1.06m/s。

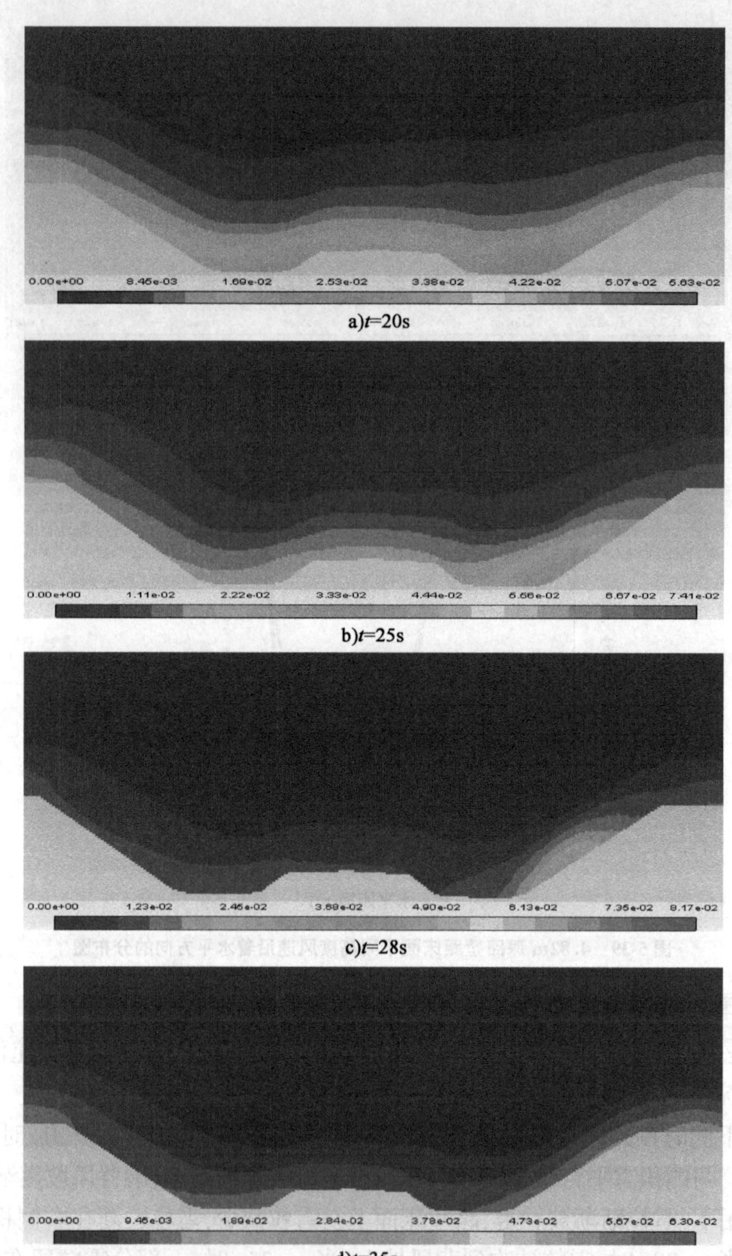


图 5-40　4.82m 深路堑周围雪粒体积分数云图

#### 4）不同边坡坡率路堑对风吹雪灾害的影响

图 5-42 为不同边坡坡率路堑内风速沿着水平方向的分布图。由图可以看出，随着路堑边坡坡率的增大，在路堑内风速减小，积雪会相应增加。以 0.5m 高处沿水平方向风速变化为例，随着路堑边坡坡率增大，路堑内风速减弱区范围在增大。边坡坡率为 1∶5 和 1∶1.75 的路堑，迎风坡几乎没有形成旋涡气流；边坡坡率为 1∶1，沿迎风坡形成较大的气流涡流，风速波动较厉害，并且在旋涡气流下沉的影响下，涡流区贴地面部形成的速度突增区。因此，边坡

坡率为1∶1的路堑,0.5m高处迎风坡坡脚风速反而最大。对于几乎没有旋涡气流情况,在迎风坡脚处风速为1.21m/s左右,该处风速对边坡坡率不太敏感,该值和路堑深度有关。路堑内其他部位风速值在减小,其中,边坡坡率为1∶1、1∶1.75、1∶3路基面上方0.5m高处风速值分别为2.13~2.25m/s、2.19~2.55m/s、2.25~2.59m/s。

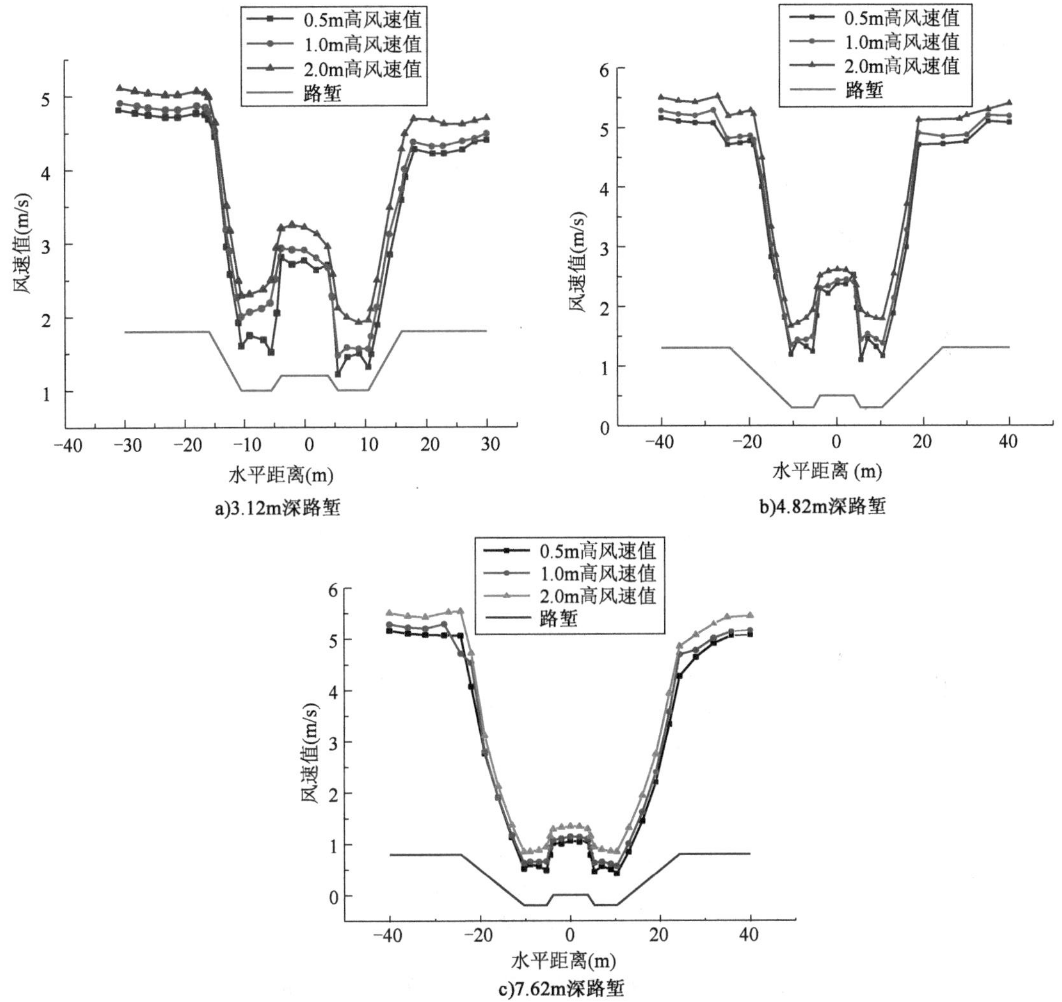


图5-41 不同路堑深度时路堑内风速沿着水平方向的分布图

### 5)不同宽度积雪平台路堑对风吹雪灾害的影响

在铁路路堑断面设计中,为了减轻风吹雪灾害,在路堑边坡两侧坡脚处设置了底宽为5m的积雪平台。为了研究路堑内积雪平台对风雪流场的影响,本节选用积雪平台宽度分别为0、3m和5m的工况,以路堑周围的风速场变化为评价指标来研究积雪平台宽度对风吹雪灾害的影响。

图5-43为不同积雪平台宽度时路堑内风速沿着水平方向的分布图。由图可以看出路堑深度为4.82m时,在没有积雪平台情况下,其底部风速减弱区贯穿整个路堑底部,路堑内风速很低,随着积雪平台宽度增加,路基面上风速减弱区减小,风速增加,积雪会减少。以0.5m高处沿水平方向风速变化为例,当在路基面上0.5m处风速介于0.71~1.15m/s之间;而设置了

3m 和 5m 积雪平台路堑，其路基面上方 0.5m 高处的风速分别为 1.59～1.69m/s、2.19～2.55m/s，进一步验证了积雪平台可以有效地增加路基面上的风速。

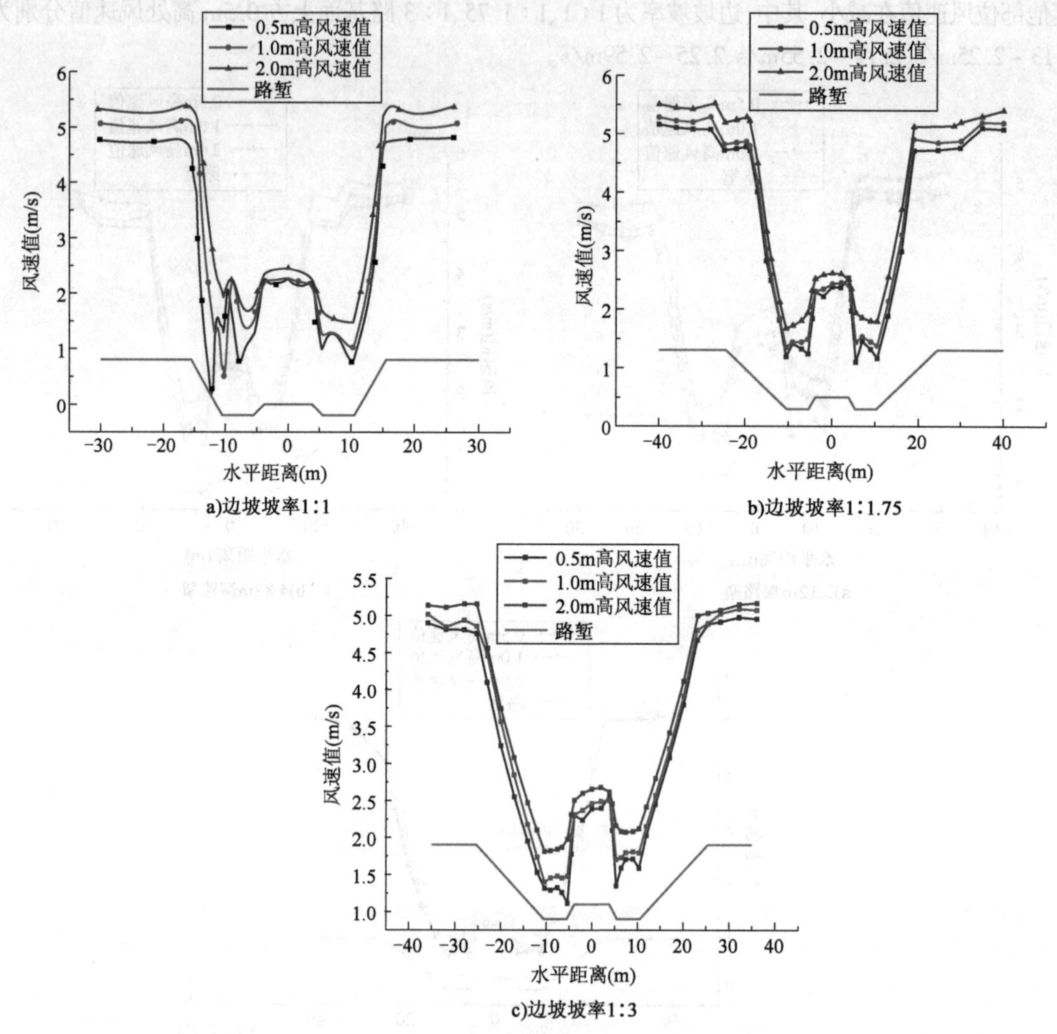


图 5-42　不同边坡坡率路堑内风速沿着水平方向的分布图

### 6）路堑结构的积雪量

由于路堑结构形式易遭受风吹雪灾害产生积雪沉积，为了研究在风吹雪作用下不同路堑断面形式各处积雪的定量关系，本节改变路堑深度、路堑边坡坡度和积雪平台宽度，对风吹雪作用下雪量与路堑形式的关系进行定量分析。

（1）路堑深度

首先选取不同的路堑深度进行模拟，在来流雪量充足的情况下，当路堑深度为 1m 时雪粒在整个计算域中的体积分数分布云图如图 5-44 所示。可以看出风雪场的雪粒分布在整个计算域中呈现为连续的分层状态，近地面的雪粒堆积较多。由于 1m 深的路堑较浅，雪粒在路基断面附近与空旷地带的雪粒分布并无明显不同，只是路堑内由于风速减弱的作用，积雪平台内的云图颜色较深，雪粒会更多地沉积于此，且向路基表面与背风坡蔓延，整个风雪场积雪分布较为连续，只有路堑断面内雪粒的体积分数较大，且主要分布于路基表面两侧的积雪平台以及靠近背风侧的路基表面上。

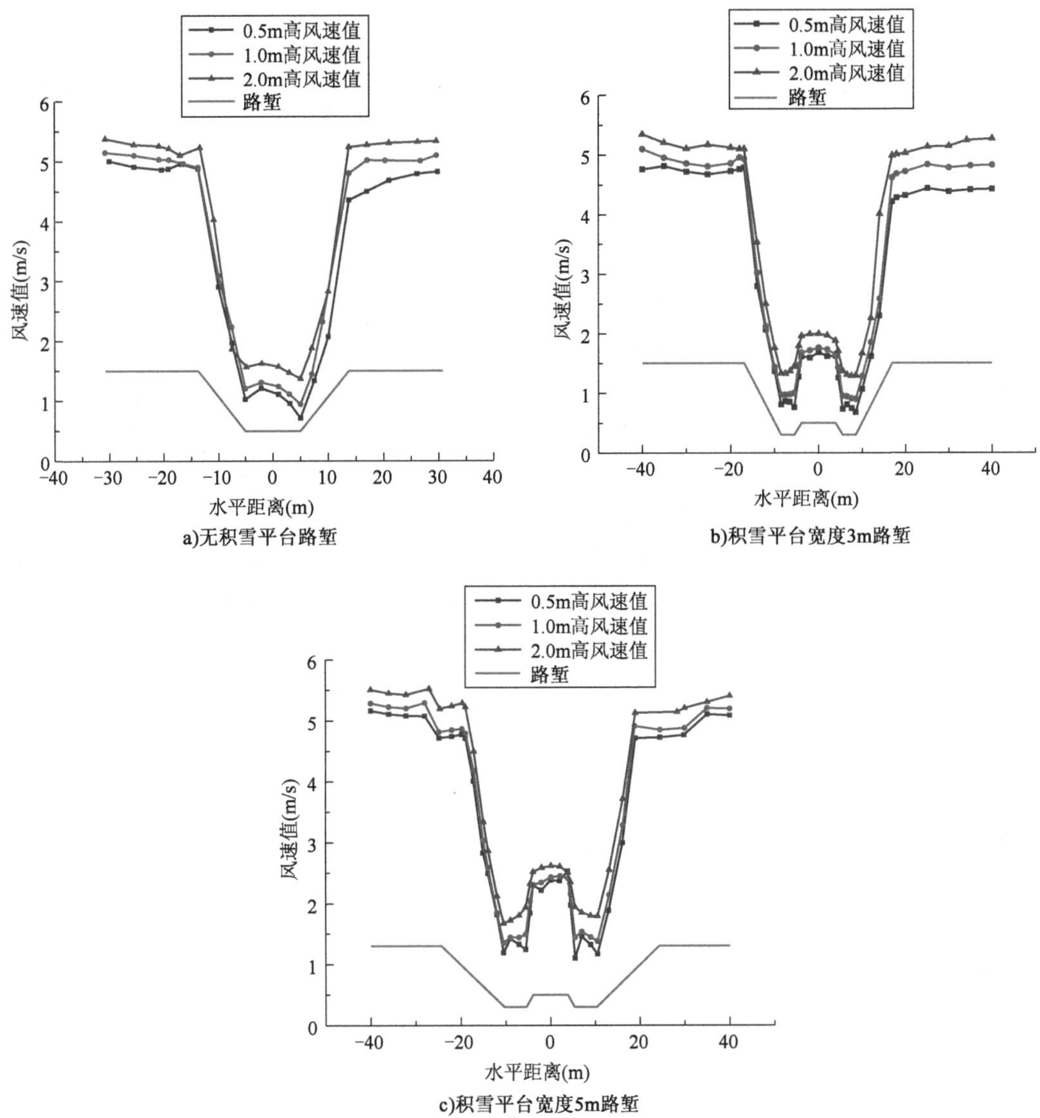


图5-43 不同积雪平台宽度路堑距床面不同高度处风速沿着水平方向的分布图

在路堑深度为1m和2m时路基表面雪粒体积分数较大，路基两侧积雪平台与路基顶面雪量相差较小，说明当积雪平台处产生积雪时，路基顶面的雪量也相对处于一个较高值；路堑深度增加到3m时，背风侧积雪平台雪量与路基顶面雪量出现了较明显的差异，而迎风侧积雪平台与路基顶面雪量依旧较为接近。路堑深度增加到5m时，两侧积雪平台雪量均与路基顶面雪量出现了较明显的差异，即积雪平台处产生较多积雪时路基顶面处雪量仍相对较小。以上积雪分布与现场调查情况是一致的。

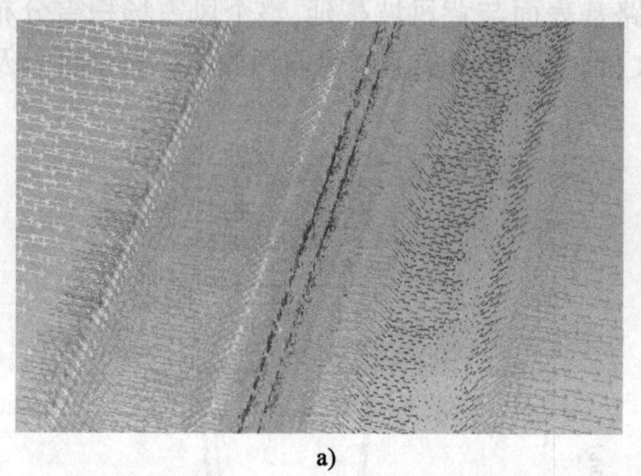
a)

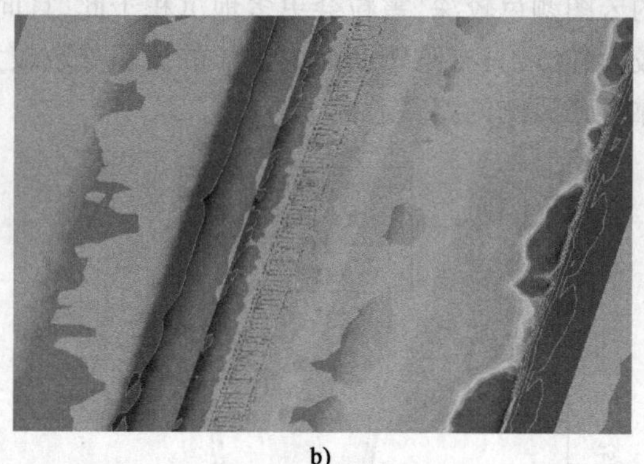
b)

图 5-44　路堑内风场与积雪分布

在路堑深度较小时，由于风速在路堑内减弱现象较微弱，导致迎风侧积雪平台的雪被较多吹向近路基表面处而形成沉积，迎风侧积雪平台发挥作用的能力受到限制；随着路堑深度的增加，路堑内风速减弱现象增强，迎风侧积雪平台风速同样受到较大影响，风速较弱，导致雪粒在此处沉积较多。相较浅路堑形式的积雪平台发挥了更加明显的承载雪粒作用。

由于目前 CFD 计算以有限体积法为主，对于直接求得积雪深度存在一定难度，所以试验中以雪粒体积分数表示各结构处雪量的多少。以轨道面中心线积雪量进行对比，随着路堑深度在一定范围内的增加，轨道表面积雪逐渐减少，即相同的环境条件与风吹雪强度作用下，路堑越深轨道表面的积雪就越少，但是这种减少趋势随着路堑深度增加是逐渐减弱的。图 5-45 为不同路堑深度时轨道表面的雪粒体积分数与雪深深度的对比图。

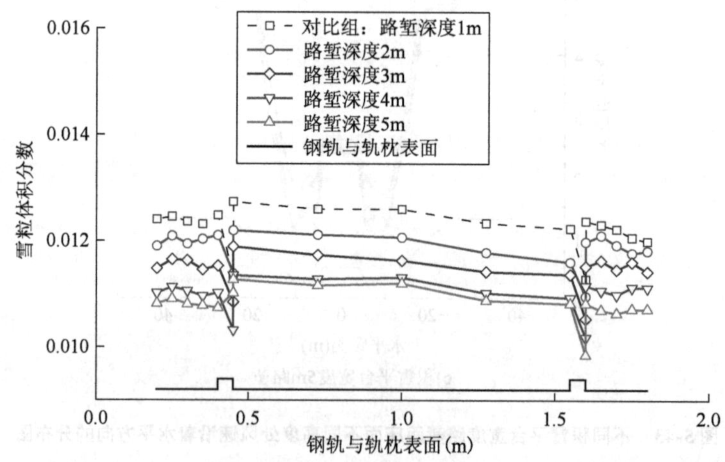


图 5-45　不同路堑深度的雪量对比图

5m 深路堑轨道表面雪量相对路堑深度为 1m、2m、3m 时的轨道表面积雪量分别减少了 19.2%、13.5%、6%，说明路堑深度从 1m 增加到 5m 时轨道表面的雪深深度持续减小。

在路堑深度为 1m、2m 时路基表面雪粒体积分数较大，路基两侧积雪平台与路基顶面雪量相差较小，说明当积雪平台处产生积雪时，路基顶面的雪量也相对处于一个较高值；路堑深度增加到 3m 时，背风侧积雪平台雪量与路基顶面雪量出现了较明显的差异，而迎风侧积雪平台与路基顶面雪量依旧较为接近;路堑深度增加到5m时,两侧积雪平台雪量均与路基顶面雪量出现了较明显的差异,即积雪平台处产生较多积雪时路基顶面处雪量仍会在相对较小的值,以上数据与现场调查时是一致的。

(2)路堑边坡坡率

通过对比多条易发风吹雪灾害铁路线路,发现不同的边坡坡率对路堑内积雪分布也有较大影响,通常认为在易发生风吹雪灾害地区应放缓路堑边坡,但目前对于边坡坡率与轨道表面积雪量之间的定量关系尚缺乏深入研究。选取阿富准铁路工程试验段中已成型路基的边坡坡率1∶1.5,并逐渐增大至1∶4,路堑深度为3m。

随着路堑边坡坡率的增大,路基两侧积雪平台雪量承载上限逐渐增大,前人研究也表明适当放宽路堑边坡坡度也可以减少路基顶面的雪量,对风吹雪灾害的防治起到一定作用。这是由于当路堑边坡坡率增大时,其边坡长度增加,可以承载更多的雪粒,但是随着边坡坡率的增大,其雪量增长幅度也在逐渐减弱。

图5-46为边坡坡率从1∶0.5渐增至1∶3时轨道表面的雪粒体积分数对比图。由图可知,随着路堑边坡坡率的增加轨道表面的雪粒体积分数在逐渐减小,即相同的风吹雪强度作用下,边坡坡率较大的路基可以明显降低路堑内轨道表面发生积雪堆积致灾的可能。

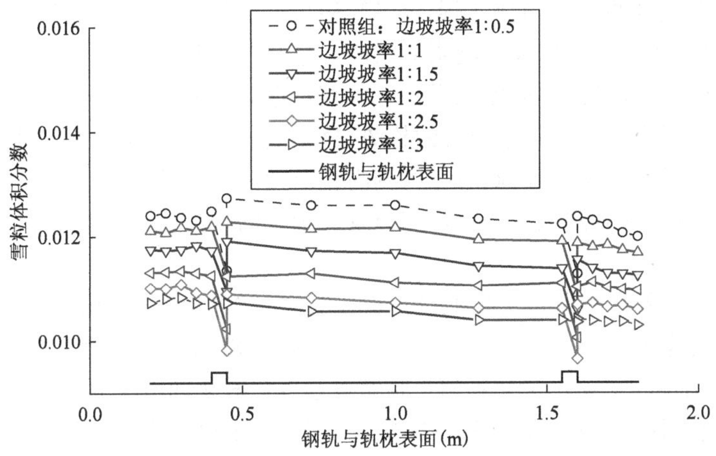


图5-46 不同路堑边坡坡率的雪量对比

以轨道中心线雪粒体积分数为标准进行对比时,边坡坡率为1∶3工况的轨道表面积雪量相对边坡坡率为1∶0.5、1∶1、1∶1.5、1∶2与1∶2.5时路堑轨道表面积雪量分别减少了27.2%、23.2%、14%、9.9%和2.3%,说明边坡坡率从1∶0.5增加到1∶3时,轨道表面的雪粒体积分数持续减小,但是其变化幅度也在逐渐减弱,即在边坡坡率较小的路段增加边坡坡率可以起到较明显减弱风吹雪灾害的效果。

(3)积雪平台宽度

在风吹雪灾害易发路段,积雪平台宽度也是影响轨面积雪的重要因素之一,为了研究风吹雪作用下积雪平台宽度对轨道表面积雪的影响,最小宽度选取阿富准铁路工程试验段中已成型路基积雪平台的宽度5m,并逐渐增大至15m,路堑深度与边坡坡度与上节现场试验段中参数保持一致。

图5-47为积雪平台从5m渐增至15m时轨道表面的雪粒体积分数对比。由图可知,随着

积雪平台宽度的增加，轨道表面的雪粒体积分数在逐渐减小，即相同的风吹雪强度作用下，积雪平台宽度较大的路基形式可以明显降低路堑内轨道表面发生积雪堆积的可能性。同时也意味着风吹雪灾害易发区域中积雪平台宽度较小的路段需要重点考虑采取防护措施。

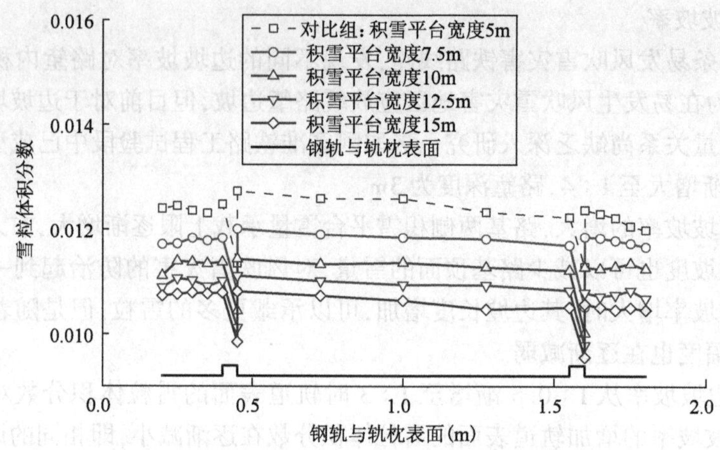


图 5-47　不同积雪平台宽度时轨道表面雪粒体积分数对比

随着积雪平台宽度的增加，迎风侧和背风侧积雪平台的沉积雪量都增加，但是随积雪平台宽度的增加，迎风侧积雪平台增加幅度明显减弱。这是由于顺着流向迎风侧积雪平台的积雪会较多向路基高处蔓延，导致迎风侧积雪平台内相对远离路基的位置不能充分发挥承载能力。而背风侧则表现出了增加幅度越来越大的趋势，这也是由于顺着来流风向背风侧积雪平台内的雪会有先路基背风坡堆积趋势，此时背风侧内相对远离路基的地方首先发挥作用，而随着来流雪量的进一步增加，背风侧积雪平台将充分发挥承载雪粒的优势，这也是路基两侧积雪平台雪量发挥能力的差异。

以轨道中心线雪粒体积分数为标准进行对比时，积雪平台宽度为 15m 工况的轨道表面积雪量相对积雪平台宽度为 5m、7.5m、10m、12.5m 时路堑轨道表面积雪量分别减少了27.2%、23.2%、14%、9.9%和2.3%。说明积雪平台宽度从 5m 增加到 15m 时，轨道表面的雪粒体积分数持续减小，但是其变化幅度也在逐渐减弱，即在积雪平台宽度较小的路段增加积雪平台宽度可以起到较明显减弱风吹雪灾害的效果，随着积雪平台宽度的增加路基表面雪量持续减少，但雪量减少幅度越来越慢。

### 5.3.5　防雪栅作用效果分析

根据目前常见的防雪栅，选定计算变量如下：防雪栅孔隙率(0%，25%，50%，75%)、防雪栅高度(2m、3m、4m、5m)、防雪栅与路堑间的距离(20m、40m、60m、80m)。三组计算工况见表 5-6。

计算工况　　表 5-6

| 工　况 | 孔隙率(%) | 高度(m) | 距离(m) |
|---|---|---|---|
| 工况 1 | 0、25、50、75 | 5 | 80 |
| 工况 2 | 50 | 2、3、4、5 | 80 |
| 工况 3 | 50 | 5 | 20、40、60、80 |

对各工况的不变量,防雪栅的高度和距离分别选择 5m 和 80m,使栅两侧尽的积雪可能多,孔隙率选择中间值 50%。试验同时进行了无防雪栅工况的计算。

图 5-48 为不同孔隙率作用下路堑内外沉积雪量。由图 5-48 可以看出,不同孔隙率防雪栅的栅前与栅后积雪分布形态明显不同,也导致了路堑内的雪量差异。孔隙率为 0% 时(无孔隙挡雪墙),栅两侧雪粒体积分数比值最大为 1.208,出现在栅前;孔隙率为 25%,50%,75% 时,栅两侧雪粒体积分数比值最大为 1.173、1.168、1.126,且 75% 孔隙率时该值出现在栅后,即孔隙率从 0% 增至 75% 的过程中栅两侧积雪峰值逐渐减小,积雪堆积趋势从栅前向栅后转移。

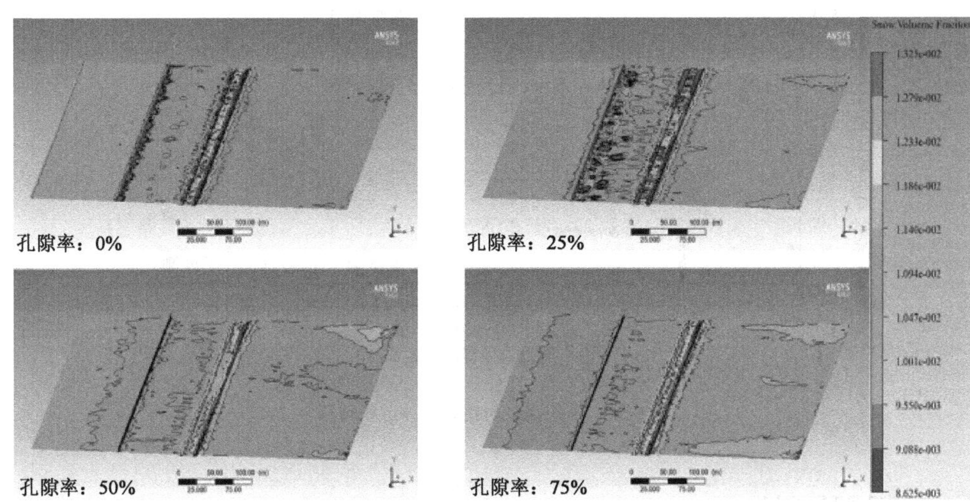


图 5-48 不同孔隙度下雪防雪栅的雪体积分数等高线图

防雪栅与路基距离除了影响防雪栅两侧流场和积雪分布外,也涉及占地规划问题,使得该因素成为防雪栅设计乃至铁路工程初期设计重要的考虑因素之一。

图 5-49 为防雪栅与路基不同作用距离时沉积雪量。由图 5-49 可以看出,防雪栅与路基距离变化时栅后的积雪形态和路堑内雪量明显不同。随着防雪栅与路基距离的减小,靠近路堑区域的雪粒体积分数比值越来越大,栅两侧积雪峰值也逐渐增加。当防雪栅和路基相距 20m 时,路基顶面雪粒体积分数比值沿风向逐渐减小,说明此时路基顶面处于栅后的积雪沉积区,路基顶面雪量甚至大于无防雪栅工况下的雪量。

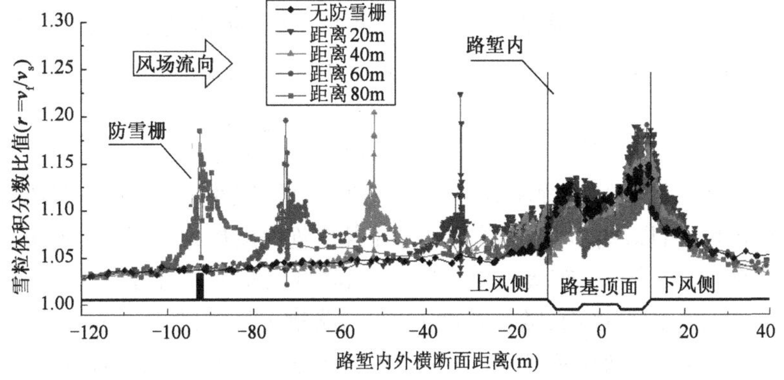


图 5-49 不同防雪栅作用距离时路堑内外沉积雪量

选定防雪栅距离为80m,栅栏孔隙率为50%。图5-50为不同高度防雪栅作用下的沉积雪量对比。由图5-50可以看出,防雪栅高度为2m、3m、4m、5m时防雪栅两侧的雪粒体积分数比值最大分别为1.106、1.112、1.120和1.168,随防雪栅高度增大而增大,同时防雪栅两侧积雪沉积距离也增大。防雪栅高度为2m时,防雪栅后雪粒沉积长度为15~20m;防雪栅高度为3m、4m、5m时,防雪栅后雪粒沉积长度分别为20~25m、30~35m、40~50m,即防雪栅后雪粒沉积长度为防雪栅高度的10~12倍。

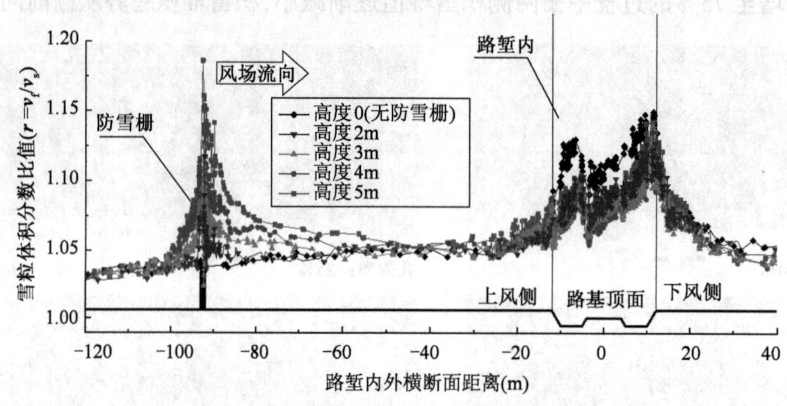


图5-50 不同高度时路堑内外沉积雪量

## 5.3.6 试验结论

(1)当风雪流经过路堤时,气流在迎风坡坡脚处形成减速区,沿迎风坡风速增大,路肩位置形成高速区;在路堤近表面形成低速区;背风坡风速减弱区范围大于迎风坡,并且背风坡处产生紊流区。气流沿水平方向速度的变化呈"n"形分布;当风雪流通过路堑时,在路堑内形成风速减弱区,风速降低是从迎风坡坡顶(地形转折点)开始的,在两侧积雪平台上风速最低,路基面上风速相对有所增加。总体上气流沿水平方向速度的变化呈"W"形分布,积雪深度呈"m"形分布。

(2)当路堤边坡率确定时,在一定高度范围内,路堤越高,路基面风速越大,越不易积雪,因此,适当增加路堤高度,可以降低风吹雪灾害程度;当路堑边坡率确定时,在一定深度范围内,路堑越深,周围风速越小,产生的积雪会越多。因此,减小路堑深度,可以降低风吹雪灾害程度。

(3)当路堤高度确定时,边坡坡率的改变对迎风坡路肩风速的影响较小。随着边坡越缓,路基面和背风坡路肩风速增大,背风坡的风速减速区范围减小,路基面和背风坡积雪会减少。因此,适当放缓边坡,可以降低风吹雪灾害程度;当路堑深度确定时,边坡越缓,路堑内风速越大,产生的积雪会越多。因此,较缓路堑边坡,可以降低风吹雪灾害程度。

(4)积雪平台在一定宽度内,随着宽度的增加,路堑内风速减弱区范围减小,风速增大,路基面积雪会减小。因此,增加路堑积雪平台宽度,可以降低风吹雪灾害程度。

(5)在模拟试验中,路堤高度的变化可以明显改变路基表面的积雪分布,积雪在路堤断面处的分布接近于"U"形,路堤高度越低"U"形两边越平缓,路基表面越易被积雪覆盖;路堤高度越高"U"形两边越陡,路基表面积雪相对坡脚就越少。高度低于2m的路堤段内布置防雪栅可以对路基表面起到较好的阻雪效果。

(6)路堑深度与积雪平台可以显著改变路堑内积雪分布,积雪在路堑断面内的分布接近于"m"形。浅路堑段适合采用积雪平台与被动防护相结合的防治措施,深路堑段适合采用增加积雪平台宽度与放缓边坡坡度的主动防治措施。深度小于2m的路堑段内布置防雪栅可以对路基表面起到较好的阻雪效果。

(7)防雪栅孔隙率主要影响栅两侧积雪分布形态,随着孔隙率的增加,栅两侧的沉积雪量从小范围的剧烈变化向大范围的平缓分布转变,孔隙率为50%时栅两侧的沉积雪量最大;栅栏高度增加时,防雪栅两侧最大沉积雪量和防雪栅影响范围均增加;当孔隙率为50%时,防雪栅下风侧积雪沉积区长度为防雪栅高度的10~12倍。

## 5.4 试验方法分析

### 1)数值模拟研究

风吹雪的数值模拟主要依靠流体力学理论,由于湍流相关的问题是经典物理学中最重要且未解决的难题之一,所以在数值模拟的计算模型上往往采用了简化,目前建立的模型与求解器设置的参数条件过于理想化,与实际自然环境中的风雪作用有所差别。对于试验得出的结果往往还需要进一步在现场或者采用其他试验方法进行对比验证。

但是数值模拟可以等比例还原工程现场实际路基断面与栅栏尺寸,这是传统研究手段比如风洞试验完全无法做到的,而且数值模拟成本低,可模拟工况多,且几乎无消耗,数据结果直观,易于分析。

### 2)风洞试验研究

现有的风洞试验研究并未实际地形地貌,只是从原理、理论上定性分析。由于分析的内容倾向于路基断面形式与防雪栅对风吹雪灾害的影响,在模型选取与计算条件设置上通常只考虑了与风雪和路基本体相关的因素,忽略了地形、气候、植被等条件,模型总体过于简单与理想化,难以描述复杂地形的风吹雪灾害。目前国内风吹雪相关试验大部分采用模拟材料代替雪粒,在一些试验参数设置上也常依靠个人经验选择,而在现场调查中发现这些因素往往会通过影响风场而改变积雪的分布。

风洞试验能更好地还原实际环境中风雪流现象的时间性、地域性、随机性,可以较简单、直接地得出所需结果,但是风洞试验采用的风洞设备、模型制造、监测设备等价格过于昂贵。另外,风洞试验由于受到模型的限制,如在本例中受到加工工艺的限制,防雪栅的最大孔隙率仅为20%,相对于数值模拟可以任意调节孔隙率来说,这也是风洞试验存在的明显缺点之一。

### 3）风洞试验与数值模拟相结合

风洞试验与数值模拟计算是两种互补的手段，数值模拟对计算条件进行了理想化的假设，其计算过程不受人为干扰，严格遵循各种物理力学定律，忽略了现实中的随机性与差异性，所得到的结果能较严谨地阐述风吹雪灾害的形成过程。而风洞试验重实际，利用模型材料在风洞中还原出实际自然环境中积雪的表象，从防治减灾的角度找出影响积雪堆积分布的因素，从而得到较符合实际情况且具有指导意义的结果。但风洞试验的模型、模拟材料不能完全与现实相符，试验本身受机械技术水平、测量方法等影响，试验结果也具有一定的不确定性。而风洞试验与数值模拟相结合，二者可相互补充、完善，数值模拟得到的理论分析可以指导风洞试验的建模与研究方向，而风洞试验得到的实际数据可以对数值模拟的理论分析起到支撑作用。随着技术的发展，部分低温风洞已经可以采用真雪粒来进行试验，可以真实地模拟现场情形，得到更具有说服力的结果，最终得到合理且准确的风吹雪灾害防治办法。

PREVENTION TECHNOLOGY OF RAILWAY SNOW-DRIFTING DISASTER

第 6 章

# 风吹雪灾害防治技术

为了保证风吹雪易发区内的铁路畅通,必须采取一定的措施对风吹雪灾害进行防治。目前国内外主要从主动防治和被动防治两方面着手,主动防治主要包括优化平纵断面设计、优化路基横断面设计和线路积雪的主动清除等,被动防治则主要包括设置防雪栅(墙)、采取遮挡隔离相关措施、种植育草蓄雪及防雪林等方法。

## 6.1 主动防治技术

铁路风吹雪主动防治技术主要是对路基参数和铁路线路自身相关措施的研究,对于运动中的雪粒来说,路基是风雪场中人为建造的障碍物,路基障碍物的存在会对风场的分布产生明显影响。根据路基的形式,当风场流经路基断面时会形成弱风区与加速区,由于路堤、路堑产生弱风区与加速区的位置有很大不同,所以在进行铁路路基主动防护研究时,要因地制宜,根据地形与环境条件设计合理的路基断面参数。

### 6.1.1 优化平纵断面设计

风吹雪对道路的危害,除与气候、高程等因素有关外,还与线路所在区域的地形、地貌、地物、线路平纵断面及路基横断面形式关系密切。一般情况下,应避绕雪害极严重的地段。不可避绕时,建议以隧道或防风雪走廊形式通过。在勘察设计阶段,一般雪害地段应注意做到以下几点:

(1)线路走向尽量与主风向平行

线路走向应与风雪流主风向平行(隧道除外)或使其交角尽量减小,特别是傍山线路更应注意这一点。一般来说,线路与风雪流交角越小雪害越轻。如果减小交角有困难,也可使其交角加大到接近垂直,尽量短直通过,这时雪害虽然稍严重,但设置工程的范围小,投资可控。

(2)线路布置在阳坡

阳坡日照时间长,积雪融化快,雪害较轻;而阴坡积雪比较严重,且持续时间长。若阳坡地形过于陡峻或地质灾害严重时,应充分考虑利用阴坡能够有效阻雪的段落(如茂密的森林)等通过。

(3)线路布置在迎风坡

背风坡积雪比迎风坡严重,要特别避免线路在雪源丰富的背风坡处盘绕,实在难以避免时,则以距离最短并考虑隧道或者棚洞形式通过。

(4)充分利用有利地形

有利地形是指四面通风的开阔地、台地山梁等。相比而言,狭窄谷地不如开阔谷地,同一谷地内,地形起伏变化小的比起伏变化大的更加优越。

(5)优化纵断面设计

尽量做到路基多填少挖,少用半路堑,尽量避免极易被积雪掩埋的浅而长的路堑。在地形陡峻地段,要考虑设置防护工程。

在高填方地段，充分开展路基与桥梁形式比选，深挖方地段开展路堑与隧道（明洞）的比选，综合考虑土石方、边坡防护、土地价值及雪害防护清理的长期费用，尽量选择桥、隧等形式通过，防止严重雪害的发生。

克拉玛依至塔城铁路设计过程中，在雪害严重地段刻意提高纵断面，设置5km长的桥梁，以减少风吹雪的危害。

### 6.1.2 优化路基横断面设计

调查发现，当路堤高度小于2.5m时，路基边坡的雪粒会较多地向表面蔓延，路基表面积雪较厚，迎风坡与背风坡的积雪量相差不大；当路堤高度大于2.5m时，路基表面的雪粒明显减少，雪粒较多地堆积在迎风侧坡脚，即使风速较小时，路基表面的积雪量也远小于低路堤时的积雪量，尤其是在较强风速的作用下，路基表面几乎没有存雪，路堤高度越高，这种现象就越明显。

而路堑段深度在2m之内时，路基边坡与积雪平台的雪粒会较多地向路基面蔓延，造成路基表面积雪增多；当路堑深度大于2m时，路基表面的雪粒明显减少，路堑边坡与积雪平台发挥了较大的承载雪粒的作用，此时既使路堑外空旷地带风速较大，路堑内雪粒的分布依然不会受到太大影响。

因此，在防护风雪流作用时要重点加强对低路堤及浅路堑路段的防治，并从以下几点出发：

（1）增加路基高（深）度

增加路堤高度是减小灾害最简便、有效的方法，随着路堤高度的增加路基表面风速也随之增加，雪粒就更不易在路基表面堆积。根据数值模拟对纯风场的模拟，路堤高度为2m时，迎风坡坡脚与路肩处风速差可达到近2倍，在一定范围内路堤越高，迎风坡坡脚与路肩处风速差则越明显；浅路堑易发生风雪流灾害，而深路堑在遇到极端天气时会发生严重的积雪灾害，从防治风吹雪灾害的角度出发，路堑深度越大，风场对路基表面的影响就越小，在未设置栅栏防护时路堑边坡可以承载较多雪粒，而路堑内较小的风速使得积雪难以向路基表面跃迁。

但是路基高（深）度增加，工程造价也会增加，所以在建设时需综合考虑风吹雪灾害防治与工程造价的关系。

（2）放缓边坡坡度

边坡坡度对风雪流的作用形式及灾害程度都有直接影响。在相同路堤高度下，边坡越缓，路堤对风速的阻挡作用越弱，其路基表面风速相对较大，雪粒更容易通过路基断面，路基表面雪粒就会减少；而在相同的路堑深度下，边坡越缓可以承载的雪量越多，发生积雪灾害的可能就越小。但是放缓边坡会导致工程造价增加，从经济的角度出发，在保证稳定的前提下，边坡角度越大越好。所以在易出现风吹雪灾害路段应合理设计路基断面参数，在自然环境与工程造价允许的情况下适当放缓边坡，有效减弱路基内风吹雪灾害。

《铁路特殊路基设计规范》（TB 10035—2018）规定：路基横断面形式应有利于防止积雪。路堤宜采用缓边坡形式，挖方地段宜采用展开式路堑。路堤迎风侧的边坡宜放缓，边坡坡率不宜陡于1∶4。路堑深度小于2.0m时，边坡坡率宜缓于1∶4；路堑深度为2～6m时，宜在两侧坡脚设积雪平台，平台宽度宜不小于4m；当路堑深度大于6m时，宜根据地形及边坡高度等条件,采用阶梯形边坡、适当加宽坡脚侧沟平台等形式,防止积雪。

图 6-1　阿富准铁路路基侧积雪平台

(3)增加积雪平台宽度

实践证明,较宽的积雪平台可以使积雪储存在平台上,减少路基表面上的积雪,并为机械除雪提供堆积空间,如图 6-1 所示。无风吹雪灾害的路堑内,侧沟外侧平台宽度一般为 2 ~ 3m;风吹雪地段为了满足积雪要求、普通车辆清运以及大型除雪车作业要求,平台宽度宜采用 5m;部分地段结合土石方平衡,积雪平台宽度可进一步加大。

## 6.1.3　线路积雪的主动清除

线路积雪的主动清除是减少线路内积雪的主要方式之一,但由于风吹雪现象易发区域多为高寒地带,并且铁路线路多穿越于降雪期无人居住的区域,采用人工对沿线进行积雪清扫存在较大的困难,因此采用机械自动化除雪设备或除雪车成为线路积雪主动清除的主要方式。机械除雪法是通过机械设备把已经上道的积雪清除,既可以单独使用,也可以辅助其他融雪技术协同作业。机械除雪法应用范围广,除雪速度快,适合于大面积机械化作业,是目前应用最为广泛的除雪方法。

### 1）机械除雪类别

除雪机械主要分为犁式除雪机、转子式除雪机、扫刷式除雪机、组合式除雪机、吹风式除雪机和固定除雪装置等。

(1)犁式除雪机

犁式除雪机有单向犁、V 形犁、变向犁、刮雪刀及复合犁等多种形式,如图 6-2 所示。除雪铲一般安装在车辆前部、中部或侧面,靠主机推动前行,工作装置的提升、降落靠液压控制。该种除雪机价格低廉、结构简单、工作可靠、换装容易、机动灵活、作业效率高,适宜于清除未经压实的积雪,特别是密度较小的新降积雪,是使用最广泛的除雪机械。

a)

b)

图 6-2　犁式除雪机

(2)转子式除雪机

转子式除雪机如图6-3所示,主要适用于降雪量较大的场合,清除较厚积雪,少数装有特殊齿刃螺旋的除雪机也可以清除较厚硬雪。其工作范围较大,工作能力较强,雪功率可达上千马力,抛扬距离可达数十米,其特殊功效往往是其他除雪机械无法替代的。主要用于清除厚雪、暴雪等场合。

**图6-3 转子式除雪机**

(3)组合式除雪机

组合式除雪机是多种除雪功能组合的除雪设备,同时具备犁式除雪机、转子式除雪机和扫刷式除雪机的功能,用于除雪工况复杂、除雪要求较高的场合。

克塔铁路所使用的铁路道床除雪车(图6-4、图6-5),是根据我国铁路道床结构设计的用于清除道床表面积雪的新型大型养护机械,也是新疆唯一一台铁路专用轨道除雪车。该车可以快速清除道床表面的积雪,并将积雪推送或抛送至指定区域。轨面50mm以上积雪采用除雪铲清除时,除雪铲可根据线路实际情况选择将积雪推至两侧或任意一侧;轨面以上50mm至轨道板面之间的积雪通过滚刷将积雪扫入吸雪风机入口,吸雪风机将进入风机的积雪与空气混合加速以后通过抛雪桶将积雪抛离道床;轨道间积雪采用吹风除雪方式清理,通过吹雪风机提供大量高压风将积雪送入吸雪风机入口,再通过抛雪桶将积雪抛离道床。该设备功能齐全,除雪能力强,除满足除雪功能外,其他日常也可作为工务轨道车使用。

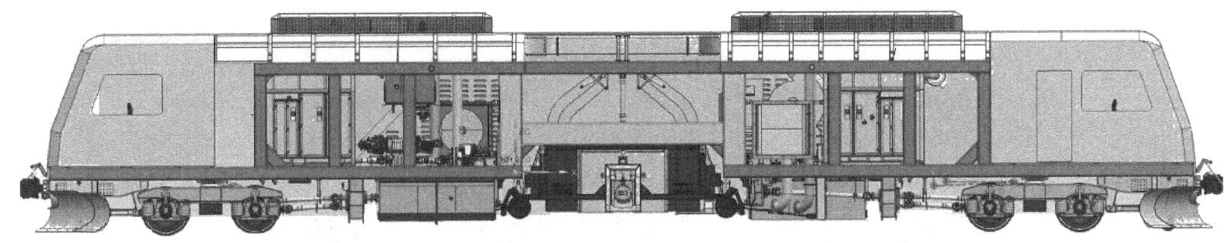

**图6-4 轨道除雪车组成示意图**

(4)吹风式除雪机

吹风式除雪机(图6-6)主要是利用鼓风机或压缩空气产生高速气流除雪,一般用于清除降雪量较小的新雪,设备使用灵活,设备投资较少。

需要说明的是,各类除雪机械设备除雪时,都是利用机械或风力将积雪从线路上移动或抛洒到线路一侧或两侧,而不是将其装车运走,所以要求线路两侧具备足够的储雪空间。道岔区轨道密布时,清除的积雪会堆积在相邻股道内,影响甚至恶化相邻股道的通行状况,所以并不适合使用。路堑地段如果两侧未设置积雪平台,边坡也比较陡峻,清除的积雪则无处存放,影响清雪效果。

图6-5　轨道除雪车除雪现场

图6-6　吹风式除雪机除雪

2）除雪车的设计优化

为了应对东北线和上越线冬季的严重风吹雪灾害，日本"雪国急先锋"200系列车（图6-7）设计时拥有两个显著的特点：一是设置了离心分离器用以分离空气和雪水，以防止用于冷却电机和变压器的空气带入雪花而造成电器设备损坏；二是把车底用铁板包裹严实，以防止高速行车时掀起的积雪和冰碴打伤车下设备。此外，200系列车在很多细节上也做出了调整：车头排障器做成了除雪车的形状，可及时清除线路上的积雪；车厢连接处采用相互隔离的多层风挡，车门和车厢之间设置很小的缓冲隔离空间，以保持车厢内的温度并防止雪花直接飞入；针对微小雪花或者过冷水滴钻入缝隙和再凝结问题，则尽力取消一切暴露在低温环境中的机械电气开关而改用无机械触点的电子开关；同时，采用耐雪制动模式，以减弱冰雪对于制动系统的不良影响。

图6-7　日本"雪国急先锋"200系列车

日本、北欧和北美地区气候严寒，冬季常有上百毫米的降雪。挪威有的地区日降雪量可以达到50～100cm，日本饭田线的森宫野原站更是创造过7.85m的日本铁路车站最深的积雪深度。成米厚的大雪将铁路线牢牢覆盖，常规除雪方法很难起到作用，因此各国政府分别设计研发了不同类型的除雪车，用于进行繁重的路面除雪。除雪车一般自身重量大，运行时不仅可以防止打滑,更可以确保压碎卷入车下的冰块而避免脱轨。除雪车作业时类似麦田里的联合收割机,可把线路内积雪抛洒到线路之外,如图 6-8 所示。由于有些线路周围环境不允许使用大型除雪机械,简易除雪车应运而生。简易除雪车两侧车头前的排障器被安装上一排排竹刷,整个列车成了一把大扫帚,可将所过之处的积雪清扫的干干净净,或者在车头安装除雪装置以方便正常运行的列车,如图 6-9 所示。

**图 6-8　向线路两侧洒雪**

**图 6-9　美国进行除雪作业的车辆**

对于运输繁忙的高速铁路来说,除雪车很难保证铁路高效运营。于是日本上越新干线采用了"融引结合"的方法,在线路两侧预埋了喷头,大雪到来时可自动喷洒融雪剂保证实时融雪(图 6-10),使大雪无法在线路上堆积。而且,喷洒融雪剂也可以把通过列车车身的积雪和积冰一并除掉。为防止融化的雪水重新冻结的危害,上越新干线在暴雪地带采用无砟道床的同时,还专门设置了排水沟,融化的雪水汇集到排水沟后迅速排到线路范围之外。

**图 6-10　新干线采用"融引结合"的方法减少线路积雪**

我国哈尔滨—牡丹江—佳木斯环形铁路网在建设之初,为保证列车在"滴水成冰"的严寒季节与极端恶劣的风雪条件下安全运行,在车体结构、电气系统、制动系统、给水卫生、门窗设备、转向架等六个系统进行了 16 项高寒适应性改造,使其能够满足 -40℃ 高寒环境运行的要求。动车组抗高寒、抗风雪的能力更强,可以在风、沙、雨、雪、雾霾等天气,以及盐雾、酸雨、沙尘暴等恶劣环境下运行。

2015 年 8 月 17 日哈齐(哈尔滨—齐齐哈尔)高速铁路开通运营,哈牡(哈尔滨—牡丹江)

高速铁路于 2018 年 11 月 18 日开通运营,哈佳(哈尔滨—佳木斯)快速铁路于 2018 年 9 月 30 日开通运营,牡佳(牡丹江—佳木斯)高速铁路于 2021 底开通运营,上述已开通的高速铁路运营状况状态均良好。尤其在冬季公路运输受到明显影响的情况下,铁路保持高速畅通,极大地促进了当地经济的发展。

## 6.2 被动防治分类

风吹雪灾害的被动防治手段,主要依据自然条件及环境,结合路基断面形式,采取工程防雪措施对雪害进行防治。

被动防雪措施分为两个大类:

(1)异地堆积防雪措施。该类措施的核心是在风雪流来流方向设置障碍物,通过降低风速促进风雪流中携带的雪粒沉积在线路以外的无害区域,从而保证道路畅通。这类措施价格低廉,使用广泛,包括防雪栅、挡雪墙、防护林带等。

(2)遮挡隔离防护措施。该类措施的核心是采用工程措施把交通设施遮挡隔离起来,使积雪无法堆积在线路上,从而保证道路畅通。这类措施造价较高,一般仅在特殊地段使用,包括全封闭的防雪走廊和半封闭的防雪棚洞。

风吹雪及其积雪的发生除了取决于路基断面流场特性和相应工程措施外,还受路侧植被等要素综合影响,其对风吹雪产生影响主要以小范围内对风吹雪流场结构的影响为主。因此,在适宜草木生长的区域,常常通过培育植被、种植树木等方式来降低风吹雪灾害的影响。

### 6.2.1 防雪栅、挡雪墙

#### 1)防雪栅

(1)定义

防雪栅简称栅栏,风吹雪在防雪栅前后形成旋涡减速区,使风吹雪的风速迅速下降,减至雪粒起动风速以下,大量风吹雪雪粒沉积在防雪栅前后。避免积雪上道影响交通。

图 6-11 固定式防雪栅

在精伊霍铁路沿线、阿富准铁路以及省道 201 线玛依塔斯公路风吹雪灾害严重路段,都采用了防雪栅作为重要的防治措施。

(2)结构组成及分类

防雪栅由栅栏板块和支撑组成,材料可选择木板、钢材、土工材料等,通过埋入、支撑、牵拉等手段固定在地面上。

①按固定方式分:可分为固定式防雪栅(图 6-11、图 6-12)和移动式防雪栅(图 6-13、图 6-14)。固定式防雪栅在整个雪害期间固定

不动;移动式防雪栅则可以根据栅栏周围积雪状况移动位置,通常制作成边长 2m 或体积不大的单元体摆放在地面上。

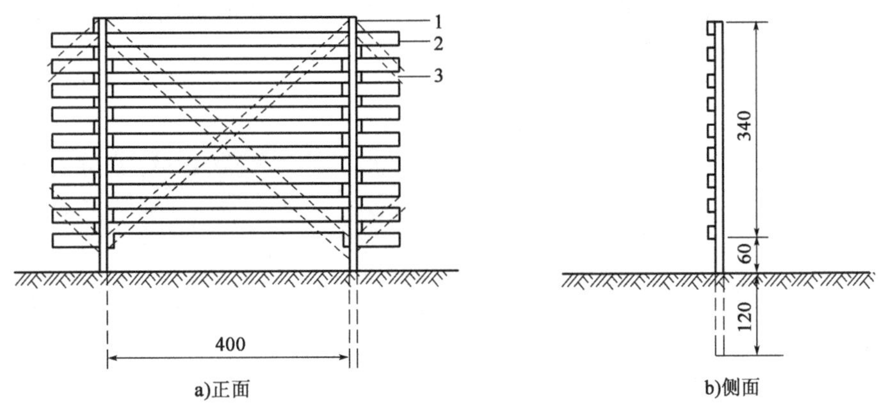


图 6-12　固定式防雪栅正侧面图示(尺寸单位:cm)

1-立柱;2-栅栏条板;3-加固条板

②按设置方法分:可分为单列式和多列式,如图 6-15 所示。

图 6-13　移动式防雪栅

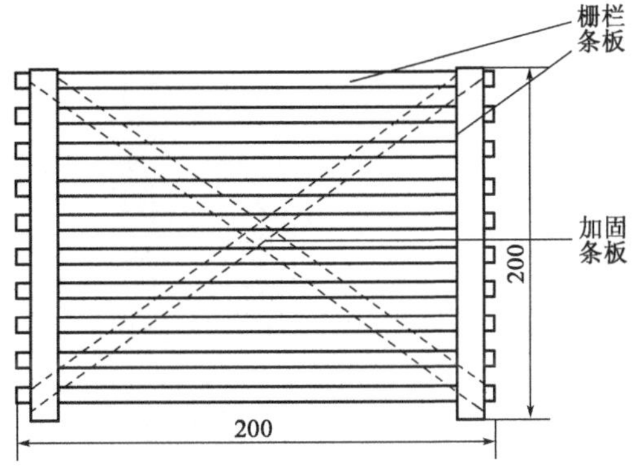


图 6-14　移动式防雪栅正面图示(尺寸单位:cm)

a)单列式

b)多列式

图 6-15　不同设置方法的防雪栅

③按结构形式分:可分为纵栏式、横栏式、细密孔式、可调透风率式,如图6-16所示。纵栏式防雪栅,栅栏条板竖直向下;横栏式栅栏条板平行于地面设置;细密孔式防雪栅实际上是机器压制的具有透风效果的带孔钢板;可调式防雪栅的栅栏条板没有被固定住,可以在不同雪害情况下,调节条板的倾角,改变透风率大小。

a)纵栏式

b)横栏式

c)细密孔式

d)可调透风率式

图6-16　不同结构的防雪栅

(3)作用原理

当风吹雪穿越防雪栅时,由于受到防雪栅的阻挡作用,将会损耗一部分风能。以50%透风率防雪栅为例,风速在防雪栅前5倍防雪栅高处迅速下降,越接近防雪栅时风速越小,越过防雪栅后风速逐渐增大,在20倍防雪栅高处恢复原来的风速。防雪栅前后风速变化云图如图6-17所示。风吹雪在防雪栅前后形成旋涡减速区,使风吹雪的风速迅速下降,减至雪粒起动风速以下,大量风吹雪雪粒沉积在防雪栅前后,如图6-18所示。

(4)适用条件

①防雪栅适用于风吹雪轻度积雪区,中度积雪区和重度积雪区可设置多道栅栏。

②防雪栅适用条件非常广泛,是最为常用的防雪措施。

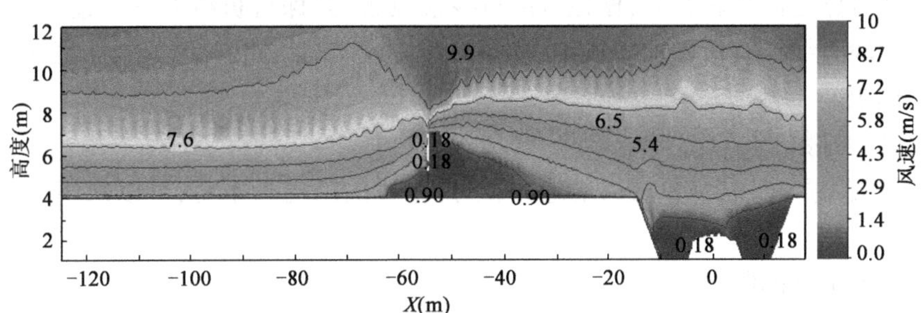

图 6-17 防雪栅前后风速变化云图

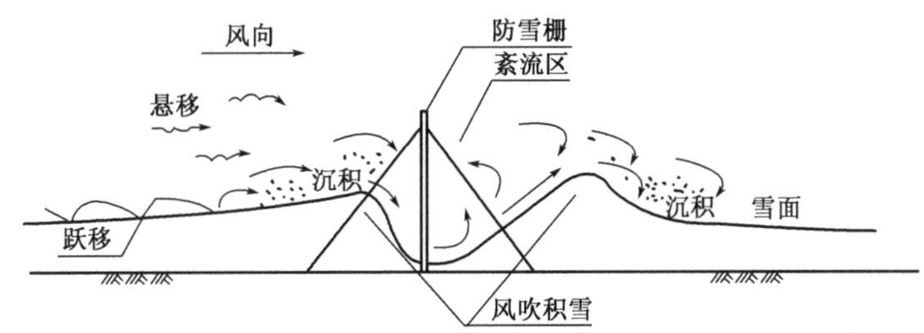

图 6-18 防雪栅作用原理示意图

(5)防雪栅作用效果影响因素

①透风率

阻雪量是考核防雪栅的主要指标,随着透风率的增加,防雪栅的阻雪量也呈增加趋势,并在66%附近达到最大值。不同透风率的防雪栅对风速的影响范围和影响程度有着很大的差异,透风率越低,阻挡效果越大,风速的减弱程度越大,但同时恢复的也越快,从而其影响范围也就越小。

②防雪栅高度

防雪栅的高度将影响栅栏前后雪丘的堆积形状,因为栅栏的高度决定了上风侧捕捉雪粒的能力,栅栏越高,风速的降低程度和范围就大,上风侧的积雪量就多,下风侧的积雪相应就小。

总体上说,防雪栅的高度越高,其阻雪的总量越大,作用范围也越广,其造价也越高。但是当栅栏高度增加到一定高度时,防雪的效率会逐渐降低。防雪栅的高度可以根据风吹雪灾害的大小及所处区域的地形、地貌、透风率等因素确定,一般为2~6m。

③地形

在山区使用防雪栅,主要会遇到三种地形:宽阔平坦地形、迎风坡地形、背风坡地形。在迎风坡上设置防雪栅,随着坡度的增加,防雪栅与道路的距离可以越来越短。在背风坡上设置防雪栅,随着坡度的增加,防雪栅与道路的距离越来越长。

另外,由于地形差异造成的流场分布差异,使得背风坡路段的防雪栅阻雪效果明显优于迎风坡路段。

④防雪栅走向

一般来说,防雪栅的走向应与主风向垂直,其效果最好,随着夹角的减小阻雪量也逐渐减少。当风向和线路走向为斜交时,栅栏可以折线形设置,并保持折线的一条边与风向垂直,折线形栅栏长度较直线形有所增加。从实践来看,即使风向与线路斜交,平行于线路的栅栏防护效果也较为理想。

⑤防雪栅的排数

在风吹雪灾害严重、移雪量较大的地方,单排栅栏的阻雪量不足,可以采用两层或者多层防雪栅。

⑥防雪栅与道路的距离

防雪栅与道路的距离必须保证下风侧积雪不会堆积到路面上,不同透风率和高度的防雪栅与道路的距离是不同的。

可以根据防雪栅后雪堤长度的经验公式来确定防雪栅与道路的距离。

$$L = \frac{980.4H}{109 - d} \tag{6-1}$$

式中:$L$——防雪栅后雪堤的长度,m;

$H$——防雪栅高度,m;

$d$——透风率,%。

⑦防雪栅端部延长

当风雪流的主导风向与防雪栅存在夹角时,应在端部增加防雪栅的长度,如图 6-19 所示。防雪栅的长度为道路雪害的长度加上延长的长度,按式(6-2)计算。

$$L = S + \frac{W + l}{\tan\beta} \tag{6-2}$$

式中:$L$——防雪栅的长度,m;

$S$——雪害的长度,m;

$W$——道路宽度,m;

$l$——防雪栅至道路边缘的长度,m;

$\beta$——防雪栅与风向的夹角,(°)。

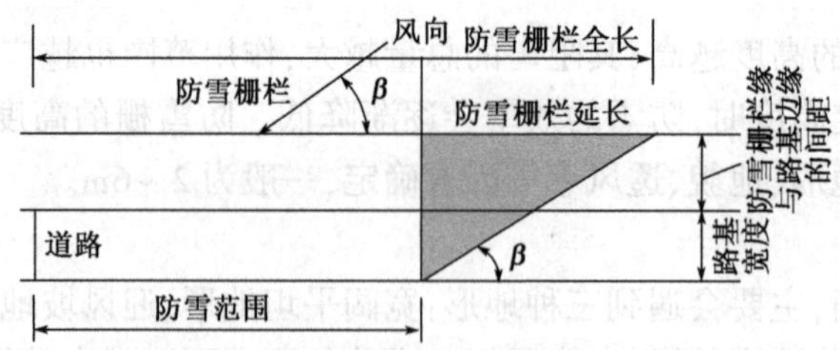


图 6-19　防雪栅的长度及作用范围示意图

## 2)挡雪墙

(1)定义

挡雪墙是设置在道路上风侧,利用墙体的阻挡作用减弱风雪流运行速度,使雪粒沉积的建筑物。其原理与防雪栅类似,可以就地取材,使用当地的土、石、砖瓦等材料。

(2)挡雪墙分类

①按建筑材料分:可将挡雪墙分为浆砌片石挡雪墙、土质挡雪墙、雪质挡雪墙和其他材料建设的挡雪墙,如图6-20所示。

a)浆砌片石挡雪墙

b)土质挡雪墙

图6-20 不同建筑材料的挡雪墙

②按排列方式分:可分为单层平行道路挡雪墙、双层平行道路挡雪墙、雁行式挡雪墙(多道非平行道路挡雪墙),如图6-21所示。

a)双层挡雪墙

b)翼式挡雪墙

图6-21 不同排列方式的挡雪墙

③按孔隙度分:可分为透风式挡雪墙、不透风式挡雪墙,如图6-22所示。

④按挡雪墙高度分:可分为低墙(<1m)、中高墙(1~2m)和高墙(>2m)等类型。

⑤其他形式的挡雪墙。如新疆S201线玛依塔斯路段风吹雪害防治中,在玛依塔斯风区路段安装了300m长、1.35m宽、2.9m高的管状式挡雪墙(图6-23),墙体由三层半圆管件拼装而成,相互咬合排列,上下错次安装,层间用钢筋固定。半圆管件由钢筋混凝土预制,现场拼装,占地小,移动灵活,维护方便,拆装简易。管状挡雪墙透风、不聚风,不抗风且能化风,且无方向性,迎风

图6-22 透风式挡雪墙

面任何角度进风都不影响化风效果。还有诸如轨枕挡雪墙、混凝土板挡雪墙等,如图 6-24、图 6-25所示。

图 6-23　管状式化风墙

图 6-24　轨枕挡雪墙

图 6-25　混凝土板挡雪墙

(3)作用原理

风雪流受到挡雪墙的阻挡影响,风速逐渐减小。以张呼铁路某一挡雪墙为例,从模拟得到的 8m/s 风速云图(图 6-26)可以看出,距离挡雪墙越近风速越低,在上风侧墙角附近风速最低,大量雪粒在此处下降堆积,离墙越近堆积的雪粒越多,积雪也越厚。在挡雪墙墙顶有一个风速加速区,而在其正后方则出现了一个旋涡减速区,下方靠近地面有个反向加速区,加速区内雪粒较少堆积;但在其后方风速较低,雪粒下降,大量堆积,类似背风侧的山坡。

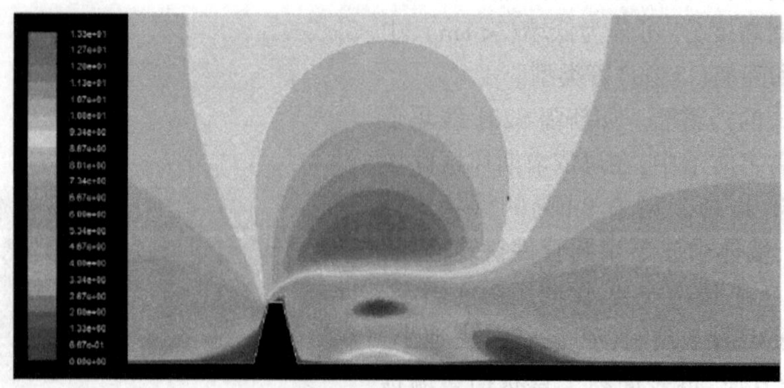

图 6-26　挡雪墙附近风速云图(风速 8m/s,风向由左向右)

(4)适用条件

①挡雪墙适用于道路风吹雪雪害轻度积雪区和中度积雪区。

②挡雪墙不够美观,风景区可在美化修饰后使用。

③挡雪墙适用于砖、石、砂等建筑材料丰富的山区,若当地其他建筑材料丰富也可就地取材。

(5)挡雪墙作用效果影响因素

①挡雪墙结构

要根据当地地形、地质、土地条件,因地制宜地选用不同结构、不同材料的挡雪墙,达到就地取材、简便易行、施工简便、便于维修的要求。

②挡雪墙排列组合的确定

根据风吹雪雪害的严重程度,挡雪墙可以设置成单层和多层。

a. 单层挡雪墙。单层挡雪墙因其阻雪能力不大,多用于连续降雪量不大、风吹雪现象不太严重的路段或为防治风吹雪导致行车视程障碍的路段。

b. 多层挡雪墙。在风吹雪灾害严重的地段,为了有效地阻挡风吹积雪上路,往往采取多层挡雪墙来增强挡雪效果。多层挡雪墙的排数和间距可根据移雪量 $Q_{移}$ 的大小和本身的高度来确定。如挡雪墙高为 $H$,其相应的阻雪量为 $Q_{阻}$ 时,排数应大于或等于 $Q_{移}/Q_{阻}$。挡雪墙之间的间距一般应为墙高的 10 ~ 12 倍,最大不宜超过 15 倍。

③挡雪墙的高度

挡雪墙的高度与阻雪能力有密切的关系,挡雪墙的阻雪能力在一定范围内随着墙高度的增加而增大,高度为 $H$(m)的挡雪墙,其最大阻雪量可达每延米(12 ~ 15)$H$($m^3$)。但高度过大造价较高,高耸的实体墙也可能被强烈的阵风吹倒。

④挡雪墙走向与风向的夹角

挡雪墙走向与风向垂直时阻雪量最大、效果最好,随着夹角的减小挡雪墙的阻雪量也逐渐减少。

⑤地形

挡雪墙所处的地形部位以及山坡坡度的大小对其防雪效果的影响也很大。迎风坡上设置的挡雪墙,风吹雪迎坡而上,虽然受到地形的抬高作用,处于逐渐增速的条件下,但由于受到挡雪墙的阻挡作用,使其风速逐渐减小,越接近挡雪墙风速越小,在挡雪墙前方 3m 左右的地方风速最低,越过挡雪墙后风速逐渐增大,风吹雪形成的积雪主要集中在墙的上风侧,占总阻雪量的 70% 以上。

在背风坡上设置的挡雪墙,由于风吹雪从高处向低处顺坡而下,在上风侧受其挡雪墙的影响较小,上风侧沉积的雪量就少。由于挡雪墙的作用,风吹雪越过挡雪墙后,风速增加的比较缓慢,导致大量雪粒沉积在下风侧,因此,挡雪墙的阻雪量主要集中在下风侧。

⑥与道路之间的距离

确定挡雪墙与道路之间的距离是为了防止挡雪墙阻拦的积雪堆积在路面或路基上。挡雪墙与路面的距离主要依据挡雪墙高度而定,一般而言,平原区单层不透风式挡雪墙与路面的距离一般应设为(10 ~ 15)$H$($H$ 为挡雪墙高度);山区可根据当地地形、迎风坡、背风坡、路侧横向坡度、风速来确定，一般情况下，若位于迎风坡则墙与路面的距离不少于 8$H$，若墙位于背风坡则墙与路面的距离应设为(15 ~25)$H$。

⑦挡雪墙端部设置

由于挡雪墙的阻雪作用主要依靠降低来流风速而实现，所以设置角度与来流主风向垂直时阻雪效果最好。但在工程实际中，由于铁路两侧用地范围的限制，挡雪墙一般都设置成与路面走向平行，而路面走向往往与主风向并不垂直，从而造成挡雪墙走向与主风向角度较小。根据已有研究成果，挡雪墙与主风向的夹角不能小于 45°，否则路面容易产生积雪。而当挡雪墙与主风向夹角大于 45°且小于 75°时，应对挡雪墙的端部进行处理。由于风的绕流效应，在挡雪墙端部的风吹积雪要大得多、长得多，特别是当风向与墙的走向夹角较小时端部雪堤的长度可以达到墙中部的 2 倍以上，如果挡雪墙的设置距离不够将直接导致积雪上路。因此，必须对挡雪墙的端部进行合理优化。

对于主风向稳定的地区，建议采用翼式挡雪墙，即在平行路面挡雪墙的端部，设置与主风向垂直的一定长度翼墙，从而避免端部雪丘向路面延伸，具体设置方式如图 6-27 所示。

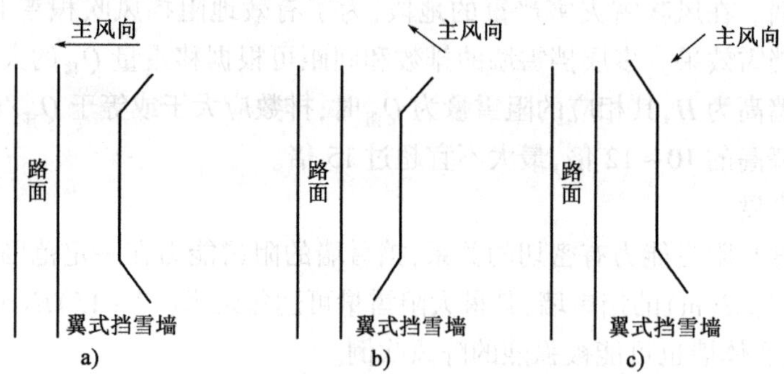


图 6-27　端部为翼式的挡雪墙设置示意图

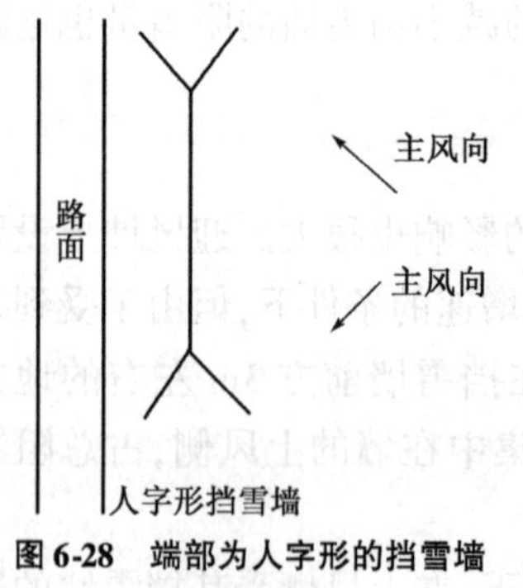


图 6-28　端部为人字形的挡雪墙设置示意图

当铁路穿越山区时，由于地形的影响，造成风吹雪灾害的主风向并不稳定，此时，建议采用“人”字形挡雪墙，即在平行路面的挡雪墙端部设置互相近似垂直的两面转角墙，从而有效解决风向不稳定给挡雪墙端部处理造成的困难，其具体设置方式如图 6-28 所示。

⑧挡雪墙的端部延长长度

端部未采用翼式或人字形处理时，且挡雪墙走向与主风向交角较小时，挡雪墙设置长度需在正常设置范围外进行延长。具体计算参见公式(6-2)。

(6)挡雪墙的设置原则

①挡雪墙的设置应与周边环境相适应。

②应根据雪害具体地段的长度、雪害的程度选择挡雪墙的高度和道数，因害设防。

③应根据当地地形、地质、土地条件，因地制宜，选用不同结构、不同材料的挡雪墙，达到就地取材、便于维修的要求。

④挡雪墙的设置应充分考虑经济性。

### 6.2.2 遮挡隔离防护措施

遮挡隔离防护措施是设置全封闭或者半封闭的结构，把铁路工程保护起来，使积雪无法堆积在线路上，从而保证道路通行的措施。这类结构包括防雪棚洞，防雪走廊。

**1）防雪棚洞**

(1)定义

在高海拔寒冷地区，陡峭山坡下部冰雪易堆积之处或者存在雪崩风险路段，为防止路基面积雪和免受雪崩冲击等而修建的建筑物称作防雪棚洞。铁路常采用半封闭结构，非靠山侧仅有立柱。公路上考虑洞内保温和采光，在非靠山侧立柱间增加了玻璃，如图6-29所示。防雪棚洞适用于易发生雪崩的斜坡地段。

a)

b)

图6-29 独库公路上的棚洞结构

公路工程的防雪棚洞较为常见，独库公路的防雪棚洞主要用于高海拔陡坡下部易发生雪崩地段。铁道工程中防雪棚洞较为罕见，目前仅了解到青藏铁路隧道通过雪崩地段和山口风吹雪强烈地段，采用了防雪棚洞、防雪渡槽等永久性工程措施保护线路，铁路棚洞罕见与选线时的绕避以及较多的隧道工程相关。而公路工程大多盘山而上，越岭通过，路基工程多，隧道工程少，难以避绕雪害严重地段。

(2)结构特点及类型

防雪棚洞结构特点是荷载主要来自顶部，因此顶部设计成斜坡便于积雪快速通过。常规的棚洞主要由四大部分组成，分别是内侧边墙、外侧框架、顶部横梁和盖板等。目前，棚洞的形式多种多样，主要通过棚洞的结构形式来区分，大致有五类，分别是：墙式棚洞、钢架式棚洞、柱式棚洞、悬臂式棚洞、拱形棚洞。其中，柱式棚洞和悬臂式棚洞目前应用较为广泛。柱式棚洞结构简单易施工，悬臂式棚洞则比较经济。另外，根据山侧岩层的具体条件，内侧可选用重力式边墙或锚杆挡墙等形式。悬臂式棚洞由于结构不对称，抗震性能差，施工要求较高，选用时候应慎重。

(3)设置原则

铁路防雪棚洞要求“安全可靠，经济合理、景观协调”，公路棚洞还应具备保温防冻、调光节能的功能，设计中要满足以下要求。

①安全可靠:结构设计要充分考虑积雪荷载和雪崩的冲击荷载,建筑材料选择需考虑耐久性因素。

②经济合理:防雪棚洞造价较高,需充分比选结构形式,控制工程投资。

③景观设计:防雪棚洞的建筑造型形式应与周边环境及景观协调一致,注重当地文化表达。

④保温设计:公路防雪棚洞内部还具有防风保温作用,防止隧道进出口段路面冰、雪、霜堆积,降低路面附着程度(摩擦系数),减少日常养护维修工作。高海拔地区光照强,可设置可调节式镂空结构,调节洞内温度。

⑤调光节能:公路防雪棚洞内外应做好光线过渡设计,减缓车辆高速进入时的心理紧张感。

**2)防雪走廊**

(1)定义

防雪走廊的设计思路是采用工程结构把线路完全包围起来,与外界的积雪隔离开来。精伊霍铁路在国内首次采用了防雪走廊的方式通过深挖方雪害地段,新疆境内的省道 201 线玛依塔斯段在历年来雪害最为严重的路基地段增设了棚洞。防雪走廊适用于风吹雪灾害严重地段,其他异地堆积措施难以奏效的情况。

精伊霍铁路在国内首次采用了防雪走廊的方式通过深挖方地段,考虑到该地区冬季风吹雪灾害严重,为避免深路堑在冬季严重积雪,设计经过与明洞结构的比选,采用了这种结构形式,如图 6-30 所示。

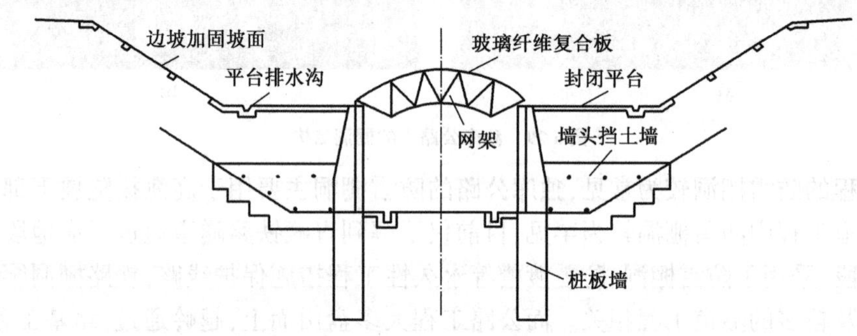


图 6-30 精伊霍铁路路堑防雪走廊结构示意图

防雪走廊由桩板墙、网架、挡雪蓬构成,网架整体呈拱形,结构形式为正放四角锥,采用螺栓球节点连接,支承条件为上弦对边支承。由于结构外露高度很小,大大降低了对风场的阻碍,导致其上部积雪深度有限,降低了网架承受荷载的能力。

图 6-31 精伊霍铁路防风雪走廊

精伊霍铁路的防风雪走廊(图 6-31),经受住了新疆 60 年一遇的暴风雪考验,铁路一直保持正常运营。

新疆塔城地区的省道 201 线玛依塔斯段是我国著名的风吹雪灾害发生地,公路交通常常因积雪中断,2020 年在雪害最为严重的地段增设了

300m长的防雪走廊(棚洞),如图6-32所示。

a)

b)

图6-32 S201线修建的防雪走廊

(2)结构形式及特点

防雪走廊的受力特点是荷载来自各个方向,因此采用全封闭结构。常用的防雪走廊结构形式及特点如下所述。

①桩板式结构:该结构适用于挖方地段,结构侧边承受土压力,顶部承受积雪荷载,通过调节结构外露高度,可减小对风力的影响,控制顶部积雪深度。该结构整体性差,不利于抗震。

②梁式走廊:这种形式的走廊适宜修建在半填半挖式路基路段,这种形式的走廊施工快,各部分结构可以同时施工,梁部可以预制。其优点是结构轻巧、美观、施工工艺简单,工程造价较低,采光充分。其缺点是立柱的基础较大,需要一定的埋置空间。

③框架式走廊:这种结构为整体现浇结构,具有很强的抗震能力。其结构可靠,但施工工艺复杂,施工工期长。

(3)设置原则

同防雪棚洞设计原则基本一致,区别在于风雪走廊荷载不仅来自顶部,也来自侧面,所以结构各个方向均要进行结构设计,但其荷载水平低于棚洞。

### 6.2.3 育草蓄雪

#### 1)定义

育草蓄雪是通过封育、补播、改良、人工播种等手段恢复、培育路域植被,增加植被高度、盖度,以达到以草蓄雪、以草固雪来防治雪害的一种生物防治措施。

该生物防治工程常见于内蒙古草原、青海草原、甘肃甘南草原等地,通过减少气流中的含雪量,可有效减轻风吹雪对公路的危害。采用育草蓄雪技术不但可以减轻风吹雪灾害,还能增加植被盖度,提高牧草产量,改善生态环境,是一项利国利民、有利于交通建设事业的重要举措。

#### 2)地表植被的作用及机理

(1)植被盖度对地表粗糙度和起动风速的影响作用

当风雪流经过路基两侧生长的杂草和树木时,风速会不同程度地减小,风所携带的雪粒就会沉积到杂草和树木中。植被盖度大,地表粗糙度就大,雪粒就不易起动,即雪粒起动所需的风速就大。

(2)植被高度对地表粗糙和起动风速的影响作用

当植被高度逐渐增加时,实质上就是地表粗糙度的增加,若使雪粒起动,需要更大的风速。

(3)植被盖度、高度对移雪量的影响作用

风吹雪时,植被盖度、高度对风速都有减速作用,在减小了的风速作用下,风所携带的雪粒数量就会大量减少,移雪量也会迅速降低。另一方面,由于植被盖度、植被高度对风有减速作用,在风速减小的同时大量雪粒沉积到植被中,也减少了移雪量。可以说植被盖度、植被高度对移雪量影响是非常大的。随着植被盖度、植被高度的增加,移雪量相对减少。

(4)植被盖度、高度对积雪量的影响作用

由于植被盖度、植被高度对风有减速作用,在风速减小的同时大量雪粒沉积到植被中,随着植被盖度、植被高度的增加,积雪量也会增多。

(5)植被盖度、高度对雪害的影响作用

当风吹雪发生时时,具有一定盖度、高度的植被对风有减速作用,在风速减小的同时大量雪粒沉积到植被中,风所携带的雪粒大量减少,对铁路工程的影响就小。

**3)适用条件**

育草蓄雪适用于草原生态系统较好、水土条件良好的地区。

**4)不同区域育草的综合措施**

对于不同区域来说,降雨量、温度、土壤、地下水、植被、种源、地貌等条件均有明显差异,植被生长与恢复的主导生态因子也有较大的差异,因而,其植被恢复措施不能一概而论,需因地制宜,采取一种或几种植被恢复途径达到恢复目的。依据上述人工植被建设时牧草种的选择及风吹雪主要防治区域,各区的植被恢复综合措施见表6-1。

**全国适宜区草本植物恢复与培育综合措施** 表6-1

| 分　区 | 综合措施 |
|---|---|
| 东北部地区 | 该地区降水条件稍好,植被封育恢复快,应以封育为主,其他如人工种草、补播、松耙、划破草皮、灌溉、施肥等措施为辅 |
| 内蒙古及长城沿线地区 | 该地区降水较差,但地域广阔,人为破坏严重,须以封育为主,人工种草、补播、松耙、划破草皮、灌溉、施肥等措施为辅。为加快植被恢复,在降水条件稍好的地段可进行飞播 |
| 黄土高原地区 | 该地区雨热同季,降水条件稍好,土壤质地疏松,肥力差,可以封育为主,兼搞人工补播、人工种草,在面积较大时可以进行飞播 |
| 西南山地擦草原地区 | 该地区气候温暖湿润,山地较多,种源丰富,植被恢复快,可同时采用人工种草与封育措施,并结合人工补播、施肥等手段 |
| 甘肃、新疆及周边地区 | 该地区气候干旱酷热,降水稀少,面积广阔,植被恢复主要采用封育,并结合划破草皮、松耙、人工补播等方式进行,在条件较好的绿洲地段进行人工植被建植,但面积不宜太大 |
| 青藏高原地区 | 该地区气候寒冷,降少较少,面积广阔,植被恢复主要采用封育,并结合人工补播、松耙、划破草皮等方式进行,在气候温和的拉萨河谷地带可进行人工植被种植 |

### 6.2.4 防雪林

#### 1）定义

为了减轻风吹雪对公路的危害，在公路迎风侧或两侧营造的林带，即为防雪林。防雪林属于风吹雪生物防治技术，防雪林不仅可削弱风雪流强度、截留部分或全部风吹雪，减轻或控制路面积雪，保障道路畅通，而且可美化环境，具有多重经济效益和生态效益。

防雪林典型工程案例是塔城老风口防风阻雪生态工程。由于地形影响，老风口至玛依塔斯区间常受到东、西两个方向大风天气的影响。年均≥8 级大风 150d，最多 180d；每年 8 月至翌年 3 月，老风口大风日数在 15d 左右。一次大风持续时间可达 7d，最大风速 >40m/s。冬季发生偏东大风时，暴风雪使能见度极差，交通严重受阻。之前采取的多项工程措施效果不佳，冬季交通严重受阻。1993 年采取了“以乔木为主，乔、灌、草结合，带、片、网一体，农、林、牧互为补充的区域性防护体系”的措施应对风雪灾害，收到了全面成效。老风口长达 28km 的路段两侧已经形成绿色走廊，如图 6-33 所示。据有关部门提供的数字，实施防风阻雪生态工程以后，不仅极大地减轻了风雪灾害对过往车辆的影响，而且改善了当地的生态环境。根据测算，林区森林植被覆盖率达到 24.33%，年拦阻雪量约 1651.06 万 $m^3$，融雪水量约为1238.3 万 $m^3$；林区内的风速较旷野降低 30% ~50%，气温振幅减少 1.5 ~ 3.1℃，空气相对湿度可提高 2% ~5%，蒸发量降低 5% ~20%。

图 6-33 老风口风雪林

#### 2）主要类型

(1)乔木林

乔木林包括红松、樟子松、落叶松、黑松、白松、臭松、花曲柳、白扬、黑扬、红扬、椴树、柞树、桦树、黄波罗、楸子、水曲柳、槐树、柳杉、扁柏、女贞、板栗、榆树等树种。乔木林成林一般树都比较高，粗大、紧密结构的乔木林防雪效果是比较好的。由于风吹雪发生在冬季，多数树种都要落叶，防风吹雪效果最好的是常青树红松、樟子松、黑松、臭松等枝叶比较茂盛，枝下高度低的树种。

(2)灌木林

灌木林主要包括榛柴、柳树条、映山红、黑加仑、山丁子、山里红、樱桃树、刺尤木、黄槐、紫穗槐、茶、卫矛等树种。灌木林长的都比较矮小，但都适应密集生长的环境，所以，喜爱密集生长的灌木林防风吹雪的效果也很好。

(3)乔灌木混交林

乔灌木混交林弥补了高大乔木林枝下高度高的不足，同时也提高了灌木林防风吹雪的能力(效果)。乔灌木混交林对于防风吹雪来说得到了互补，在防雪林中是最佳组合，防雪效果也是最理想的。

### 3）防雪林的作用

(1)道路防雪林通过降低风速和拦截风吹雪中的雪粒来减弱风吹雪强度。

(2)防雪林储雪功能强大,可以有效地防治风吹雪。

(3)防雪林能够改善环境。

### 4）作用机理

道路防雪林的作用效果与林带构造有密切关系。防雪林的构造一般上下都比较紧密,气流通过林带时,一大部分从林带的上面越过,一小部分通过林带。由于气流受到林带的阻碍作用,风吹雪的动能下降很大,气流速度大大减小,降低了风速。林带宽度不同,树冠密度与枝下高度也不同。一般来说,树林越宽,树冠密度越大,树越高,枝叶越低,其阻雪功能越有效,雪丘位置和形状会向后逐渐移至林中甚至林后。由于林带的阻碍作用,气流(一般)在林带前,距离林带 8 ~ 10 倍林高的位置就开始受到林带的作用而减弱速度,在林带后,距离林带 10 ~ 15 倍林高的范围内减(速)弱作用最大、最明显,风吹雪带来的雪粒就会沉积在减弱区内,如图 6-34、图 6-35 所示。

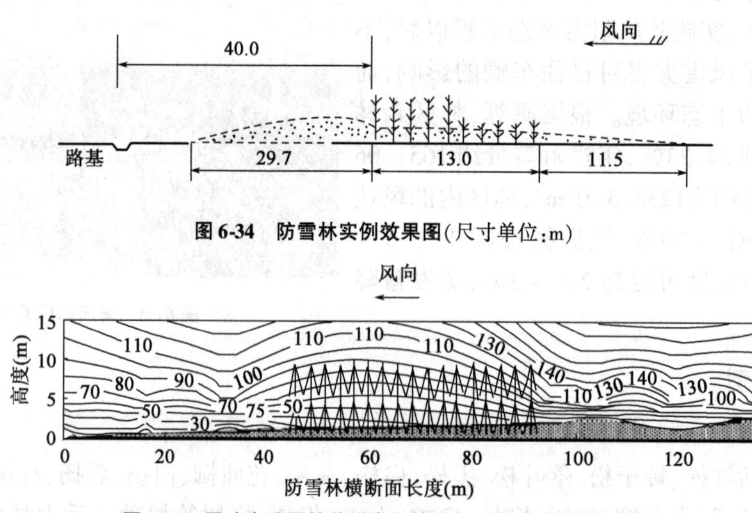


图 6-34　防雪林实例效果图(尺寸单位:m)



图 6-35　风速在防雪林前后变化情况(1m 高风速为 100%)

### 5）适用条件

防雪林适用于退耕还林地区。

### 6）设置原则

(1)要有适合树木生长的土质和满足树木生长的降雨量。

(2)地价低,容易取得土地使用权的地方。

(3)防雪林树种的选择要因地制宜,尽量乔灌木结合。

(4)要根据雪害具体地段的长度和雪害的程度,因害设防。

### 7）防雪林的设置

(1)树种的选择

树种的选择应因地制宜,根据当地土质、地形、温度、水分等条件,选择适应当地环境、存活率高、生长快、有市场、能够长期保持生长、早期就能起到一定程度的防雪作用、树冠密度大、枝下高度低、工程费用少的树种。

①常青树树种主要有:红松、樟子松、臭松。

②乔木树种主要有:由落叶松、黑松、白松、花曲柳、白扬、黑扬、红扬、椴树、柞树、桦树、黄波罗、楸子、水曲柳、槐树、柳杉、扁柏、女贞、板栗、榆树等。

③灌木树种主要有:榛柴、柳树条、映山红、黑加仑、山丁子、山里红、樱桃树、刺尤木、黄槐、紫穗槐、茶、卫矛等。

(2)树高

树木越高,防雪效果越好。防雪林带距离道路 10 ~ 15 倍树高,需要占用大量土(场)地,适当的考虑树的高度是十分必要的。一般为 4 ~ 10m。

(3)株距与行距

株距、行距越小防雪效果越好,如果株距、行距太小,树木就会出现干枯受损情况,所以必须保证一定的距离,一般株距、行距各为 1 ~ 1.5m 的防雪林带效果较好,但应注意随着树不断生长要及时修剪,否则会降低防雪效果。

(4)树冠密度

树冠密度越大,防雪效果越好。尤其林带狭窄,为了达到防雪效果,树冠密度要保持在 80% ~120% 之间,但考虑到利于林带生长,在树冠密度超过上限值 120% 之前,需要进行除间伐等,维护管理达到下限值 80% 的程度。

(5)枝下高度

防雪林枝下高度越低,防雪效果越好。不同树高、不同树种枝下高度都不同,不同结构对枝下高度要求也不同,一般情况下枝下高度应保持在 2 ~5m。

(6)林带宽度

一般林带宽度选择 10m、20m、30m,最小不能小于 7.5m。

(7)林带位置(距离)

林后到路边的距离最好为 10 ~15 倍的树高。

(8)林带与(盛行)主导风向角度

防雪林的走向设置应尽可能与风雪流方向垂直。垂直时防护效果最好。风向与林带的交角在 60°以上时,防护效应没有显著减弱,但风向与林带的交角小于 15°时,防护效果则很差,甚至失去作用。

(9)造林及管理

选择合适的造林季节、造林方法,按照造林技术规范植树造林,并按照科学的管理方法养护好树木。

防雪林工程较为典型的是在塔城老风口的防风阻雪生态工程,如图 6-36 所示。实施防风阻雪生态工程以后,不仅极大地减轻了风雪灾害对过往车辆的影响,而且改善了当地的生态环境。根据测算,林区森林植被覆盖率达到 24.33% ,年拦

图 6-36 塔城老风口防雪林

阻雪量约1651.06万$m^3$,融雪水量约为1238.3万$m^3$;林区内的风速较旷野降低30%~50%,气温振幅减少1.5~3.1℃,空气相对湿度可提高2%~5%,蒸发量降低5%~20%。冬季影响驾驶员视线的雪尘也明显减少。

# 6.3 风吹雪防护计算公式

## 6.3.1 雪量平衡原理

风雪流是一种较为复杂的特殊流体,由风雪流的结构特征可知,不论是晴天还是降雪天,风雪流中大部分雪粒是在0~20cm以下的贴地气层中运行。晴天大约占92%,降雪天约占74%。风吹雪还有一个重要特征,就是力图抹平地面或填平沟槽。抓住这两个特征,我们就可以把风雪流近似简化为流动的液体,力图填平地面上的沟槽,不同之处是它不仅仅贴着地表移动,而且还可以跃起,但高度有限。风吹雪在地表的障碍物或者工程建设带来的地形变化(包括突出或凹陷)处发生堆积,如同水遇到堤坝发生存留,当堤坝形成的库容足够时,流体就会存留于此,当堤坝形成的库容不足时,流体就会越过堤坝向前继续运动。

这一比拟并非依靠想象,我国新疆克拉玛依至塔城的国道201沿线,是雪害的高发地段,公路两侧设置了多条金属类防雪工程,高度达4m,但在冬季依然发生雪阻断道的情况。究其原因,并非阻雪工程失效,而是这一地区的输雪量过大,远远大于阻雪工程形成的“库容”,当“库容”被用尽后,风雪流越过“堤坝”堆积在道路上,阻断交通。

基于以上分析,我们提出输雪量与阻雪量平衡的原理,所谓输雪量就是风雪流带来的雪量,如果有机械清雪作业,应予以扣除。

阻雪量包括防护工程的阻雪量和路基结构自身的阻雪量(包括路堤坡脚、路堑边坡和侧沟平台可存留的雪量、路肩及道砟位置可存留的雪量)。

路基防雪工程的设计,从雪量平衡角度来理解,就是阻雪量要大于或等于输雪量,我们称之为雪量输阻平衡原理。

## 6.3.2 基于雪量输阻平衡的计算公式

目前,铁路、公路设计规范(查阅)均未给出雪量输阻平衡计算公式,这对设计工作极为不便。作者团队结合多年现场实践,摸索出一套计算方法。基于雪量输阻平衡原理,做出如下假定:冬季积雪完全不融化,夏季积雪全部融化。

**1)提出的计算公式**

公式为:

$$K_z \cdot \left(\sum_{i=1}^{n} n_i \cdot z_i + Q_z\right) \geq K_1 \cdot Q_s - Q_c \tag{6-3}$$

式中：$K_z$——阻雪能力系数，受风向多变和地形起伏等因素制约限制等，防雪措施实际阻雪能力会小于理论值，此处引入一个小于1.0的阻雪系数，可结合理论计算和现场测试确定，一般情况下建议取0.8；

$n_i$——第$i$种阻雪工程的数量；

$z_i$——单条第$i$种阻雪工程的阻雪能力，$m^3/m$，其数量与阻雪措施的高度，透风率有关，包括栅栏前后阻雪的总量，其数量可以通过风洞或者数值模拟确定；

$Q_z$——路基自我阻雪能力，$m^3/m$，是指在轨道积雪前路基工程各部位（包括路堤坡脚、路堤边坡、路堑边坡和路堑分级平台上侧沟和侧沟平台等）可以存留的雪量，路基高度越大，坡度越缓，平台的宽度越大，其存留的雪量就越大，反之则越小；

$K_1$——输雪量安全系数，建议客运专线铁路取1.3，普速客运铁路取1.2，货运铁路取1.0；

$Q_s$——设计输雪量；

$Q_c$——人力或机械清除的雪量。

**2）设计输雪量**

此处首次提出设计输雪量的概念，这一概念铁路规范尚未引进，可比照桥涵的设计洪水频率下的水量进行理解。铁路桥梁需要抵抗设计频率为百年一遇的洪水冲击，防雪工程也需要抵抗对应设计频率下的输雪量的侵袭。

选定设计频率需要考虑多方面的因素，是一个非常复杂的问题。在此我们比照洪水频率简单处理，对于洪水来说，如果频率选择错误，不但会发生洪水冲毁线路中断行车的灾害，也会使桥梁工程自身结构遭受破坏，后果非常严重。而防雪工程即使出现超过频率的问题，只会短暂中断行车，不会带来其他严重后果，因此可以较洪水频率有所放宽，我们建议客运专线取20年一遇，其他线路取10年一遇。

如何得到设计频率下的输雪量，目前规范尚无定义和计算方法，这个问题本身也是一个难度极大的课题。即使是洪水水位计算，虽然历经多年，各地均有丰富的设计经验和现场观测资料，但准确计算洪水水位仍然具有很大的难度，实际工作中，需要采用多种方法进行试算，之后结合现场调查情况进行复核。

为满足现场需要，可以进行粗略的估算。首先实地测试输雪量，但测试的一个冬季的输雪量$Q_g$需要转换成设计输雪量$Q_s$。在决定输雪量的雪量和风速两大关键因素中，风起主导作用，这一点可以从我国几大降雪地区得到佐证，东北地区降雪量较大，但发生雪害的频次并不高，新疆克拉玛依至塔城沿线的玛依塔斯和老风口地带，是我国雪害最为频繁的地带，不是因为其降雪量大，而是山口地区的大风强劲多发，能够将周围大范围的积雪吹起发生重新分布，形成风雪流灾害，导致国道在冬季长时间断道。

我们可以从当地气象台获得几十年的风速资料。为简化计算，将冬季大于雪粒起动风速的风的累计持续作用时间$t_g$作为单一变量（例如：阿富准铁路DK210处雪粒起动风速为4.2m/s，2020—2021年冬季风速大于4.2m/s的风累计作用时间为15h），通过概率方法分析几十年的风速资料，可以得出设计频率下的作用时间$t_s$，建立关系式$t_s = k \cdot t_g$。则设计频率下的输雪量近似表达为$Q_s = k \cdot Q_g$。

### 6.3.3 公式使用示例

(1)铁路基本情况:某铁路设计标准为客运专线铁路。

(2)雪害基本情况:沿线测得各工点处的冬季最大输雪量为 $15m^3/m \cdot a$,测得的当地雪粒起动风速为 4.3m/s,收集到当地气象台连续 20 年的风速资料。经统计,冬季速度大于 4.3m/s 的风的持续时间见表 6-2。

**速度 >4.3m/s 的风的持续时间统计** 表 6-2

| 年份(年) | 2001 | 2002 | 2003 | 2004 | 2005 | 2006 | 2007 | 2008 | 2009 | 2010 |
|---|---|---|---|---|---|---|---|---|---|---|
| 时间(h) | 14 | 18 | 17 | 13 | 9 | 11 | 12 | 17 | 19 | 16 |
| 年份(年) | 2011 | 2012 | 2013 | 2014 | 2015 | 2016 | 2017 | 2018 | 2019 | 2020 |
| 时间(h) | 15 | 16 | 18 | 20 | 22 | 20 | 17 | 18 | 19 | 16 |

(3)路基设计情况:路堑地段挖方深度 6m,坡度 1∶1.5,路基面两侧均设置了 5m 宽的积雪平台,积雪平台底面低于路肩 1.0m,不设侧沟,路堑外侧 40m 处设置了 1 道 2m 高的防雪栅栏,透风率 50%。

(4)线路维护情况:冬季无除雪作业条件。

[**例**]试判断其防雪设计是否符合要求。

**解答**:客运专线铁路,输雪量安全系数 $K_1$ 取 1.3;

按照路堑的横断面设计参数开展数值模拟,得到上述设计路基断面的自我阻雪能$Q_z = 5.3m^3/m$;

由测试年的输雪量 $15m^3/m$,结合收集的风速资料,根据当年起动风速频率推算 20 年一遇的设计输雪量 $Q_s = 18m^3/m$;

不设置清雪设备,$Q_c = 0$。

当设置一道 2m 高的防雪栅栏时,$i = 1$,由数值模拟得 $z_1 = 13.3m^3/m$;阻雪折减系数 $K_z = 0.8$,带入公式(6-3)可得 $0.8 \times (13.3 + 5.3) < 1.3 \times 18$,此时阻雪量小于设计雪量,说明现行的防护布置条件下若遇上 20 年一遇的风速难以满足防护设计要求,因此在后续设计中将该路段选定为双排防雪栅布置形式,此时 $\Sigma_{i=1}^{n} n_i \cdot z_i + Q_z \geqslant K_z \cdot Q_s$,说明阻雪能力大于输雪量,工程可行。

### 6.3.4 公式的意义

(1)实现了防雪工程设计由定性评价向定量计算的跨越,为防雪设计的科学化、精细化奠定了基础。

(2)提出了防雪工程设计标准的概念,使防雪工程设计进入有标准可遵循的新阶段;提出了不同等级铁路工程对应设计频次下的雪害设计标准,并给出了推荐的计算方法,为标准化开展雪害防治设计工作,提高雪害综合防治能力提供了有力手段。

(3)提出了阻雪工程阻雪折减系数,修正了现场风向多变、地形变化带来的阻雪能力误差。

(4)能够较好地解释现场积雪现象。

在现场不设防护工程的情况下,低填浅挖地段是雪害易发地段。这是因为低填浅挖地段自我阻雪能力较差,雪量稍多,容易出现积雪上道的现象。

### 6.3.5 目前分析存在的不足

公式首次提出,还有很多不足之处,具体如下:

(1)路基工程自身的阻雪能力和防雪栅栏类工程的阻雪能力,目前依靠数值模拟计算确定,阻雪能力折减系数按照经验估算确定,均存在一定误差,可以在现场不具备测试条件时作为估算使用,有条件时可结合现场实测资料进行修正完善。

(2)对于各类铁路工程,依据其重要性选取了输雪量安全系数。划分的标准和取值的合理性需在工程实践中进一步检验。

(3)设计输雪量确定了雪害设计防护标准,意义重大。但雪害选择10年一遇和20年一遇是否合理需进一步在工程实践中总结完善。

由观测的年度输雪量推导设计标准输雪量是较为复杂的过程,风雪流是一种较为复杂的特殊流体,主要受到风和雪两大因素制约。在公式中,为了简化计算,舍去了降雪量的影响,对风也进行了简单处理,仅把大于起动风速的风的累积作用时间作为变量。实际上,风的角度多变,对输雪量也有一定影响,在大于起动风速的风中,高速风的搬运能力远大于低速风,而公式中视为相同的作用,这些都需要设立专门的课题,开展深入的研究。

## 6.4 国内外最新风吹雪防治技术

### 6.4.1 公路热力除雪法

热力除雪法是指在路面结构一定深度处埋设传热管道或导热体,通过热传递的方式使冰雪融化的方法。目前的热力融冰雪方法,主要包括流体加热除雪法、热管加热除雪法以及电加热除雪法。

**1)流体加热除雪法**

流体加热除雪法是利用循环泵使被加热工质在埋设于道面内部的管线中循环,将热量传递给路面结构,从而达到除雪化冰的目的。同时该系统还可在夏季反转运行,将路面吸收的太阳能,经过地下换热器输送到地下。一方面降低路面温度,减少路面病害;另一方面,提高地下土壤温度,保证冬季高效、稳定运行。在此系统中,丙三醇水溶液、乙二醇水溶液等低凝点溶液均可作为循环介质;而埋设于道面当中的管材,通常需要具有良好的柔韧性及强度,以便于施工安装及抵抗车辆荷载作用;其能量来源可为地下土壤、地热水、锅炉热水、工业废热及太阳能等。

在国际上,流体加热融雪化冰技术主要以美国、日本、北欧国家等为代表,这些国家在该领域开展了许多的研究和应用示范工作,已有一批典型的试验示范工程。国内对流体加热融雪方面的研究,也具备了一定的理论基础,并基于室内试验和试验台数据提出了适合国内道路融雪的融雪模型,但考虑到实际道面融雪影响因素的复杂性,多数研究还不能投入生产应用,与国际先进技术还存在较大差距,需要进一步的验证与改进。

流体加热除雪法具有绿色环保、除雪效率高及可控性强等优点。但该除雪法需要使用热泵机组进行系统运行控制,初始投资较大;且当道路长度较长时,需要分段设立热泵机组,以减少热量损耗。同时,由于流体加热除雪系统对路面的加热作用具有一定的延时性,为了尽可能保障路面除雪性能,需要结合路面温度、湿度及冰雪预警系统,来确定系统的启动时机。因此,流体加热除雪法主要适用于道路交叉路口,桥梁、隧道出入口及机场的关键路段。虽然该融雪方法已经处于室内试验研究阶段,但还存在不少技术问题,有待进一步解决。例如:如何保证融雪系统管道各个部件的密封,防止泄漏;如何防止管网年久老化和腐蚀导致的系统长期使用性能下降;如何做到热泵机组系统的参数优化、系统的合理配置、合理选型以及如何提高地区适用性等。

**2)热管加热除雪法**

热管加热除雪法,主要利用管内工质的相变作用,将地下土壤的热量传至路面,进行路面除雪。热管系统由蒸发段、绝热段和冷凝段三部分组成,其中蒸发段埋置于地下土壤中,绝热段位于冻结线附近,冷凝段埋置于路面内部。热管内的循环介质,是一种低凝点、高蒸发点的流体,需要根据冷、热端温度分布合理地选择管内介质,常用介质为氨与氟利昂等。冬季,热管上端温度低,下端温度相对较高,此时热管中的介质在下端吸热蒸发,以气体形式存在,在气压差作用下逐渐上升;由于环境温度较低,循环介质冷凝成液体,靠自身重力流回至下端,然后再吸热蒸发,如此循环把热量输送到道面。夏季,热管上端温度高,下端温度相对较低,热管系统自动关闭,地下土壤热量不断存储以备来年冬季继续运行。

热管加热除雪系统是一种不用外加动力设备就可以自动运行的系统,只要路面温度低于土壤温度时,就开始蒸发和凝结,因此该系统的运行缺乏可控性;此外,热管系统热源仅来自浅层地下土壤,无外部能源消耗,当外界环境温度极低时,除雪性能将受到较大限制;并且,热管加热除雪系统由多根热管组成,施工时间长,施工成本高,从而增加了系统的初期投资。

但热管融雪技术的应用和推广仍受到诸多限制。一方面,如何保证热管中的高压介质在生产、运输、施工及后期运行的过程中密封不泄漏,是有待攻克的技术难题。热管施工过程工艺复杂,涉及挖掘钻探、灌浆处理、热管安装固定等,导致热管大面积使用时施工周期较长;同时由于热管的存在,将在一定程度上影响混凝土的浇筑、施工,导致施工效率下降,增加建设成本。另一方面,在使用较长时间后,由于地热所存储的能量不足会导致热管的使用效果显著下降,且其后期维修时费用较高。攻克上述技术问题将为热管加热融雪方法的推广应用提供保障。

**3)电加热除雪法**

电加热除雪法利用电热转换的方式,升高路体温度,实现路面除雪。该方法的除雪效果主要取决于发热体的热阻及输入电压。根据发热体的不同,主要分为电缆加热法、导电混凝土法和混凝土导电夹层法。

(1)电缆加热法

电缆加热法是以电力为能源,通过电热转换利用埋置于道路内部的电缆线进行加热,通过结构层内的导热使热量传递到表面,进而通过路体表面与冰雪之间的显热和潜热交换融雪除冰。

2012年11月,上海市政工程设计研究总院(集团)有限公司在新疆乌鲁木齐市"田"字形快速路二期工程部分匝道上,在对电缆选型、热传导原理及热负荷计算、路面铺装结构设计及室内试验、发热电缆融雪系统施工工艺等关键技术进行研究的基础上,成功完成了200多米匝道引道段沥青面层发热电缆铺设。2013年11月21日,乌鲁木齐积雪深度达26cm,当地交通备受影响,工作人员对铺筑完成的融雪道路进行现场测试,融雪效果良好。

该方法不需要使用变压器或服务设施,且具有热稳定性好、融雪效率高等优点。但由于电缆的材料特性,其埋置深度较浅,一方面容易造成混凝土表面温度应力集中;另一方面由于车流的运动可能被拔出混凝土面层,造成融雪系统失效并带来安全隐患。

(2)导电混凝土法

导电混凝土法是在水泥混凝土当中添加导电的纤维材料,使混凝土成为具有稳定电阻率的导电体,在通电条件下,依靠稳定的电功率发热,使路体温度升高,以达到融雪除冰的目的。导电纤维材料主要为石墨、钢纤维、铁屑及碳纤维等。目前,国内开展了一些高性能导电混凝土的配制技术研究,并在实验室进行了相关性能试验。石墨具有良好的导电性,与铜粉、铁粉、铝粉等金属粉末相比,具有化学性质稳定、耐酸碱、抗氧化性好等优点。但是,石墨粉末需要较高掺量才能在混凝土基体内形成相互连通的导电网络,石墨粉的需水量很大,需要大幅度增加混凝土拌和用水量,随着石墨粉掺量的增加导致混凝土的强度快速下降。

虽然导电混凝土显著改善了路面抗拉、抗裂及抗折强度等性能,而且使路面具有良好的导电性和电热特性,但导电混凝土仍存在分散不均匀、钢丝锈蚀及导热性能不稳定等问题,需进一步解决。此外,导电混凝土耗能巨大,不利于节能环保。

针对导电混凝土导热性能不稳定的问题,尤其在路面出现裂缝的情况下,研究人员提出采用石墨烯—自愈合型导电混凝土进行路面融雪化冰,通过石墨烯高效的电热性能加热路面并释放修复剂,一方面修复路面裂缝,另一方面提高路面融雪性能。

(3)光伏电热板法

光伏电热板法是在混凝土铺筑时,将导电发热材料作为夹层铺筑在路体当中,通电使导电发热材料发热,提高路体温度,进而达到路表融雪化冰的目的。导电发热材料使用柔性夹层石墨——PET(聚对苯二甲酸乙二醇酯)薄片,它具有理想的电阻和良好的机械操作灵活性及良好的融雪性能。该方法需主要解决导电夹层与混凝土的界面连接问题,防止在行车荷载作用下发生层间滑移问题。

2017年12月28日,由我国完全自主知识产权研发与铺设的全球首段光伏高速公路在山东济南亮相。光伏智能道路通过路面结冰检测系统,实时感知道路结冰情况,从而自动开启电力加热系统,及时除去道路冰雪,保障出行安全,真正实现了道路绿色除冰雪。

虽然光伏智能路面应用前景广,但其造价昂贵,且国内外的示范应用工程几乎未见报道,长期使用性能有待进一步检验,后续大量研究有待进一步开展。

(4)微波加热法

微波加热法是利用微波技术穿透冰层加热路面,使得贴近路面的冰融化,降低路面和冰层的结合力,再配合除雪机械,进而将路面的冰雪清除。该方法对厚冰层的清除效果较好,但对于雪层的清除效率相对较低。

### 6.4.2 公路弹性铺装除雪法

在路面铺装材料中添加高弹性的橡胶颗粒,使得橡胶颗粒沥青路面结构变形增大,在车辆荷载作用下,橡胶颗粒周围产生应力集中,使路面冰雪受力不均匀而破碎;另外,橡胶颗粒的存在进一步改善了冰雪与路面的黏结状态,配合机械除冰雪的效果更好。弹性铺装除雪法以废旧轮胎为原材料,实现了对废弃物的有效利用,是一种绿色环保的除雪方法。该方法在20世纪70年代由瑞典道路研究所提出。从1979年开始,日本在北海道及本州铺筑了十几条试验路,研究结果表明,弹性路面铺装技术可以较好地抑制路面积雪结冰,即使在有积雪的情况下也具有一定的防滑性能,在改善行车舒适性、降低路面噪声等方面具有良好的效果。但是弹性路面有一个致命的缺点,即当冰膜厚度较大或环境温度较低时,除雪性能将受到很大限制,且该方法仅能使路面上的冰雪出现裂纹,仍需结合除雪机械来进一步清除;此外,在行车荷载作用下,橡胶颗粒易从路表脱落从而造成路面平整度下降,甚至出现松散、坑槽等病害,使道路的使用寿命缩短。

### 6.4.3 铁路道岔融雪装置

铁路轨道系统中,铁路道岔最容易受到积雪及冻雨的影响:积雪停留在道岔尖轨处,如不及时清理,一旦道岔动作,将影响尖轨与基本轨密接,进而影响行车安全;冻雨发生时,厚重的冰层覆盖道岔,使道岔无法移动。为此,各国都十分重视道岔防积雪问题。日本一些偏远地区铁路设备较为落后,为了防止道岔结冰,在道岔边设置一个火坑,遇到大雪就点燃火堆来防止冻结。近年来,电加热道岔逐渐发展成熟,成为寒区高等级铁路的必然选择。

**1)国外铁路道岔融雪装置**

国外铁路道岔融雪方式主要有电热式、燃气加热式、压缩空气式、喷灯式、温水喷射式等。总体而言,可实现全自动遥控的、利用安装在道岔基本轨轨腰或轨底上部或安装在滑床板上的加热条(棒)或加热管来加热道岔的化雪方式,已成为铁路道岔融雪设备的主流。

WOLFF GmbH公司(沃尔夫公司)是专业生产道岔电加热融雪系统的德国公司。加热元件采用瑞士伊莱克斯公司产品,道岔加热融雪系统的加热元件可以承受极端恶劣的铁路工作环境,如连续、剧烈的铁轨震动,冰水、积雪、除草剂、柴油、润滑油、草酸和融雪剂等的侵蚀,同时,系统还配以自动控制系统,通过采集铁轨温度、空气温湿度和积雪3个传感器的信号,控制道岔加热系统的工作,并可通过光缆实现远程集中监控,动态监测环境温度及湿度、铁轨温度、降雪状态和加热融雪系统的工作状态等参数。适应现代铁路高速、安全、高度自动化等要求,但引进价格相对较高。

**2)国内道岔融雪装置**

国内在铁路道岔融雪设备的开发和应用起步较晚,到20世纪90年代,冬季道岔除雪基本是靠人工清扫方式,在人员投入和管理成本上消耗巨大。1996 年开始,国内一些企业就开始考虑利用融雪设备进行除雪,并开始了融雪设备的研制。

国内融雪系统主要有两种安装方式:一种是产品预装在滑床板内,另一种是加热元件固定在基本轨上。加热元件装在滑床板内不能在道岔尖轨整个长度上实现有效加热融雪,特别是枕木间尖轨的积雪会残留较长时间。滑床板结构加热元件若损坏,更换困难,费时费力。加热元件固定在基本轨上的加热方式安装、更换方便,能提高融雪效率,节省电力能源;但是加热元件全部由国外进口,这样会导致装置加工周期长,成本高。

电热式元件的出现使融雪效率得到了很大提高,它是利用安装在道岔基本轨轨腰或轨底上部或安装在滑床板上的加热元件,加热道岔化雪,可实现全自动遥控。人员不必到达现场,设备通过感应外界温度、湿度等信息就可以自动控制加热与否。从人力和管理上大大节约了成本,因此它成为目前广泛认可的加热方式。

道岔融雪装置已纳入设计规范,形成了技术标准,总结出了设计、施工、验收,运营管理等一整套建设管理流程,道岔融雪装置在我国寒区高速铁路上已全面使用,效果显著。

PREVENTION TECHNOLOGY OF
RAILWAY SNOW-DRIFTING DISASTER

# 第 7 章

# 风吹雪次生灾害及防治

次生灾害、事故,是指由原生灾害的破坏后果引起的其他一系列灾害、事故,这些灾害、事故有时比原生灾害的危害还要大。因此,防止次生或衍生灾害、事故的发生与蔓延是减灾的重要内容之一。如果罕见的风雪天气是极端气候造成的自然灾害,那么由风吹雪引发的次生灾害应该进行考虑且防范。

风吹雪发生时产生的阻断交通、危及行车安全等灾害称为主要灾害;风吹雪发生之后一段时间内由降雪融化或再次冻结引发的地质灾害、自然灾害和工程病害称为次生灾害,次生灾害具有相对滞后的特点。

风吹雪导致的次生灾害的类型及其特征与气候过程密切相关。气候过程经历可划分为前期降雪、中期风雪堆积与冰冻过程、后期的冰雪融化三个阶段,在这三个阶段中雪的作用过程如下:

**1)前期降雪**

这个过程对岩土体的作用包括增加土体自重、降雪软化作用。此过程通常造成路基土体受到影响,并产生地质灾害。

**2)中期雪的堆积与冰冻过程**

这个过程中风吹雪作用强烈,前期降雪滞留在地表岩土体内的水分在低温下冻结,冻胀作用明显。而多次的降雪和积雪,使地表被雪覆盖,冻胀作用明显减弱,雪压和雪蚀作用逐渐加强,其中雪压作用起主导作用。在持续的大风与降温影响下,冰冻过程加强了部分地区雪压作用,冻胀和寒冻作用也得以增加。而线路设备在此过程中通常也会受到影响,造成线路设备的损坏。

**3)后期的雪冰融化**

低温天气结束后,随着温度的回升,开始出现融冰。这时以热融作用为主。融冰期间的集中融水和融水入渗是导致岩土体强度降低、失稳的关键。在偏北方的地区,夜间温度降至冰点以下,昼夜温差还存在冻融蠕滑作用。

本章将风吹雪次生灾害按照积雪、融雪、冻融循环进行分类,对次生灾害逐一探讨。

## 7.1 积雪产生的次生灾害

相较于融雪作用,积雪产生的次生灾害主要包括阻断相关交通、压垮建筑物等。

### 7.1.1 阻断道路交通

积雪堆积在路基面上阻断铁路交通,我们称之为主要灾害,积雪堆积在地势低洼的涵洞处,虽然不会影响铁路交通,但会阻断下穿道路,造成地方交通的中断,如图 7-1 所示。

### 7.1.2 风吹雪对建筑物的危害

风吹雪对房屋的危害主要体现在大跨度结构上。虽然建筑结构设计规范针对各种房屋结构给出了雪荷载的设计值,但由于风的不确定性,风吹雪分布形态偶尔超出规范考虑的范围,雪荷载分布严重不均而导致房屋结构损坏。铁路站房跨度较大,风吹雪灾害地区的站房设计需要特别注意积雪不均匀分布问题。2014 年 2 月,日本神奈川县某机库因积雪导致屋顶坍塌,飞机受损,如图 7-2 所示。

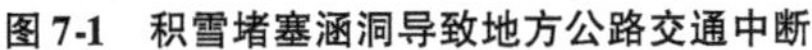

图 7-1 积雪堵塞涵洞导致地方公路交通中断

图 7-2 日本神奈川县某机库

### 7.1.3 积雪结壳导致防护栅栏高度不足

防护栅栏是铁路安全运营的一道屏障,不同等级的线路,栅栏的材质和高度各不相同。但栅栏(尤其是钢筋混凝土防护栅栏)具有阻风的作用,其周边冬季会大量积雪,在春融阶段,白天融化,夜晚冻结,雪面强度很高,可以承载人的重量,这将导致防护栅栏的有效高度大大降低,从而降低了整个安全防护体系的能力。

## 7.2 融雪产生的次生灾害

融雪灾害是风吹雪的主要次生灾害。在我国风吹雪灾害地区,降雪在整个冬季不会融化,到了春季,气温回升,所有冬季的积雪集中在 1 ~2 周内融化,融化的雪水量往往超过一次暴雨的降水量,因而更容易引发洪水,导致地质灾害和路基病害。

### 7.2.1 春融洪灾

20 世纪 80 年代以来,在全球气候变暖的大背景下,雪线上升,积雪消融加快,我国春季融雪型洪水的发生频次明显增加且强度加大,其中新疆融雪型洪水最为显著。据相关资料记载与统计,我国东北、西北部地区在冬季期间覆盖着大量积雪,三大积雪区中有 40% 的面积位于西北地区。从融雪型洪水发生频次方面来看,在 20 世纪 50 年代到 90 年代间由本来的平均每年 1.6 次增加到了 4.5 次。

天山北坡山麓地带和山前平原广大地段,自古以来就是风吹雪及其灾害多发地区。1942 年 3 月 19 日,奇台地区积雪消融、水势横流,引起洪水灾害。在全球气候变暖背景下,春季很容易造成融雪型山洪。1988 年 3 月 13—24 日,以北疆军塘湖河为中心,沿天山山前一带普遍发生较大融雪洪水，北疆天山北麓一带的21个县市、47万多人和大面积农田受到春洪威胁，公路多处冲毁，造成交通中断、铁路路基沉陷、列车停运，如图7-3所示。

### 7.2.2 诱发地质灾害

积雪融化一方面导致岩土体自重增加，另一方面会降低其强度。融水形成的溪流一方面给坡体以动水压力，也会带走细颗粒，多方原因促使滑坡、泥石流、崩塌体等欠稳定地质体发生滑动。此类地质灾害可以淤积、淤埋道路，堵塞桥梁涵洞，甚至阻断主河道，形成堰塞湖，其危害十分巨大。

独库(独山子—库车)公路穿越天山，气候恶劣，地质条件复杂，经常受到雪崩、泥石流、碎落崩塌等地质灾害的困扰(图7-4)，出现断道现象，因此导致独库公路成了一条季节性公路。据统计，泥石流为线路内最为严重的地质灾害，按触发因素主要分为两大类：一类由暴雨洪水引起，称为暴雨型泥石流；而另一类由高气温造成强烈的冰雪消融而产生的洪水引起，称为冰川型泥石流。线路内冰川型泥石流多发生在浅变质岩分布区，爆发主要在6—7月。由于夏季高空气旋受强大的南亚高压控制，易出现极端高温和持续高温天气，使冰雪强烈消融，融水携带坡面的碎落物沿坡面向下流动，引起泥石流，爆发时间一般在下午。其特点是阵发性爆发、规模大、破坏性强、间隔时间短、持续时间较长，长时间中断交通。

图7-3 春融洪水冲毁路基

图7-4 独库公路两侧发育的不良地质体

### 7.2.3 雪崩

在山区，积雪不断增加和堆积会带来较为显著的自然灾害——雪崩。雪崩是一种所有雪山都会有的地表冰雪迁移过程，它们从山体高处借重力作用顺山坡向山下崩塌，崩塌时速度可达20～30m/s，随着雪体的不断下降，速度也会突飞猛涨，一般12级的风速度为33～35m/s，而雪崩速度将达到97m/s，速度极快。

雪崩具有突然性、运动速度快、破坏力大等特点。它能摧毁大片森林，掩埋房舍、交通线路、通信设施和车辆，甚至能堵截河流，发生临时性的涨水，同时，它还能引起山体滑坡、山崩和泥石流等可怕的自然灾害。

山坡积雪深度大于30cm时，就有可能产生雪崩，而新疆多山区域海拔高，山坡陡峭，部分区域积雪深度在1m以上，容易产生大规模的雪崩。水汽在积雪内部迁移遇到表层冷却的雪壳时，会凝华结晶成霜，这种现象称为深霜（图7-5）。通常在秋季，雪层表面迅速冷却，而下伏雪层仍然比较温暖。下部雪层产生升华，水汽上升，至寒冷的上部雪层，特别是在比较难渗透的地方，便凝结而成深霜晶体。深霜为棱柱体、棱锥体或中空六角形等形状的大型晶体，孔隙很多，密度很低，是积雪中的薄弱层。山地区域隆冬时节雪层中深霜特别发育，使山地积雪处于一触即发的状态。

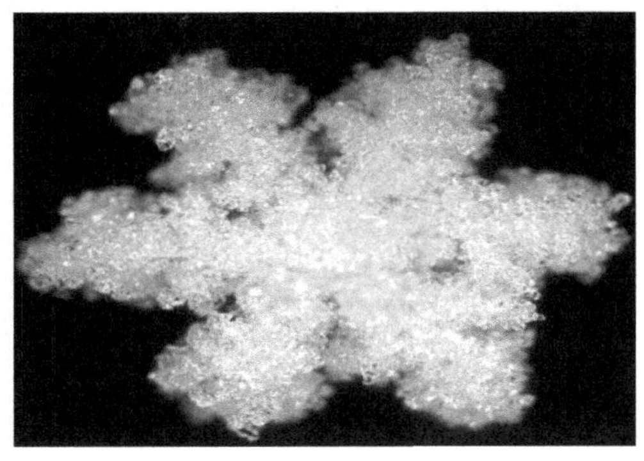

图7-5 深霜

气温较高时，雪层发生融化，融水下渗，由于深霜的透水性好，融水很容易渗至雪层底部，使整个积雪层中的含水率增大，积雪内的抗压强度和黏聚力减弱，在雪体的自重或其他外在因素的作用下，积雪体沿山坡下滑，形成雪崩。

受环流形势、气候、地势等条件的限制，灾害性的大雪崩通常发生在秋末冬初或冬末春初。较大的气温日较差促使积雪内部的温度梯度频繁波动，积雪颗粒与水汽之间物质交换加剧。积雪在温度升高时有一部分升华为水气，温度降低时水气又在积雪表面凝聚成表面霜。随着春季地温回升，近地表雪层的消融，使地表与雪层之间形成滑动面，易引发雪崩灾害。与美国落基山脉、欧洲阿尔卑斯山脉等区域的雪崩相比较，我国风吹雪引发的雪崩具有规模小、破坏力弱的特点。

### 7.2.4 诱发边坡病害

北方地区积雪在冬季基本不会融化，待天气转暖后整个冬季的雪才开始融化，由于积雪总量很大，积雪逐渐融化，缓慢释放水量，这段时间一般持续10～15d。在此期间铁路边坡一直受融雪水浸泡而软化，融水增加了坡体的重量，降低了岩土体的强度，产生大量边坡失稳现象。哈牡高速铁路、哈佳快速铁路在建设期间均因春融而发生边坡失稳现象，如图7-6所示。

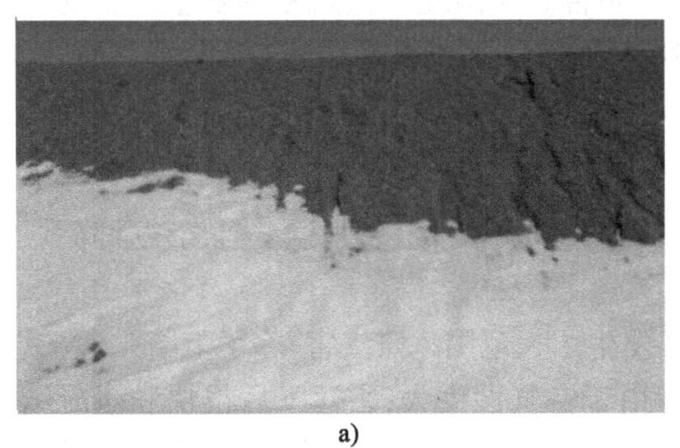

a)

b)

图7-6 融雪过程导致路堤边坡的垮塌

另外挖方地段堑顶设置了阻雪工程以后，拦截了大量的风吹雪，其数量远大于同等面积内的自然降雪，积雪融化时水量巨大（图7-7），持续时间长（大量积雪融化需要更多热量，所以持续时间更长），有的甚至在堑顶形成水塘，对路堑边坡稳定造成巨大威胁。

a)

b)

图 7-7　融雪过程导致路堑顶部大量积水

### 7.2.5　增加排水系统病害

由于风吹雪引起积雪重新分布，积雪平台和边坡积雪较厚，雪水融化后，水量大于最大降雨量流量，超过水沟流量，水流漫过水沟，造成水沟周边塌陷，引起水沟破坏。

## 7.3　冻融循环产生的次生灾害

积雪融化期，白天温度高于零度，而夜间低于零度，融化和冻结过程交替进行。在这一过程中，会引发其他形式的次生灾害。

### 7.3.1　路基本体冻胀病害

白天雪水融化下渗，透过基床表层进入路基本体，土体含水率增加，夜间温度降低发生冻胀，经反复冻融作用后基床部分将形成翻浆冒泥等病害。我国北方铁路冬季发生冻胀的范围广，冻起高度大，治理难度大，费用高，常常导致列车限速通过，严重影响运输质量。

### 7.3.2　其他形式的灾害

我国南方地区虽然降雪量相对北方较少，但由于人口稠密、经济发达，一旦出现强降雪，其主要灾害和次生灾害的影响力、破坏力成倍增加。

2008 年 1 月 24 日—2 月 6 日，我国南方地区发生了大范围冰雪灾害，除了阻断交通、道路结冰等常规灾害，对电力系统的影响最为直接。由于空气湿度大，雪落下后很快和水凝结成冰，结冰后的供电线直径达到以往的数倍，大量的供电线路不堪重负而坠断，甚至压塌供电铁塔。电力系统的稳定性被破坏，从而严重影响铁路运输的正常安全运行。京广线湖南段铁路供电系统出现了严重的问题：一方面，牵引供电系统被从空中掉落的地方电网短路 29 次，牵引供电系统基本处于瘫痪状态，电力机车无法工作；另一方面，由于大电网供电中断造成湖南段区间和车站信号灯不能工作，道岔不能动作，内燃机车牵引列车只能按照手信号行车，道岔依靠人工操作，列车完全不能按图开行。这次灾害也给输变电工程、公用民用工程和人民生命财产安全造成了重大影响，经济损失达1500多亿元。

除了当时的主要灾害，当天气转暖、冰雪消融后，山地丘陵区随即进入地质灾害高发期。据统计资料，这次冰雪融化诱发的地质灾害主要有滑坡、崩塌、地面塌陷、地裂缝、泥石流等类型，较往年同期数量明显增加。2008年1—2月初，我国南方出现的极端冰雪气候引发地质灾害达3106起。

## 7.4 风吹雪次生灾害的防治

对风吹雪次生灾害的防治贯穿铁路设计、建设与运营的全过程，自然灾害往往不会作为一个单一的灾害事件对人类社会造成冲击，其伴随着各种复杂的次生衍生灾害，其带来的多米诺效应是造成重大事故损失加剧、灾难升级的一个重要原因。

生活在寒冷地区的人们长期与风雪做斗争，总结出一套切实可行的减少风雪灾害影响的措施，在日本东北地区、我国新疆阿勒泰地区和北欧国家，冬季经常会出现大范围强降雪。为了避免房顶积雪过多导致房屋倒塌，很多居民都将房顶设计成大坡度，便于积雪滑落。有的家庭还安装了融雪装置，通上电后房顶会加热，积雪随之融化，如图7-8所示。

a)

b)

图7-8 大坡度及装融雪装置屋顶

寒冷地区的公路考虑到冬季积雪因素，道路的设计坡度较小。车辆加装防滑链（图7-9），提高积雪路面的通过能力。

图7-9 车辆加装防滑链

### 7.4.1 监测预警

加强监测预警，及时掌握线路所在区域的气象环境，掌握区域流场与积雪深度，对预防和减少冰雪灾害具有十分重要的意义。

目前，我国铁路部门在高速铁路和部分普速

铁路上安装了防灾系统,实时监测风速、雨量、积雪深度等指标,并且在不良地质体上设置自动位移监测设备,可以及时发出预警信息,为灾害预防和治理提供了有力保障。

迄今为止,国内外学者就道路沿线的雪崩、滑坡、泥石流、冻害、冻融边坡破坏等浅表层灾害时空分布特征和危害性已开展了大量研究。而构建灾害智慧监测预警系统,实现灾害前兆信息采集、数据传输、灾害预警级别判识以及灾害预警信息发布的自动化与一体化,是未来拟解决的关键科学问题。

### 7.4.2 绕避不良地质区域

在交通道路选线阶段,绕避灾害易发区域是首要原则。道路选线要充分利用有利地形,明线工程最好选在阳坡,阳坡日照时间长,积雪薄,易融化,雪崩发生规模相对较小,作用时间短。

加强地质勘察工作,做好区域调查,准确识别滑坡、泥石流的范围,为选线提供有力的依据。避免从大型不良地质体下方通过,避开易发生山体运动区和积雪堆积区。

隧道出入口宜选在突出的山嘴或山梁等正地貌部位,不宜选在坡沟、坡谷等负地貌部位。这样可最大限度地避开灾害,且后期易于工程治理。

### 7.4.3 设置工程措施

上述多发易发的次生灾害,给铁路工程带来了很多困扰。随着对次生灾害认识的逐步加深,工程实践中采取了很多行之有效的措施予以应对。

**1)防止积雪阻断道路交通**

发生此类情况时,我们视道路的等级而定:如果仅为乡村道路,通行车辆很少,可不进行处理;如果交通流量大,可以沿铁路设置阻雪栅栏,使积雪不在铁路正下方涵洞内堆积。

**2)防护春融洪水**

春融洪水的防护难度不大,常常因为忽视而引起灾害。勘察设计阶段要特别注意山前平原地段的春融洪水问题,不能仅按照降雨量考虑防排水设计,应设置足够的导流堤和过水涵洞,迎水面边坡也应做好防冲刷设计。和田至若羌铁路均位于昆仑山北麓塔克拉玛干沙漠南缘,春融洪水不但冲刷路基边坡,也给路基以外的平面防沙工程带来严重破坏。

**3)预防边坡和排水系统灾害**

在我国新疆境内修建铁路,通常考虑到气候干燥、降雨量小而不设坡面防护措施,但克塔铁路边坡由于融雪长期浸泡下发生了大面积的垮塌,为此路基边坡采用拱形骨架防护,且设置浆砌片石镶边,使路肩硬化。

对于路堑堑顶积雪融化后,形成集中水流对路堑边坡造成冲刷的情况(图7-10),可加大天沟断面尺寸,提高其排水能力,同时在天沟低点增加混凝土吊沟,将堑顶积水主动引入侧沟排出。

**4)预防基床病害**

冻融循环引发基床病害是一个综合性问题,融雪的存在加大了这个问题的严重程度。水分的富集程度是影响路基冰冻程度的最主要因素，通过各种措施，控制水分迁移，避免水分富集，控制冻胀量，将路基始终控制在普通路基的状态，是防治路基病害的最有效措施。针对控制水分迁移，可以结合工程实际，采用各种经济有效的具体结构手段。常用的方法包括设置地下排水设施、提高路基填土高度、换填非冻胀性材料、设置保温层等。

克塔铁路基床表层采用优质填料，下部增加防渗土工膜，较为有效地控制了病害的发生。

**5）防止雪崩危害**

为减弱雪崩灾害，可采用稳雪工程、导雪工程、阻挡工程和缓阻工程等措施。稳雪工程的主要目的是把积雪稳定在山坡上不使其断裂下滑。这种工程设施，一般从雪崩沟槽顶端或山坡源头开始，沿等高线在相邻一定距离内逐级排列修建稳雪台阶、栅栏，分段撑托山坡积雪，将积雪稳定于山坡，不使其移动和滑动而形成连续的运动体。这种工程包括稳雪的水平台阶、地桩障、各种结构和材料的防雪栅等。

导雪工程主要为导雪堤，指一般设在沟槽一侧，但与雪崩运动主流线斜交或设在隧道口上方一侧，通过工程改变雪崩体的运动方向，将雪崩体引导到预定的路径或场地，使其不危害铁路设施或隧道口的工程。

阻挡工程主要是防雪崩棚洞（图7-11）。某些雪崩源头的坡面陡，稳雪工程不能发挥作用，且雪崩量大，发生频繁，采用其他措施收效不大，在这种情况下往往采用遮挡工程进行治理。其特点是把构造物遮盖于道路之上，使雪崩从其顶部经过而不会堆在道路上。

图7-10 路堑边坡冲刷

图7-11 防雪崩棚洞

缓阻工程是设在雪崩运动区的一种工程，目的是肢解雪崩体。当雪崩运动时，可使雪崩雪的块体互撞，以减缓雪崩运动速度，缩短雪崩抛程，消耗雪崩体能量。此外，还可以阻拦滞留部分雪崩雪在它的上方堆积，减少雪崩总量。这类工程有土丘、木楔等。

除了工程措施，美国阿拉斯加的公路部门采用炮弹轰炸的方式，促使山坡上的积雪下滑，然后出动除雪车辆予以清除。这样化整为零，可避免大型雪崩的形成，保障公路交通安全。

**6）地质灾害治理**

滑坡等不良地质体应以绕避为主，但不可避免时，应采取工程措施予以治理。滑坡的防治原则是"及早发现，预防为主，查明情况，综合治理，力求根治，不留后患"。工程措施可以通过改善边坡岩土体的力学强度，防止地表水下渗、提高其抗滑力等方法来预防或者阻止滑坡灾害的发生，必要时采取削坡减载或设置抗滑桩等支挡工程予以加固。

对于大型泥石流，设计时应尽量绕避，或尽量在中上游以大孔跨的桥梁通过；对中小型沟谷泥石流，可在下游修建拦导流坝、消力墩、停淤场等拦截设施，并结合排水、冲沟加固等防护措施，减小固体物质、水流来源和对道路的破坏。

**7）防止房屋垮塌**

建筑屋面的风雪流作用属于交叉学科问题，涉及结构工程、风工程和雪工程三个学科领域。对建筑屋面的风雪流作用展开深入系统的研究具有重要的工程意义和学术价值。目前已有的研究成果远远无法满足工程建设需要，需要广大工程技术人员不断开展相关工作。

# 第 8 章

# 强降雪地区铁路风吹雪灾害防治案例——阿富准铁路

# 8.1 工况概述

## 8.1.1 地理位置及线路概况

阿富准铁路(阿勒泰—富蕴—准东铁路)位于阿尔泰山南缘,经过了山间冲、洪积平原区,阿尔泰山南麓低山丘陵区,阿尔泰山低山丘陵区,哈拉通沟—乌伦古河剥蚀丘陵及砾质荒漠准平原区,平顶山低山丘陵区,卡拉麦里山北麓剥蚀残山丘陵区,卡拉麦里山低山丘陵区,卡拉麦里山南麓剥蚀残山丘陵区八个地貌单元。

**1)山间冲、洪积平原区**

地形平坦、开阔,局部略有起伏,地势西北高东南低,海拔680~740m。该区内有克兰河流过,水系发育,沟渠纵横,地表多为耕地(图8-1),低洼处形成湿地及水塘;局部可见剥蚀残丘,基岩裸露(图8-2)。沿线植被茂盛,人口密集,交通便利。

图8-1 农田区地貌

图8-2 花岗岩区地貌

**2)阿尔泰山南麓低山丘陵区**

丘陵区地形起伏,地势东北高西南低,海拔700~940m,相对高差一般10~50m,局部达百米。段内山脉呈东西向垄状排列,山坡较平缓(图8-3)。丘间平原发育(图8-4),地形平坦,地表覆盖有第四系洪积物,植被发育。南北向分布多条大型冲沟,冲沟两岸山体陡峭,基岩出露较好。

**3)阿尔泰山低山丘陵区**

该区为侵蚀构造低山丘陵地貌,山体主要呈北西走向,山坡较平缓,呈垅岗地形,地形起伏较大,山体自然坡度多为12.4%~20.0%。该区冲沟及河谷较发育,多为自北东向西南径流方向。沿线地面高程为664~914m,相对高差一般在25~100m之间,植被稀少,仅在沟谷地带植被较为发育。

图8-3 丘陵区地貌

图8-4 丘间平原地貌

**4）哈拉通沟—乌伦古河剥蚀丘陵及砾质荒漠准平原区**

该区主要为山前剥蚀低缓的基岩丘陵及砾质戈壁滩组合的准平原地带，总体地形较为平坦开阔，东北高西南低，地表起伏变化不大，发育小型冲沟，乌伦古河从该区南部流过，河流两岸为基岩区，阶地不发育。沿线地面高程为845～946m之间，相对高差一般为5～20m，地表广泛被第四系冲、洪积砂砾石及碎石土覆盖，局部有基岩出露，植被较为发育。

**5）平顶山低山丘陵区**

该区为平顶山剥蚀低山丘陵地貌。该区山体主要呈北西走向，山坡较平缓，地形起伏变化不大，山体自然坡度一般小于10%。沿线地面高程为825～1020m，相对高差多在15～40m之间。该区大部山体基岩裸露，植被在低洼处较为发育。

**6）卡拉麦里山北麓剥蚀残山丘陵区**

该区主要为准噶尔盆地东北缘卡拉麦里山北麓山前剥蚀低缓的残山丘陵，总体地形较为平坦开阔，地表起伏变化不大，沿线地面高程在950～1020m，相对高差一般为5～30m，植被较发育。

**7）卡拉麦里山低山丘陵区**

该区为剥蚀低山丘陵地貌。该区山体主要呈北西走向，山坡较平缓，地形起伏变化不大。沿线地面高程为760～1165m，相对高差一般为3～10m，最大为20m。该区大部山体基岩裸露，坡脚、冲沟内植被较为发育。

**8）卡拉麦里山南麓剥蚀残山丘陵区**

该区主要为准噶尔盆地东缘卡拉麦里山南麓山前剥蚀低缓的残山丘陵，总体地势北高南低，地形较为平坦开阔，地表起伏变化不大，沿线地面高程为550～780m，相对高差一般为1～10m，最大高差约40m，植被较发育。

## 8.1.2 气象特征

根据线路沿线气象站资料，该段内年平均气温3.0～4.7℃，极端最高气温37.6～40.1℃，极端最低气温－46.0～－43.5℃，年平均降水量189.6～227.6mm，年平均蒸发量1104.2～

1974.1mm,主导风向以 W、WNW 为主,年平均风速 1.95 ~2.0m/s,最大瞬时风速 22.1m/s,最大定时风速 20.0m/s,年平均八级以上大风日数 19.8d,最大积雪深度 94cm,采用最大冻结深度 180cm。

# 8.2 防治思路与方法

## 8.2.1 研究内容和采用的技术路线

阿富准线路的风吹雪灾害防治工作采用的主要方法和技术路线(图 8-5)如下:

(1)对阿富准铁路进行现场调研,并选择试验段安装风速风向监测设备。

(2)在不同时间段(2017 年 12 月、2018 年 2 月、2018 年 12 月、2019 年 2 月),利用钢尺测量不同高度路堤和不同深度路堑断面的积雪深度,并测量不同栅栏结构条件下的积雪深度。

(3)基于 SCDM18.0、ICEMCFD18.0、Fluent18.0 流体力学软件模拟风雪两相流与栅栏和路堤间的分布关系,研究多种设计参数的栅栏、路堤和路堑对风吹雪规律的影响。

(4)利用室内风洞,采用硅砂模拟雪粒,模拟风雪两相流与栅栏和路基间的分布关系,研究不同设计参数的栅栏、路基对风吹雪规律的影响。

(5)采用现场风洞,利用新疆地区的现场原位雪,模拟风雪两相流与栅栏和路基间的分布关系,研究不同设计参数的栅栏、路基对风吹雪规律的影响。

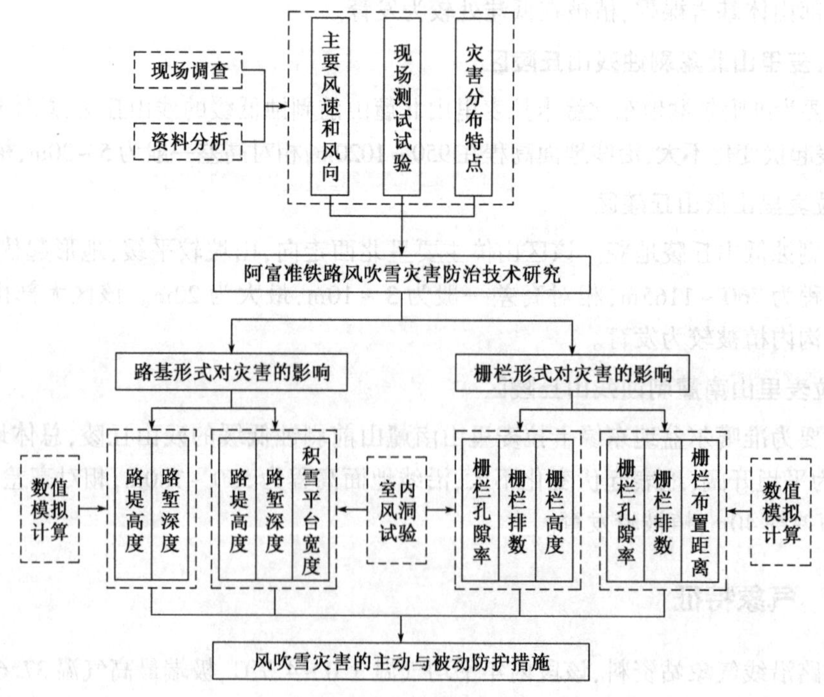


图 8-5 技术路线图

### 8.2.2 沿线风场特征资料分析

#### 1）风监测仪器布设

山区地形较复杂，气流会受到来流方向大地形走势和中小地形起伏的影响，受微地貌影响的局地气候往往能够制约风吹雪灾害的严重程度。距离很远的气象站的资料与现场实测数据差距较大，因此必须进行现场风力监测。

在全线选择26个位置安装风速、风向监测设备，如图8-6～图8-8所示。采用北京天裕德技术有限公司研制的自动气象站进行了连续的气象观测，观测因子有风速、风向、积雪深度，其中风向标与风速计距离地面3m，积雪深度测量采用红外激光测点的方法。数据采集间隔原则上为1min，考虑到仪器性能和野外观测工作上的便利，也有按2min、10min、30min等间隔采集的数据。仪器主要技术指标见表8-1。

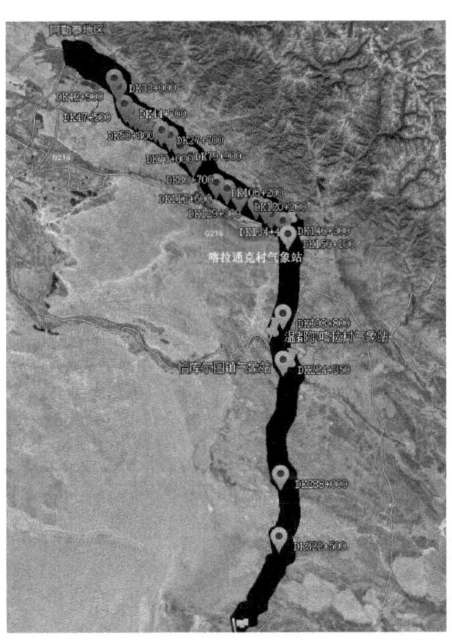


图8-6　线路走向图及监测点布置图

图8-7　风速风向观测站

图 8-8　专业监测设备图

仪器主要技术指标　　表 8-1

| 项　　目 | 风速传感器 | 风向传感器 | 雪　　深 |
| --- | --- | --- | --- |
| 测量范围 | 0 ~ 70m/s | 0 ~ 360° | 0.2 ~ 15m |
| 精度 | ± (0.3 + 0.03$v$) m/s | ±3° | 1mm |
| 分辨率 | 0.1m/s | 2.8125° | 1mm |
| 起动风速 | ≤0.3m/s | ≤0.3m/s | — |
| 输出形式 | 脉冲(频率) | 七位格雷码(或电位器) | 标准 RS232 通信接口 |
| 工作电压 | DC5V(或 12V) | DC5V(或 12V) | 12V |
| 工作环境 | −40 ~ 55℃ | −40 ~ 55℃ | −40 ~ 60℃ |

注:$v$ 为风速。

### 2)沿线气象站历史数据分析

根据建筑结构荷载规范中对风荷载的相关规定,风速剖面基本符合指数规律。

$$v_z = v_{10}\left(\frac{z}{10}\right)^{\partial}$$

根据现场地质地貌条件,粗糙度选为 B 类,∂值取 0.16。参考相关文献,起雪风速选取 4m/s(距离地面 3m 高处),计算得 $v_{10}$ = 6.5m/s。

根据线路区域内国家气象局气象监测站资料,相关气象站为富蕴站、喀拉通克村站、温都尔喀拉村站、恰库尔图镇站和吉木萨尔县五彩湾站。

以富蕴站气象站监测数据为例(图 8-9),在 2012—2018 年对风速的统计结果中(只统计每年 10 月到次年 3 月),极大风速 21.4m/s(10m 高度),10min 平均风速最大值 14.3m/s(10m 高度),风向均为 NW。风向资料的统计分析结果表明,该区 10min 平均风速发生在各个方向,而该区的起雪风速主要发生在 NE 方向,占风频率的 1.57%;其次为 W 和 NW 方向,占风频率的 0.31% 和 0.31%。

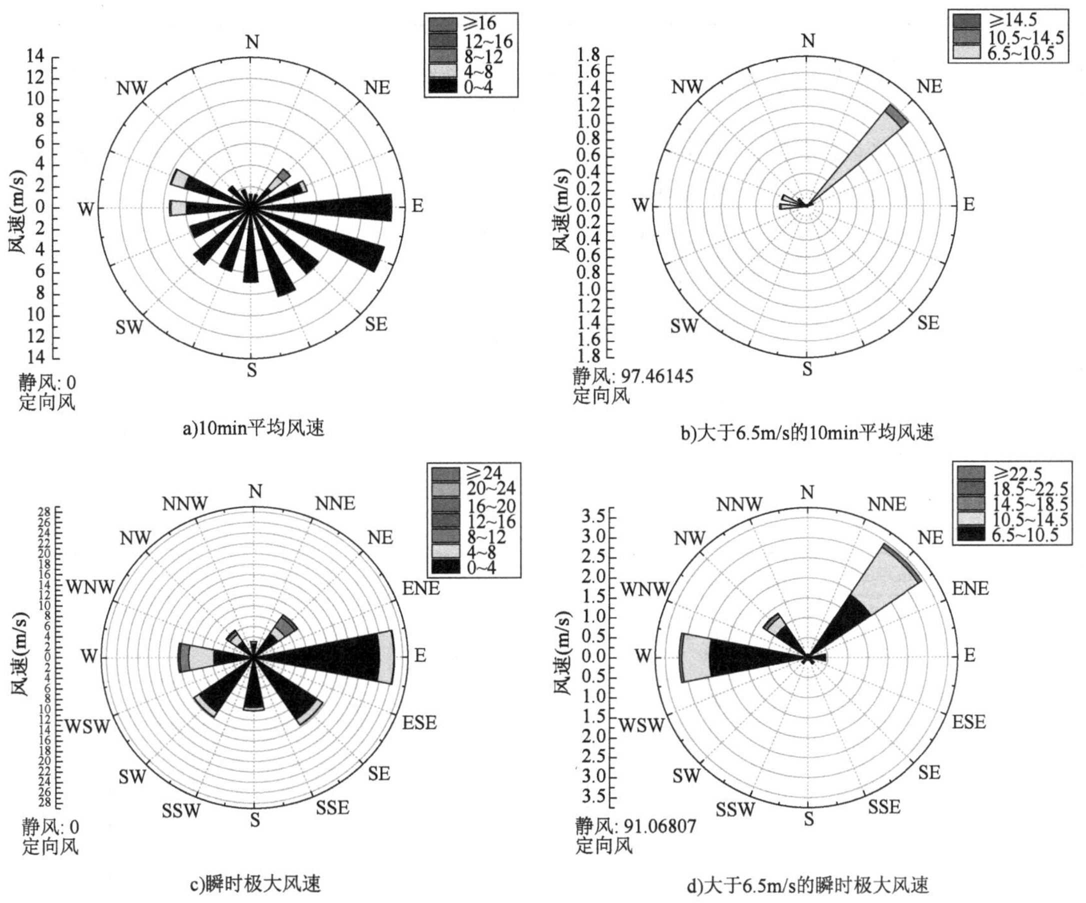


a)10min平均风速

b)大于6.5m/s的10min平均风速

c)瞬时极大风速

d)大于6.5m/s的瞬时极大风速

**图8-9 富蕴站2012—2018年风玫瑰图**

### 3)当地气象站与监测数据对比

汇总沿线气象站风向与风速资料，同时对比全线监测点风向与风速资料，绘制表格见表8-2。

**气象站与监测设备数据对照表** 表8-2

| 项目 | 站点位置 | 起雪主导风向 | 极大值（换算3m高数据）(m/s) | 区域极大值（换算3m高数据）(m/s) | 3m高监测数据平均值(m/s) |
|---|---|---|---|---|---|
| 当地气象站 | 阿勒泰站（历史数据） | NW | 22.2(13.8) | 22.2(13.8) | 1.70 |
| | 富蕴站 | NE、W、NW | 21.4(13.2) | | 1.85 |
| | 喀拉通克村站 | NE、E、NW | 25.5(15.9) | 30.9(19.3) | 3.07 |
| | 温都尔喀拉村站 | SE、NW | 25.2(15.8) | | 3.58 |
| | 恰库尔图镇站 | SE、NW | 30.9(19.3) | | 3.75 |
| | 五彩湾站 | W、NW | 23.4(14.6) | | 3.80 |

续上表

| 项目 | 站点位置 | 起雪主导风向 | 极大值（换算 3m 高数据）(m/s) | 区域极大值（换算 3m 高数据）(m/s) | 3m 高监测数据平均值 (m/s) |
|---|---|---|---|---|---|
| 监测点 | 站点 1 | W、WNW | 22.9(14.1) | 32.3(19.9) | 1.5 |
| | 站点 2 | W、WNW | 12.7(7.8) | | 1.45 |
| | 站点 3 | WSW、W、SW | 20.8(12.8) | | 1.68 |
| | 站点 4 | WSW、W、SW | 11.8(8.3) | | 1.79 |
| | 站点 5 | WSW、W、SW | 19.2(13.4) | | 2.89 |
| | 站点 6 | WSW、W、SW | 21.8(10.6) | | 1.32 |
| | 站点 7 | WSW、W、SW | 28.0(17.2) | | 2.62 |
| | 站点 8 | WSW、W、SW | 19.0(11.7) | | 2.74 |
| | 站点 9 | 乱 | 20.8(12.8) | | 2.63 |
| | 站点 10 | 乱 | 19.7(12.1) | | 1.64 |
| | 站点 11 | 乱 | | | |
| | 站点 12 | 乱 | | | |
| | 站点 13 | WSW、W、SW | 20.3(12.5) | | 1.76 |
| | 站点 14 | W、WNW | 25.4(15.6) | | 1.23 |
| | 站点 15 | W、WNW | 22.3(13.7) | | 1.65 |
| | 站点 16 | W、WNW | 21.1(13) | | 1.32 |
| | 站点 17 | WNW、NW | 22.8(14) | | 1.45 |
| | 站点 18 | WNW、W | 32.3(19.9) | | 1.26 |
| | 站点 19 | WNW、W | 12.5(7.7) | | 0.98 |
| | 站点 20 | WNW、W | 21.9(13.5) | 22.3(13.7) | 1.64 |
| | 站点 21 | WNW、W | 21.6(13.3) | | 2.82 |
| | 站点 22 | WNW、W、NW | 22.3(13.7) | | 2.80 |

根据统计数据进行分析，阿勒泰与富蕴地区气象站的极大风速与实际全年气象站监测的极大风速接近，部分地区出现局部异常，即该地区实测数据与历史数据基本吻合，属于 5 年一遇大风。而喀拉通克到五彩湾沿线，极大风速相对较大，达到了 32.3m/s，而该地区测得的极大风速仅为 22.3m/s，占历史极大风速的 69.04%。根据统计表绘制柱状图，如图 8-10 所示。

根据以上气象统计资料，2017—2018 年雪季与 2018—2019 年雪季，风速、风向资料与历史资料吻合度高，具有一定的代表性。富准段仅监测了 2018—2019 年雪季风速，该年极大风速值小于历史极大风速值，但平均风速值与历史平均风速值接近，且大于阿富段平均风速值。

根据风向观测资料，全线近两年起雪风速以上主导风向为偏西风，而根据近 10 年当地气象站观测结果表示，偏东风风向也出现过大量起雪风速，因此在设计中应予以关注。出现现场观测与气象站观测差别的原因，是由于当地气象站风向装置位于 10m 处，而现场观测重点关注近地面风，设置在 3m 处。因此地形地貌及城市建筑可能对近地面风向产生影响，但总体观测结果类似，对风吹雪防护设计具有一定的参考作用。

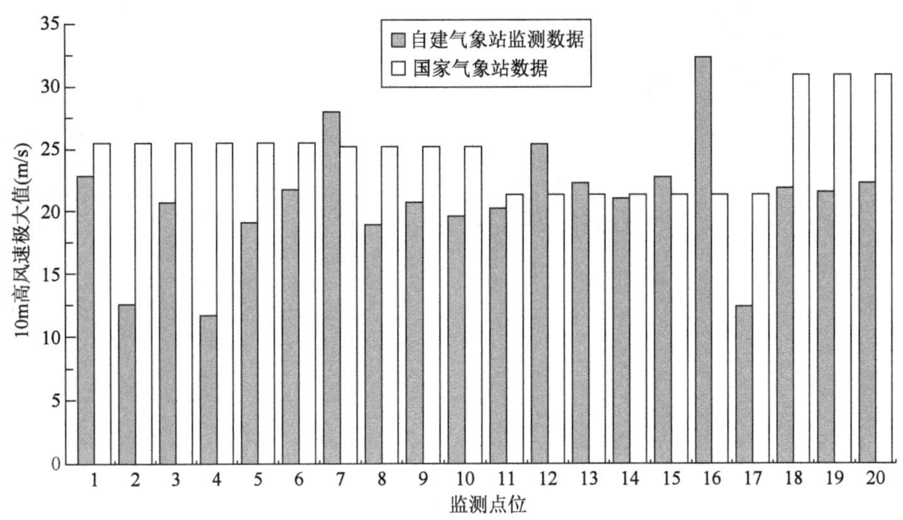


图 8-10 监测点风速与历史风速对比柱状图

## 8.2.3 雪情现场观测

### 1）积雪深度监测仪器布设

根据不同形式的路堤和路堑断面，分别在沿线路 5 ~ 10km 范围内布置一台监测设备，用于监测全线积雪深度以及气象环境。监测设备布置在线路迎风方向，距离线路 40m，以尽最大可能减小对线路正常运营的影响，并且能够很好地监测线路附近的积雪以及气象情况。

### 2）典型路堤断面风吹雪分析

为了更深入地研究路堤的风吹雪规律，于 2017 年 12 月和 2018 年 12 月，两次在降雪停止后分别对某断面 1（路堤高度 4.61m）、某断面 2（路堤高度 2m）进行风速（2m 高处风速）和积雪深度测量。现场测量照片如图 8-11 所示。

以 4.61m 路堤区域的测量数据为例，由图 8-12 可得，2017 年 12 月对该区域内测量的来流风速为 5.2m/s，在迎风坡脚 5m 处，风速为 4.6m/s，风速变化不大，坡脚处风速为 3.5m/s，风速相对较低；迎风肩、路基面中心、背风肩风速分别为 7.8m/s、7.5m/s、7.1m/s，路基面上风较大；坡脚和距其 5m 远处风速分别为 4.2m/s、5m/s。

当地降雪厚度为 13cm 左右时，在距迎风坡脚 5m 处，积雪深度为 15cm，坡脚处积雪为 25cm，雪量较路堑外增多；迎风路肩、路基面中心、背风路肩风速分别为 6cm、7cm、7cm，路基面上积雪小于当地降雪；坡脚和距其 5m 远处积雪分别为 19cm 和 15cm。

2018 年 12 月，4.61m 高路堤测量的来流风速为 6.7m/s，在迎风坡脚 5m 处，风速为 6.5m/s，风速变化不大，坡脚处风速为 3.8m/s，风速相对较低；迎风肩、路基面中心、背风肩风速分别为8.9m/s、8.2m/s、7.6m/s，路基面上风较大；坡脚和距其5m 远处风速分别为 5.1m/s、3.8m/s。

图 8-11　现场测量照片

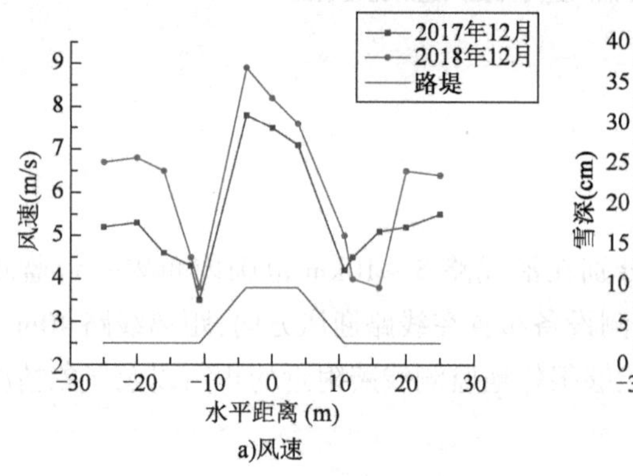

a)风速

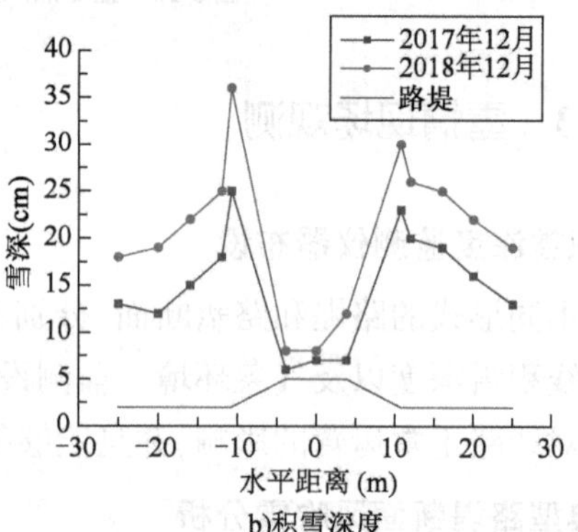

b)积雪深度

图 8-12　DK32 +800(4.61m 高路堤)

当地降雪厚度为 18cm 左右时，在距迎风坡脚 5m 处，积雪深度为 22cm，坡脚处积雪为 36cm，积雪较多；迎风路肩、路基面中心、背风路肩风速分别为 8m/s、8m/s、12m/s，路基面上积雪小于当地降雪；坡脚和距其 5m 远处积雪分别为 25cm、22cm。

2m 高路堤风速和积雪规律趋势和 4.16m 高路堤大体相同，在背风坡坡脚附近风速开始急剧下降，积雪增多，沿迎风坡，风速逐渐增大，积雪逐渐减少；在路基面上风速相对较大，积雪较少；沿背风坡风速减小，积雪有所增加，背风坡风速减弱区大于迎风坡。总体上，气流速度的变化呈现“N”形分布，积雪深度呈现“U”形分布。随着路堤高度增加，路基面上的风速增加，积雪减少，降低了路堤风吹雪灾害程度。

**3）典型路堑断面风吹雪分析**

为了更深入地研究路堑的风吹雪规律，于 2017 年 12 月份和 2018 年 12 月份两次，在降雪停止后,在现场对某断面3(路堑深度3.12m)、某断面4(路堑深度4.82m)、某断面5(路堑深度7.62m处)的路堑进行风速(2m高处风速)和积雪深度测量。

以深度3.12m路堑区域的测量数据为例,由图8-13可以看出,2017年12月来流风速为6.1m/s,路堑迎风坡顶处风速为5.9m/s,坡脚风速为3.8m/s,风速相对较低;左侧积雪平台两次风速介于3.2~3.5m/s之间;路基面迎风肩风速为4.1m/s,背风肩风速为4.1m/s;右侧积雪平台风速介于3.6~3.8m/s之间;背风坡坡脚风速为3.8m/s,到达坡顶风速为5.6m/s,随后逐渐恢复到来流风速。

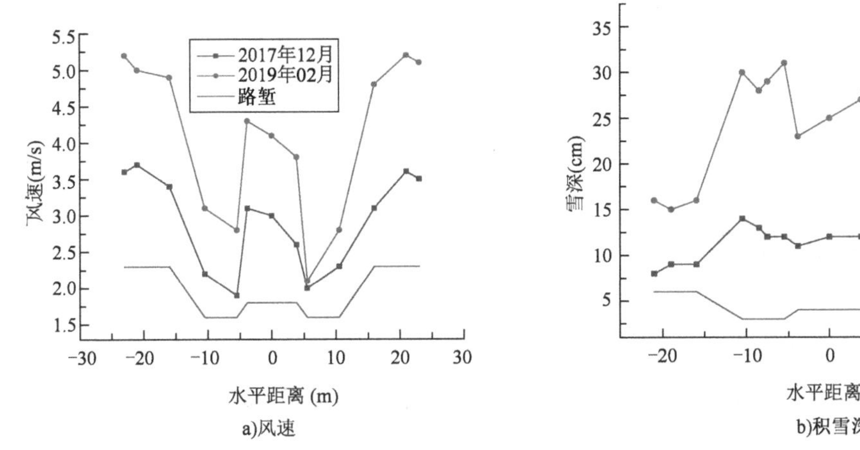


**图8-13 DK65+720**(路堑深度3.12m)

当地降雪厚度为8cm左右,路堑迎风坡顶处积雪深度为9cm,坡脚处积雪深度为14cm和22cm,左侧积雪平台积雪深度介于12~14cm之间;路基面积雪深度介于11~12cm之间,右侧积雪平台积雪深度介于15~17cm之间,背风坡坡顶积雪深度为10cm。

2018年12月,对3.12m深路堑进行分析,来流风速为8.4m/s,路堑迎风坡顶处风速为7.3m/s,坡脚风速为4.9m/s,风速相对较低;左侧积雪平台风速介于4.5~4.9m/s之间;路基面迎风肩风速为5.3m/s,背风肩风速为5.1m/s;右侧积雪平台风速介于3.5~4.6m/s之间;背风坡坡脚风速为4.6m/s,到达坡顶风速为5.8m/s,随后逐渐恢复到来流风速。

当地降雪厚度为16cm左右,路堑迎风坡顶处积雪深度为16cm,坡脚处积雪深度为22cm,左侧积雪平台积雪深度介于21~22cm之间;路基面积雪深度介于18~19cm之间,右侧积雪平台积雪深度介于13~24cm之间,背风坡坡顶积雪深度为13cm。

其余路堑断面处与上述3.12m深路堑区域的风雪变化表现出一致的规律性。在迎风坡坡顶位置,风速开始沿着迎风坡逐渐减小,积雪逐渐增多;在两侧积雪平台内风速最低,积雪最多;在路基面上风速相对较高,积雪相对较少;沿背风坡风速逐渐升高,积雪深度逐渐减小。当路堑坡度为1:1.75时,随着深度的增加,相对于来流风速,路堑迎风坡脚、积雪平台和路基面上的风速越低,积雪越多。总体上,气流速度的变化呈现"W"形分布,积雪深度呈现"M"形分布。如图8-14所示为上述断面3路堑积雪实景图。

图 8-14　断面 3 路堑积雪实景图

# 8.3　防护先导试验段

为了检验不同种类防雪栅的防雪效果和设置栅栏之后风场的变化,我们在前期研究的基础上,选择不同的栅栏形式,在现场设立试验段,经过冬季的实地检验,最终评判防雪栅的功能性。

## 8.3.1　试验段的选取

结合沿线风吹雪危害程度区域分布,分别选取路堤和路堑地段开展风吹雪防护试验。

(1)试验段 1,长度 800m,位于阿勒泰山南麓低山丘陵区。地形起伏,相对高差 5 ~ 10m。地表植被较发育,交通较便利。该试验段主要检验路堤和浅路堑地段防护措施的防护效果。

(2)试验段 2,长度 1100m,位于低山丘陵区,地形较起伏,地势南高北低,高差一般为 10 ~ 20m,地表局部发育冲沟。地表植被以草本植物为主,交通便利。试验段的主要目的是确定深长路堑合理防护形式。

选择以上两个受风吹雪灾害影响较大且具有各种不同路堤路堑断面形式的路段作为先导试验段非常具有代表意义,能很好地指导下一步风吹雪灾害防治。

将监测设备设置于挡雪墙前后 $6H$ 距离处,记录不同孔隙率防雪栅的防雪效果,并对数据进行对比分析。每个断面每隔 20m 布置风速监测。其监测频率如下:

(1)风场监测:现场安装的风速风向设备,风速风向仪 2min 测量一次,并通过无线传输与电脑连接;风速风向仪 10min 测量一次时,每 2 个月收集一次数据。2min 监测数据为瞬时分速,10min 为平均风速。

(2)积雪深度监测:现场安装的激光雪深测量设备,一天测量 2 次积雪深度,测量时间为 12:00 和 22:00。

## 8.3.2 试验段风场分析

### 1）试验段 1

2017 年 11 月至 2018 年 3 月观测期间，试验段总体风速情况表现为，总平均风速 1.3m/s，最大风速 9.2m/s。其中，优势风向的风速表现为，NNE 向风速平均值为 2.1m/s，最大值为 7.7m/s；N 向风速平均值为 1.4m/s，最大值为 6.4m/s；NNW 向风速平均值为 0.5m/s，最大值为 2.3m/s。

（1）总风向分析

通过对 2017 年 11 月 20 日至 2018 年 3 月 10 日试验段风向数据的分析，生成了该观测点的总风向玫瑰图，如图 8-15 所示。该区域出现最多的风向为偏东北风（NNE、NE、N），出现频率为 46.7%。优势风为 NNE，出现频率为 24.9%，其次为 NE，出现频率为 12.0%，再次为 N，出现频率为 8.8%。西北风向 NNW，出现概率为 4.68%。

总之，在优势风向为 NNE 的前提下，2017 年 11 月—2018 年 3 月，各风向出现的频率相对稳定，其中 NNE 风出现的概率最高，且 12 月全月出现的频率最高。试验段内气象监测站总风向统计见表 8-3。

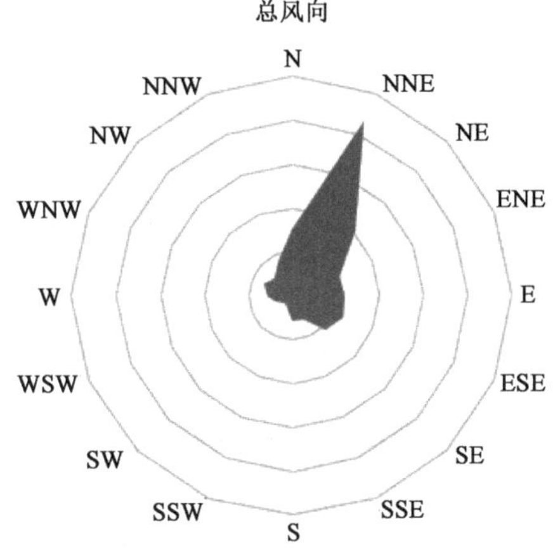


图 8-15 试验段 1 总风向玫瑰图

试验段 1 总风向统计表（%） 表 8-3

| 风向 | 11 月 | 12 月 | | | 1 月 | | | 2 月 | | | 3 月 | 平均 |
|---|---|---|---|---|---|---|---|---|---|---|---|---|
| | 下旬 | 上旬 | 中旬 | 下旬 | 上旬 | 中旬 | 下旬 | 上旬 | 中旬 | 下旬 | 上旬 | |
| NNE | 46.0 | 24.6 | 23.2 | 27.3 | 33.5 | 29.0 | 17.6 | 30.9 | 22.2 | 22.4 | 16.0 | 24.9 |
| NE | 9.3 | 11.0 | 13.3 | 13.6 | 13.5 | 9.4 | 6.4 | 13.0 | 11.7 | 10.9 | 16.3 | 12.0 |
| N | 8.7 | 9.6 | 7.3 | 9.5 | 7.7 | 8.4 | 6.5 | 9.0 | 11.0 | 6.2 | 8.0 | 8.8 |
| NNW | 4.1 | 7.7 | 6.7 | 5.6 | 4.3 | 4.4 | 5.3 | 5.2 | 5.21 | 4.7 | 1.3 | 4.7 |

（2）有效风风向分析

试验中定义风速大于 4m/s 的风为有效风。即低于该风速下，不会产生风吹雪，故选取所有数据中，对风速大于 4m/s 的风向进行分析。结果表明，有效风优势风向为 NNE，出现频率为51.65%，如图 8-16 所示。

### 2）试验段 2

（1）风速分析

2017 年 11 月—2018 年 3 月观测期间，试验段总体风速情况表现为，总平均风速 0.5m/s，最大风速 7.7m/s。其中，优势风向的风速表现为，E 向风速平均值为 1.0m/s，最大值为 3.6m/s；W 向风速平均值为 1.2m/s，最大值为 7.7m/s；ESE 向风速平均值为 0.9m/s，最大值为 6.1m/s。

（2）总风向分析

通过对 2017 年 11 月 20 日—2018 年 3 月 13 日试验段风向数据的分析，由图 8-17 生成了该观测点的总风向玫瑰图,结果显示该试验段内处出现最多的风向为偏东风(E、ESE、SE、SSE),出现频率为56.7%。优势风为E,出现频率为21.4%,其次为ESE,出现频率为16.4%。西风向出现频率最高的为W,出现频率为9.2%。

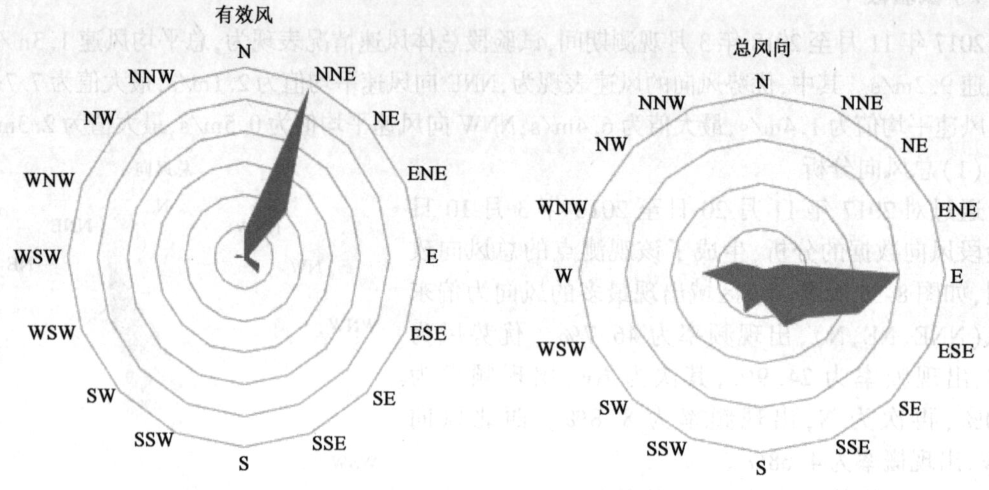


图 8-16 试验段 1 有效风风向玫瑰图　　图 8-17 试验段 2 总风向玫瑰图

总之,在优势风向为E时,该风向全监测周期出现频率稳定。2017年11月—2018年3月,各风向出现的频率相对紊乱,见表8-4。

试验段 2 总风向统计表(%)　　表 8-4

| 风向 | 11月 | 12月 | | | 1月 | | | 2月 | | | 3月 | 平均 |
|---|---|---|---|---|---|---|---|---|---|---|---|---|
| | 下旬 | 上旬 | 中旬 | 下旬 | 上旬 | 中旬 | 下旬 | 上旬 | 中旬 | 下旬 | 上旬 | |
| E | 24.4 | 22.2 | 21.1 | 26.3 | 26.9 | 27.1 | 18.3 | 22.8 | 21.2 | 20.6 | 19.4 | 21.4 |
| ESE | 21.1 | 16.2 | 13.0 | 16.5 | 20.3 | 18.1 | 10.3 | 18.0 | 17.5 | 14.9 | 18.6 | 16.4 |
| SE | 10.0 | 9.0 | 10.3 | 8.4 | 9.3 | 6.0 | 4.9 | 9.1 | 9.4 | 8.0 | 12.2 | 9.7 |
| SSE | 8.1 | 10.3 | 10.7 | 10.2 | 9.3 | 13.8 | 8.6 | 10.4 | 10.0 | 8.9 | 4.5 | 9.1 |

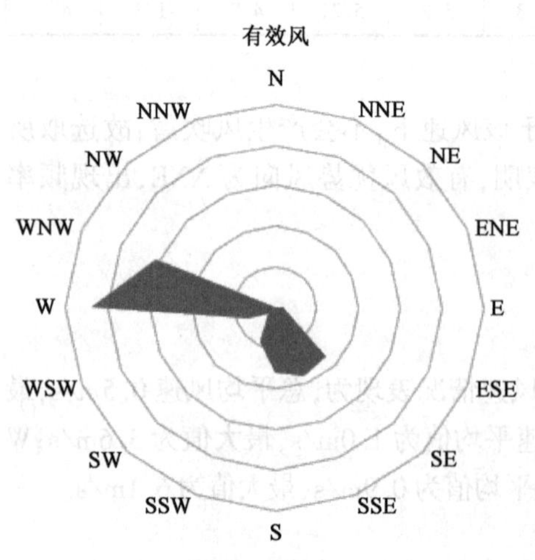


图 8-18 试验段 2 有效风风向玫瑰图

(3)有效风风向分析

从有效风风向分析中可以看出优势风向为W和WNW,出现频率分别为29.3%和20.6%,如图8-18所示。在全周期内,虽然主导风向为东风,但有效风却为西风。

## 8.3.3 试验段防雪栅布设与积雪深度分布

### 1)试验段 1

该路段设4个观测断面,不同孔隙率的防雪栅布置于距离坡脚40m位置,通过监测设备数据以及现场调研测量积雪深度断面分析可以得到不同孔隙率防雪栅的防雪效果。各断面工程措施和观测点布设见表8-5。

**试验段 1 防雪措施布置形式** 表 8-5

| 断面编号 | 防雪措施 | |
|---|---|---|
| | 左坡脚外 40m | 右坡脚外 40m |
| Ⅰ | 3m 高混凝土空心插板 | 3m 高混凝土空心插板 |
| Ⅱ | 下部 0.9m 高实心挡板，<br>上部 2.1m 高空心挡板 | 下部 0.9m 高实心挡板，<br>上部 2.1m 高空心挡板 |
| Ⅲ | 下部 1.8m 高实心挡板，<br>上部 1.2m 高空心挡板 | 下部 1.8m 高实心挡板，<br>上部 1.2m 高空心挡板 |
| Ⅳ | 3m 高菱形孔隙防雪网 | 3m 高菱形孔隙防雪网 |

其中，断面Ⅰ所设置防雪栅孔隙率为 30%，断面Ⅱ所设置防雪栅孔隙率为 21%，断面Ⅲ所设置防雪栅孔隙率为 12%，断面Ⅳ设置的菱形孔隙防雪栅孔隙率为 34%。现场防雪栅布置图和积雪深度测量分布图见表 8-6。

**现场防雪栅布置图和积雪深度测量分布图** 表 8-6

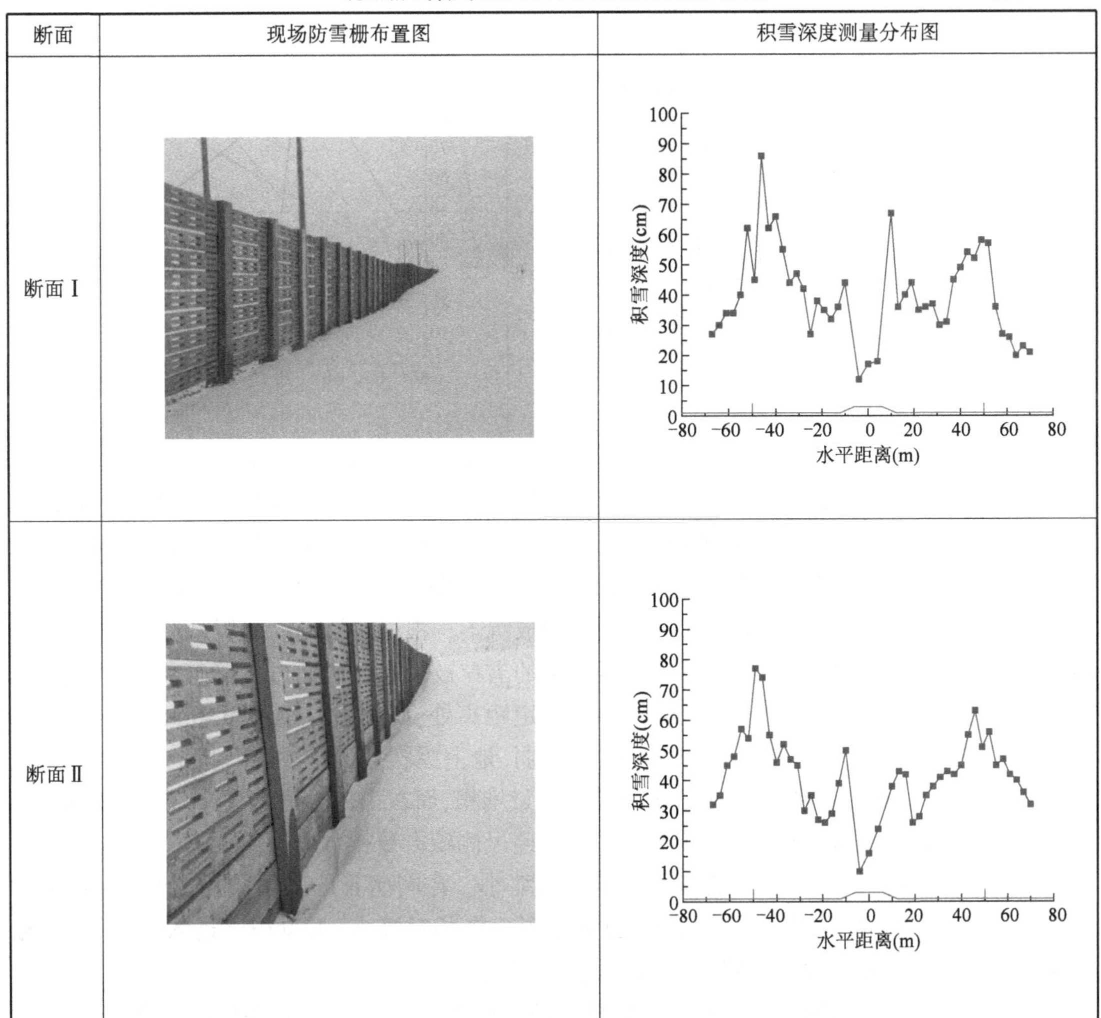

| 断面 | 现场防雪栅布置图 | 积雪深度测量分布图 |
|---|---|---|
| 断面Ⅰ | | |
| 断面Ⅱ | | |

续上表

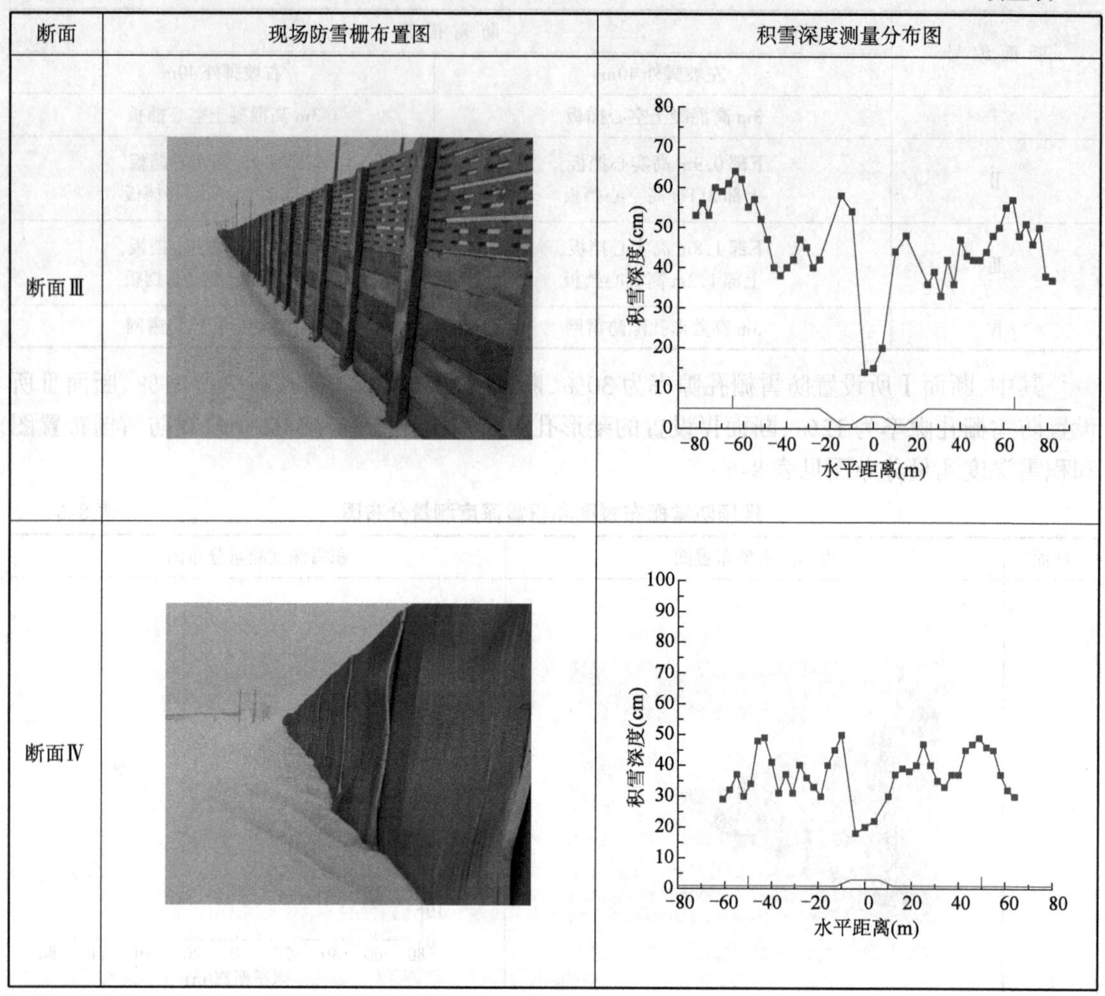

| 断面 | 现场防雪栅布置图 | 积雪深度测量分布图 |
|---|---|---|
| 断面Ⅲ | | |
| 断面Ⅳ | | |



由上表可以看出，在栅栏前后积雪形成明显堆积，而远离栅栏区域的区域，积雪相对较少，栅栏起到了一定的阻雪作用。顺着风雪来流方向，首先出现雪粒增多的是栅栏前后，部分雪粒在栅栏前形成堆积，而更多的还是穿越栅栏后形成的堆积，由于栅栏对风雪的阻碍作用，风速在栅栏背后大为降低，雪粒达不到起动速度而形成沉落。根据对风场的分析，风场在栅栏背后墙角处产生了涡流，因为风速减小而沉落至地上的雪粒被风卷起从而再次带向空中，因此雪粒最多的位置并不是紧靠栅栏处，而是栅栏背后一定距离处，此处雪粒沉积量达到最大；然后在逐渐远离栅栏的方向，栅栏对风速的影响慢慢减弱，地上雪粒逐渐减少，但是因为栅栏对近风速存在影响范围，可以看到，雪粒在 $7H$ 范围内大量堆积，而在 $7H$ 之后的范围，雪量相对稳定，$(10\sim11)H$ 之后的范围，堆积量重新增多。栅栏迎风侧积雪量相对较少。

随着孔隙率的减小，栅后雪粒堆积范围逐渐缩小。在断面Ⅲ的防雪栅后雪粒在 $6H$ 内形成大量堆积，而在 $6H$ 外，积雪深度变小，但仍处于一个相对高点，大量积雪进入积雪平台，栅栏迎风侧积雪量相对较大。但路基表面积雪深度不是很大。

区域Ⅳ的菱形防雪网采用镀锌方管立柱和防雪网组成，立柱间悬挂菱形防雪网，板片前后用钢片夹片固定于立柱主导风向侧，立柱上设置防盗螺栓固定。该区域内，栅栏前后，积雪出现一定程度的堆积，但与其他位置差别不大。栅栏的阻雪效果不大。大量的积雪通过栅栏，堆积在栅栏后，在路基坡脚形成堆积。远离栅栏方向，积雪相对稳定，处于相对高点。

**2）试验段2**

该路段设4个观测断面，不同排数、形式及孔隙率的防雪栅布置于距离坡脚40m或80m位置。通过监测设备数据以及现场调研，测量积雪深度断面，可以得到不同排数、形式及其孔隙率雪栅栏的防雪效果。监测设备设置于防雪栅两侧10m处。工程措施和观测点布设见表8-7。

**试验段2 防雪措施布置形式** 表8-7

| 断面编号 | 防雪措施 | | | |
|---|---|---|---|---|
| | 左坡脚外40m | 左坡脚外80m | 右坡脚外40m | 右坡脚外80m |
| Ⅰ | 3m高菱形固定式防雪网 | | | |
| Ⅱ | 3m高菱活动式防雪网 | | 3m高菱形活动式防雪网 | |
| Ⅲ | 3m高菱形活动式防雪网 | 3m高菱形活动式防雪网 | 3m高菱形活动式防雪网 | 3m高菱形活动式防雪网 |
| Ⅳ | | 5m高菱形活动式防雪网 | | 5m高菱形活动式防雪网 |

图8-19为上述各区域内的积雪深度测量分布图。其中断面Ⅰ区域内的栅栏前后积雪堆积量略多，但与远离栅栏方向区别不大，大量积雪堆积在远离栅栏方向。由于菱形防雪网孔较大，大量雪粒穿越栅栏，在栅栏后形成弱风区，从而积雪堆积。该形式阻雪效果一般，雪粒大量堆积在栅栏内侧，堆积范围直到路基坡脚。断面Ⅱ区域两侧设置栅栏，但发挥作用的主要是来流风向一侧防雪栅，栅栏两侧总体分布与断面Ⅰ区域较为接近。

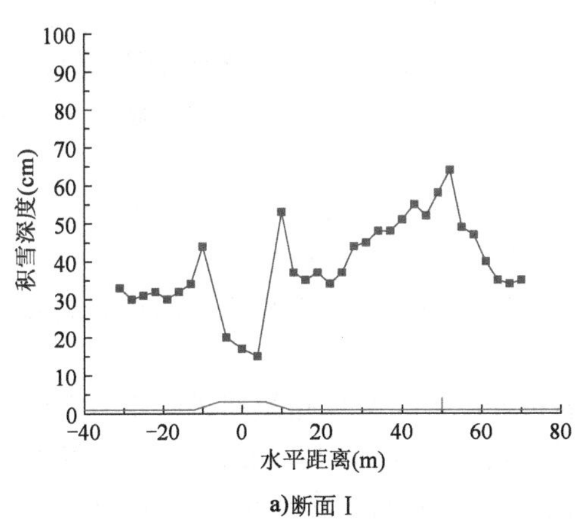

a)断面Ⅰ

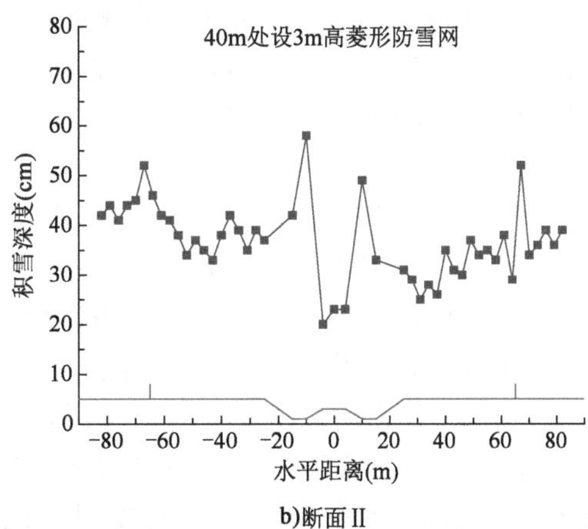

b)断面Ⅱ

图 8-19

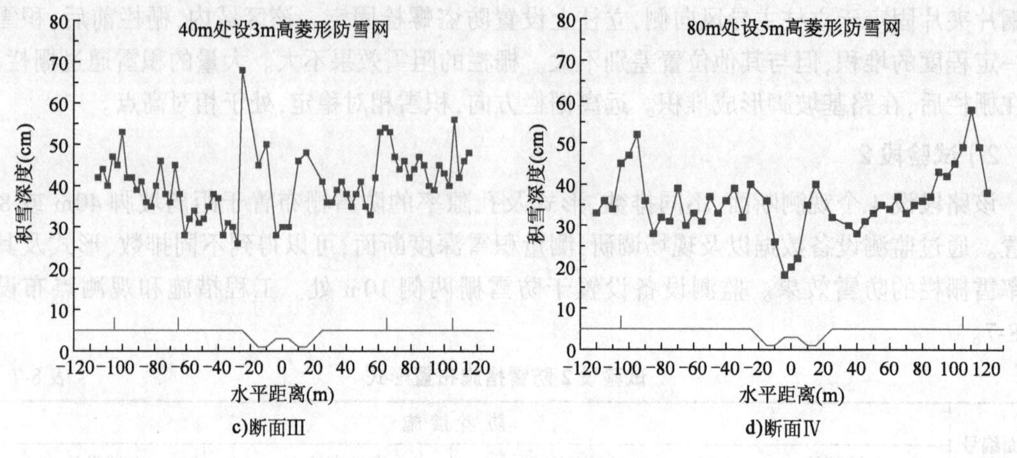


图 8-19 积雪深度折线图

断面Ⅲ区域两侧设置双排防雪栅,可以看到,栅栏前后,积雪堆积量较多,且最外侧栅栏前后积雪量大于内侧栅栏前后积雪量。但各区域积雪量变化不大,未出现积雪深度明显降低区域。大量雪粒堆积在栅栏内侧与积雪平台内,该形式阻雪效果一般。由于第二排防雪栅的存在,内侧防雪栅前后积雪小于外侧防雪栅前后积雪。故在一定程度上,两排防雪栅阻雪效果优于一排防雪栅;断面Ⅳ区域内栅栏前后积雪较多,并且栅后积雪延伸较长,说明高度较大的防雪栅对雪粒运动产生了明显的影响。

总结阿富准铁路沿线所采用的风吹雪相关研究方法,得到的主要结论如下:

(1)在风雪流的作用下,路堤高度与路基表面的积雪有较大关系。路堤高度越大,其路基表面风速越大,雪粒在大风速的作用下难以存留在路基表面上,减小了风吹雪灾害发生的可能性。当路堤高度小于2m时,布设防雪栅可以使路基表面的雪粒减少较为显著;路堑深度与路基表面的积雪有较大关系。路堑深度越小,路堑断面内风速越大,路基两侧积雪平台内的雪粒易向路基表面蔓延,形成较明显的风吹雪现象。当路堑深度小于2m时,布设防雪栅可使路基表面的雪粒较为显著地减少。

(2)单排栅栏孔隙率在55%左右时可以起到较好的阻雪效果,随着栅栏孔隙率从25%增加到85%,其路基表面的雪粒分布呈现先减小后增大的趋势。

(3)双排栅栏孔隙率在55%左右时可以起到较好的阻雪效果。在同样的工况条件下,双排栅栏阻雪效果比单排栅栏高20%左右,即在风吹雪灾害较严重的地区,双排栅栏可以起到比单排栅栏更好的阻雪效果。

(4)当栅栏用来防护路堤型路基时,其合适的布置位置为距离路堤迎风坡坡脚20~30m处。栅栏背后的雪粒沉积并不是紧挨着栅栏处发生的,而是在距离栅栏10m左右处形成弱风区,造成雪粒大量沉积,之后一段距离内逐渐保持稳定,所以路基与栅栏之间的距离应大于弱风区,在20~30m处阻雪效果达到最优。

(5)当栅栏用来防护路堑型路基时,其合适的布置位置为距离路堑迎风侧积雪平台坡顶40m左右处。栅栏距离过近会使路堑处于弱风区区域,雪量反而增多;栅栏距离过远时,其对路堑内积雪分布的影响不明显,对比发现,当栅栏距离路堑迎风坡坡顶40m与50m时,路基表面的积雪分布相对较少。

## 8.4 处治方法

### 8.4.1 风吹雪危险性考虑因素

风吹雪灾害的严重程度受多方面因素的影响,这些因素不仅复杂多变,而且还具有一定的模糊特征,一定程度上也增大了人们对风吹雪灾害危险性评估的难度。因此,如何准确识别危险源和建立相应的危险评价指标,对于风吹雪灾害危险性评价工作十分重要。

本章在参考相关文献与有关资料的基础上,通过对风吹雪灾害展开现场调查、监测分析、风洞试验、室外风洞试验以及数值模拟计算等方面的研究工作,将风吹雪灾害危险性的评价因子划分为两个层级。其中,一级评价因子划分为4种,包括风吹雪灾害发生区域环境条件、区域雪场条件、区域风场条件、路基设计参数;而二级评价因子则是对一级评价因子的进一步细化。

**1)区域环境条件**

大量文献表明,在各类风吹雪灾害中,对于现场环境条件的充分把握,对风吹雪灾害的影响很大,是评价风吹雪灾害严重程度的基础。考虑到风吹雪灾害现场环境条件因素的自身特点,将其细分为地形坡度特征和植被覆盖状况两类。其中地形坡度特征是现场地质条件、地形起伏等特征的综合体现,是影响风吹雪灾害的重要因素;植被覆盖程度是研究区域内植被的分布情况,其可以有效地减弱风吹雪的危害。一般来说,地形起伏较大、形成小山的地方,不易引发风吹雪灾害。

**2)区域雪场条件**

根据有关统计资料的分析可知,雪场条件是影响线路风吹雪灾害的主要因素。因为雪场条件为整个线路风吹雪提供了雪源,因此,充分掌握区域雪场条件,对于评价线路风吹雪灾害的危险性是十分必要的。

**3)区域风场条件**

风是风吹雪发生的必备条件之一,风的三个主要属性能够不同程度地影响铁路线路风吹雪的发生。首先是风向,风向能够影响雪粒移动方向,从而对线路产生影响;其次是风速,风速具有大小之分,不同的风速产生的风吹雪的规模是不同的;再次是大风所占的频率,在风速大时产生风吹雪的可能性越大,所以不同的大风频率产生风吹雪的可能性也不相同。本次研究风场数据是根据现场安装气象站得到的数据统计处理所得。

### 8.4.2 灾害易发性区划计算模型

本次研究采用层次分析法,即通过使人对判断事物的思维层次化、数学化之后,再定性与定量地对其进行分析。层次分析法的特点是在对复杂决策问题的影响因素进行深入分析之后，构造一个层次分析模型，之后通过定性与定量相结合的方法对决策内容数字化，从而为复杂决策目标提供决策方法。当我们在分析问题时可能会面临很多因素，单用定性的方法判断较片面，同时，面对复杂的资料许多因素是不能通过单纯的量化关系来表达的，往往需要把整个决策系统分级并分成若干个子系统，之后再通过分级后各子系统的决策因素的重要性进行量化，层次分析法就是一种为这类复杂的情况提供可靠、实用的解决思路的方法。

根据层次分析法的原理，此次对风吹雪易发性评价的步骤如下：

**1）建立层次结构模型**

根据收集到的工程和沿线风雪场数据选取指标集，并根据层次分析法把目标层设置为 $\boldsymbol{A}$（风吹雪易发性），准则层设置为 $\boldsymbol{B}_1$（区域环境条件）、$\boldsymbol{B}_2$（区域雪场条件）和 $\boldsymbol{B}_3$（区域风场条件），方案层依照各指标隶属准则层关系设置，如图 8-20 所示。

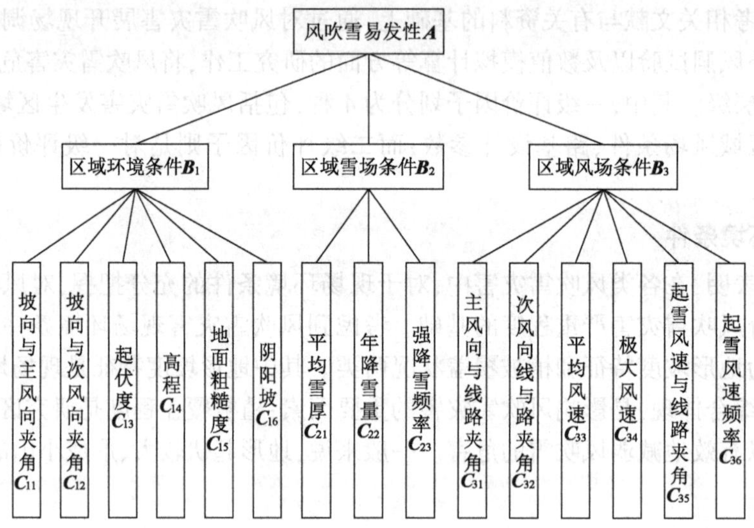


**图 8-20　风吹雪易发性层次结构示意图**

**2）构造判断矩阵**

表 8-8 为矩阵 $\boldsymbol{A}$ 的最大特征值及其对应的特征向量，设最大特征值为 $\lambda_{\max}$，对应的特征向量为 $\boldsymbol{\eta}$，通过计算可知：

$\lambda_{\max} = 3.05$；

$\boldsymbol{\eta} = (0.4425, 0.7024, 0.5575)^{\mathrm{T}}$；

$\mathrm{CI} = 0.03$；

$\mathrm{CR} = 0.02 < 0.1$，该矩阵满足一致性检验要求。

**矩　阵　$\boldsymbol{A}$**　　　　表 8-8

| 风吹雪易发性 $\boldsymbol{A}$ | $\boldsymbol{B}_1$ | $\boldsymbol{B}_2$ | $\boldsymbol{B}_3$ | 特征向量 | 单排序权重 $b_i$ |
|---|---|---|---|---|---|
| 区域环境条件 $\boldsymbol{B}_1$ | 1 | 1/2 | 1 | 0.4425 | 0.2599 |
| 区域雪场条件 $\boldsymbol{B}_2$ | 2 | 1 | 1 | 0.7024 | 0.4126 |
| 区域风场条件 $\boldsymbol{B}_3$ | 1 | 1 | 1 | 0.5575 | 0.3275 |

表8-9为矩阵$\boldsymbol{B}_1$的最大特征值及其对应的特征向量计算参数，设最大特征值为$\lambda_{max}$，对应的特征向量为$\boldsymbol{\eta}$，通过计算可知：

$\lambda_{max}=6.15$；

$\boldsymbol{\eta}=(0.27,0.21,0.77,0.07,0.52,0.11)^T$；

CI = 0.03；

CR = 0.02 < 0.1，该矩阵满足一致性检验要求。

矩 阵 $\boldsymbol{B}_1$ 表8-9

| 区域环境条件 $\boldsymbol{B}_1$ | 坡向与主风向夹角 $\boldsymbol{C}_{11}$ | 坡向与次风向夹角 $\boldsymbol{C}_{12}$ | 起伏度 $\boldsymbol{C}_{13}$ | 高程 $\boldsymbol{C}_{14}$ | 地面粗糙度 $\boldsymbol{C}_{15}$ | 阴阳坡 $\boldsymbol{C}_{16}$ | 特征向量 | 层次单排序权重 $c_1$ |
|---|---|---|---|---|---|---|---|---|
| $\boldsymbol{C}_{11}$ | 1 | 2 | 1/4 | 4 | 1/3 | 3 | 0.27 | 0.1391 |
| $\boldsymbol{C}_{12}$ | 1/2 | 1 | 1/3 | 3 | 1/2 | 2 | 0.21 | 0.1078 |
| $\boldsymbol{C}_{13}$ | 4 | 3 | 1 | 8 | 2 | 6 | 0.77 | 0.3954 |
| $\boldsymbol{C}_{14}$ | 1/4 | 1/3 | 1/8 | 1 | 1/7 | 1/2 | 0.07 | 0.0361 |
| $\boldsymbol{C}_{15}$ | 3 | 2 | 1/2 | 7 | 1 | 5 | 0.52 | 0.2651 |
| $\boldsymbol{C}_{16}$ | 1/3 | 1/2 | 1/6 | 2 | 1/5 | 1 | 0.11 | 0.0565 |

表8-10为矩阵$\boldsymbol{B}_2$的最大特征值及其对应的特征向量计算参数，设最大特征值为$\lambda_{max}$，对应的特征向量为$\boldsymbol{\eta}$，通过计算可知：

$\lambda_{max}=3.02$；

$\boldsymbol{\eta}=(0.85,0.19,0.49)^T$；

CI = 0.009；

CR = 0.016 < 0.1，该矩阵满足一致性检验要求。

矩 阵 $\boldsymbol{B}_2$ 表8-10

| 区域雪场条件 $\boldsymbol{B}_2$ | $\boldsymbol{C}_{21}$ | $\boldsymbol{C}_{22}$ | $\boldsymbol{C}_{23}$ | 特征向量 | 层次单排序权重 $c_2$ |
|---|---|---|---|---|---|
| 平均积雪深度 $\boldsymbol{C}_{21}$ | 1 | 4 | 2 | 0.85 | 0.5584 |
| 年降雪量 $\boldsymbol{C}_{22}$ | 1/4 | 1 | 1/3 | 0.19 | 0.1219 |
| 强降雪频次 $\boldsymbol{C}_{23}$ | 1/2 | 3 | 1 | 0.49 | 0.3196 |

表8-11为矩阵$\boldsymbol{B}_3$的最大特征值及其对应的特征向量计算参数，设最大特征值为$\lambda_{max}$，对应的特征向量为$\boldsymbol{\eta}$通过计算可知：

$\lambda_{max}=6.14$；

$\boldsymbol{\eta}=(0.52,0.33,0.18,0.12,0.74,0.17)^T$；

CI = 0.027；

CR = 0.047 < 0.1，该矩阵满足一致性检验要求。

矩 阵 $B_3$ 表 8-11

| 区域风场条件 $B_3$ | 主风向与线路夹角 $C_{31}$ | 次风向与线路夹角 $C_{32}$ | 平均风速 $C_{33}$ | 最大风速 $C_{34}$ | 起雪风速与线路夹角 $C_{35}$ | 起雪风速占比 $C_{36}$ | 特征向量 | 层次单排序权重 $c_3$ |
|---|---|---|---|---|---|---|---|---|
| $C_{31}$ | 1 | 2 | 3 | 5 | 1/2 | 3 | 0.52 | 0.2517 |
| $C_{32}$ | 1/2 | 1 | 2 | 4 | 1/3 | 2 | 0.33 | 0.1585 |
| $C_{33}$ | 1/3 | 1/2 | 1 | 2 | 1/4 | 1 | 0.18 | 0.0876 |
| $C_{34}$ | 1/5 | 1/4 | 1/2 | 1 | 1/5 | 1 | 0.12 | 0.0564 |
| $C_{35}$ | 2 | 3 | 4 | 5 | 1 | 3 | 0.74 | 0.3624 |
| $C_{36}$ | 1/3 | 1/2 | 1 | 1 | 1/3 | 1 | 0.17 | 0.0833 |

### 3）层次总排序

层次总排序可由公式 $W_i = b_i \cdot c_i (i=1,2,3)$ 计算，根据公式计算结果如下：

$$W_1 = b_1 \cdot c_1 = 0.2599 \cdot \begin{pmatrix} 0.1391 \\ 0.1078 \\ 0.3054 \\ 0.0361 \\ 0.2651 \\ 0.0565 \end{pmatrix} = \begin{pmatrix} 0.0362 \\ 0.0280 \\ 0.1028 \\ 0.0094 \\ 0.0689 \\ 0.0147 \end{pmatrix}$$

$$W_2 = b_2 \cdot c_2 = 0.4126 \cdot \begin{pmatrix} 0.5584 \\ 0.1219 \\ 0.3196 \end{pmatrix} = \begin{pmatrix} 0.2304 \\ 0.0503 \\ 0.1319 \end{pmatrix}$$

$$W_3 = b_3 \cdot c_3 = 0.3275 \cdot \begin{pmatrix} 0.2517 \\ 0.1585 \\ 0.0876 \\ 0.0564 \\ 0.3624 \\ 0.0833 \end{pmatrix} = \begin{pmatrix} 0.0824 \\ 0.0519 \\ 0.0287 \\ 0.0185 \\ 0.1187 \\ 0.0272 \end{pmatrix}$$

由以上计算结果可知，各指标所占权重值由大到小依次为：平均积雪深度（0.2304）、强降雪频次（0.1319）、起雪风速与线路夹角（0.1187）、起伏度（0.1028）、主风向与线路夹角（0.0824）、地面粗糙程度（0.0689）、次风向与线路夹角（0.0519）、年降雪量（0.0503）、坡向与主风向夹角（0.0362）、平均风速（0.0287）、坡向与次风向夹角（0.0280）、起雪风速占比（0.0272）、最大风速（0.0185）、阴阳坡（0.0147）、高程（0.0094）。

## 8.4.3 危险性区划划分结果

通过 Arcgis 重分类并进行叠加分析之后，为了相对全面地反映出线路风吹雪灾害的危险程度，本书在综合上述计算并参考有关资料的基础上，针对其危险性建立“4 级”模型。

Ⅰ级危险等级表示线路存在很低的风吹雪灾害可能性；Ⅱ级危险等级表示线路存在一般

的风吹雪灾害可能性；Ⅲ级危险等级表示线路存在较高的风吹雪灾害可能性；Ⅳ级危险等级表示线路存在较高的风吹雪灾害可能性。

**1）一级危险性区域划分**

根据阿富准铁路沿线地貌类型和沿线主要流场特征，将铁路沿线风吹雪一级危险性区域划分为11个区段，以下列举3个划分区段中主要考虑的因素和类型。

（1）山间冲、洪积平原区

该区域地形平坦，植被发育，农田较多，低洼处会有风吹雪堆积，整体风吹雪对线路影响小。

（2）低山丘陵区

该地域地形起伏大，山体较缓，山间洼地及坡脚容易积雪，整体风吹雪对线路影响较严重。

（3）低山丘陵区

该地域地形起伏大，山体陡峭，受山体阻挡，风向相对较小，整体风吹雪对线路影响中等。

**2）二级危险性区域划分**

根据风场和雪场情况，在全线初步划分的11个一级危险性区域中，每个区域进一步划分为若干个子区，通过分析该子区中风场、雪场特征，对区内危险性进行进一步划分，评价标准仍见表6-2。数据来源与现场安置的气象站得到的风速数据以及现场测量得到的平均积雪深度数据，划分在同一个子区里的风场、雪场条件相似。其划分主要考虑因素如下：

（1）DK0+000～DK18+000段，W、WNW方向的起雪风速占1.69%，ESE、SE、S方向的起雪风速占1.75%。最大风速14.1m/s。起雪风速的平均值为8.5m/s。本段农田与林带交错，地表植被发育，风吹雪对铁路影响较轻，主风向输雪量为8$m^3$/m，次风向输雪量为8$m^3$/m。危险性等级为Ⅱ级。

（2）DK18+000～DK33+420段，W、WNW方向的起雪风速占6.2%，ESE、SE、S方向的起雪风速占4.15%，最大风速为14.1m/s。起雪风速的平均值为8.5m/s。主风向输雪量为29$m^3$/m，次风向输雪量为18$m^3$/m。危险性等级为Ⅲ级。

（3）索尔苏隧道出口（DK37+720）—喀拉曼隧道进口（DK90+000）段，WSW、W方向的起雪风速占11.37%，NNE、N方向的起雪风速占4.87%，最大风速为11.7～17.2m/s。起雪风速的平均值为9.9m/s。主风向输雪量约58$m^3$/m，次风向输雪量约27$m^3$/m。危险性等级为Ⅳ级。

**3）三级危险性区域划分**

（1）轻微风吹雪

危险性等级为Ⅰ～Ⅱ级，该等级区域内路基面风吹雪厚度小于10cm，虽然也可产生风吹雪，但对铁路的危害较小，因此一般不防护。

危险性等级为Ⅲ～Ⅳ级，该等级区域内路堤高度或路堑深度通常大于3m，而沿线桥梁和隧道区域虽然也易产生风吹雪现象，但对铁路的积雪灾害影响较小，一般不予防护，因此也将其划分为该危险性等级区间。

（2）中等风吹雪

危险性等级为Ⅲ级，路基面风吹雪厚度为10～30cm，对列车运行有较大影响。

危险性等级为三级,路堤高度小于2m,路堑深度小于2m,该区域风吹雪现象严重,同时对铁路危害较大,应根据具体情况予以防护。

(3)严重风吹雪

危险性等级为Ⅳ级,路基面风吹雪厚度大于30cm,严重影响列车运行,为风吹重点防护段落。

危险性等级为Ⅳ级,路堤高度小于1m,路堑深度小于1m,该区域风吹雪现场严重,同时对铁路危害极大,应根据具体情况重点防护。

在划分等级之后,运用ARCGIS的统计工具,统计各分区数据见表8-12。

**层次分析法易发性分区结果统计表** 表8-12

| 易发性等级 | 各分区栅格数($N_1$) | 各分区面积占比(ATP,%) | 现场观测严重点位数(SOP) | 现场观测严重点位占比(PTP,%) |
|---|---|---|---|---|
| 极高易发区Ⅳ | 679554 | 22.77 | 287 | 48.98 |
| 高易发区Ⅲ | 841255 | 28.18 | 160 | 27.30 |
| 低易发区Ⅱ | 853721 | 28.60 | 101 | 17.24 |
| 极低易发区Ⅰ | 610288 | 20.45 | 38 | 6.48 |

可以看到,位于极高易发区的严重点位占比为48.98%、高易发区的严重点位占比27.30%、低易发区栈中点位占比17.24%、极低易发区严重点位占比6.48%,严重点位数随易发区等级的降低而减少。

本次评价的灾害严重区域与现场调查结果基本一致,说明层次分析法可适应于该铁路的风吹雪灾害区域划分。

根据现场对线路区域环境条件、区域雪场条件、区域风场条件和路基形式的调查,总结阿富准铁路全线路基风吹雪程度,并综合多种模拟试验结果的结论,对全线风吹雪灾害危险性进行综合评价,在高风险地区预设防护措施。全线统计部分结果见表8-13。

**示意阿富准铁路全线风吹雪灾害评价表** 表8-13

| 序号 | 起讫里程 | 长度(m) | 路堤高度(m) | 路堑高度(m) | 积雪深度(cm) | | | 主风向平均起雪风速(m/s) | 主风向 | 次风向 | 危险性评价等级 | 备注 |
|---|---|---|---|---|---|---|---|---|---|---|---|---|
| | | | | | 原地面积雪深度 | 路基中心 | 坡脚 | | | | | |
| 1 | DK0+000~DK17+516 | 17516 | 耕地 | | 10 | 5 | 10 | | | | 无 | 不防护 |
| 2 | DK17+516~DK19+316 | 1800 | 特大桥 | | | 2 | | | | | 无 | 不防护 |
| 3 | DK19+316~DK20+394 | 1078 | >1 | | 11 | 5 | 13 | | | | Ⅰ | 不防护 |
| 4 | DK20+394~DK20+649 | 255 | 大桥 | | | 3 | | | | | 无 | 不防护 |
| 5 | DK20+649~DK21+180 | 531 | >1 | | 11.2 | 6 | 14.5 | | | | Ⅰ | 不防护 |
| 6 | DK21+180~DK21+300 | 120 | <1 | <1 | 11.7 | 12.3 | 15.6 | 8.5 | W、WNW | ESE、SE、S | Ⅲ | 双侧防护 |
| 7 | DK21+300~DK22+086 | 786 | >1 | | 13.2 | 5.2 | 10.5 | | | | Ⅰ | 不防护 |
| 8 | DK22+086~DK22+274 | 188 | 大桥 | | | 3 | | | | | 无 | 不防护 |
| 9 | DK22+274~DK23+971 | 1697 | >1 | | 10.6 | 4.3 | 11.2 | | | | Ⅰ | 不防护 |

### 8.4.4 全线防治措施

新建铁路阿富准东线线路全长 418.706km。路基长度为 377.519km，占线路长度的 90.16%。全段受风吹雪影响的路基长度 294.8km，占全段路基长度的82.36%。经危险性评估，需要进行风吹雪防护的路基长度约 67km。

综合现场风吹雪积雪深度、气象地形地貌、路基断面形式以及填挖高度等影响因素，对路基两侧分别进行风吹雪危险性评估，划分为轻度、低危险、中等危险、高危险四个危险等级。车站、隧道进出口、路堤路堑衔接段等重点部位，根据情况适当提高防护等级。结合等级划分，防护原则如下：

(1)轻度危险不防护。低危险、中等危险、高危险三个危险等级需设置防护工程。

(2)具备植物防护条件时，优先采用植物防护(图 8-21)。植物树种以红柳为主，也可采用一些当地的耐旱植物。植物位于堑顶外 10m。路基两侧各种 4 行，行间距 1.0m。列间距 1.0m。树坑周边筑起 0.2m 高土埂以收集和拦截雨水。灌木林外侧 5.0m 处设刺铁丝防护网，以防人畜破坏。

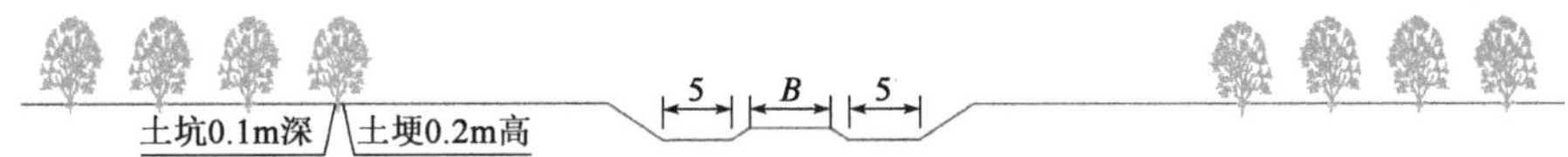


**图 8-21 植物防护断面布置示意图**(尺寸单位:m)

(3)结合土石方调配情况，当存在弃方时，利用多余的土方筑堤防雪(图 8-22)，以减少土方外运和占地，节省工程投资。

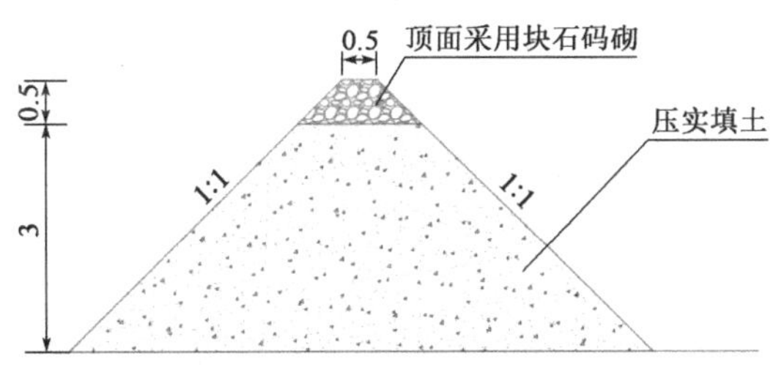


**图 8-22 3.5m 高土堤式阻雪**(尺寸单位:m)

(4)不具备弃方利用和植物防护条件时，低危险及以上地段采用插板式钢筋混凝土防雪栅防护(图 8-23、图 8-24)，孔隙率 33%，其中低风险地段设置一道 2m 高防雪栅，防雪栅距路堤坡脚 20m，距路堑顶 30m；中风险地段设一道 3m 高防雪栅(图 8-25)，栅栏距路堤坡脚 30m，距路堑顶 40m；高风险地段设一道 3m 高和一道 2m 高防雪栅组合防护。栅栏分别距离坡脚或堑顶 30m、66m。

在运输困难地段，采用装配式复合玻纤板防雪栅(图 8-26)，立柱间距 5m，立柱采用槽型钢，通过螺栓将玻纤板固定在立柱上(图 8-27)。

局部地段采用竹竿排式防雪栅(图 8-28)。采用直径 5cm 的竹竿间隔捆绑，立柱间距 4.0m，竹竿进行防腐处理，以提高其耐久性。

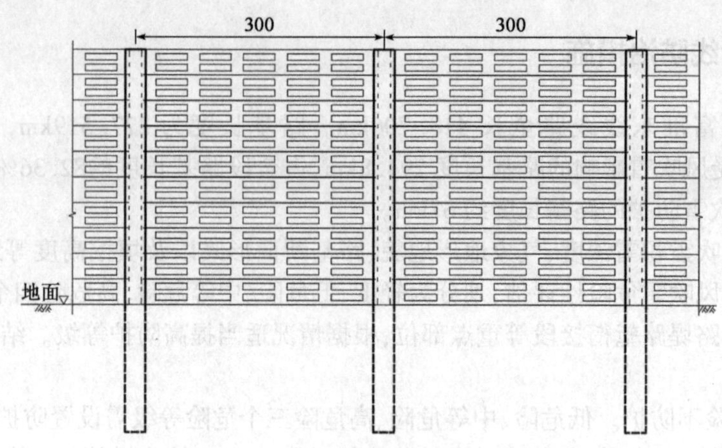


图 8-23　3m 高防雪栅正面图(尺寸单位:cm)

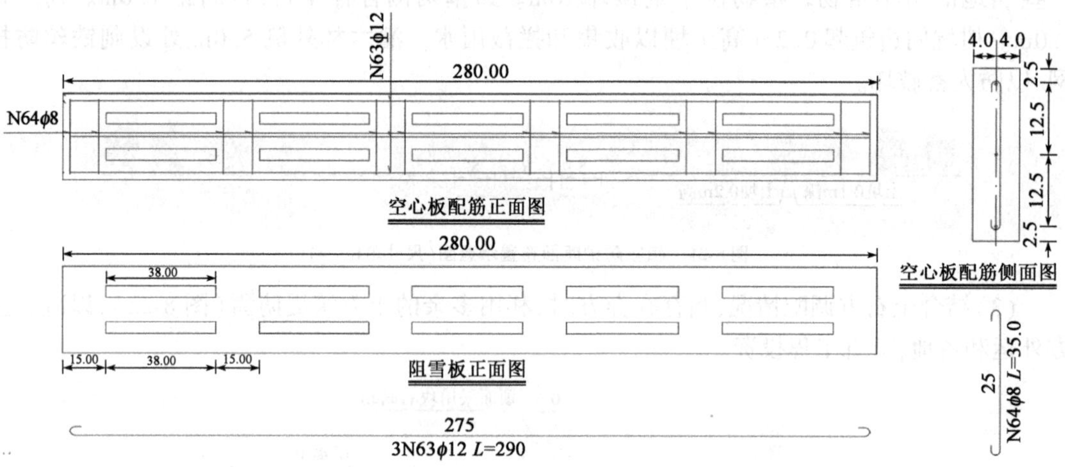


图 8-24　钢筋混凝土插板详图(尺寸单位:cm)

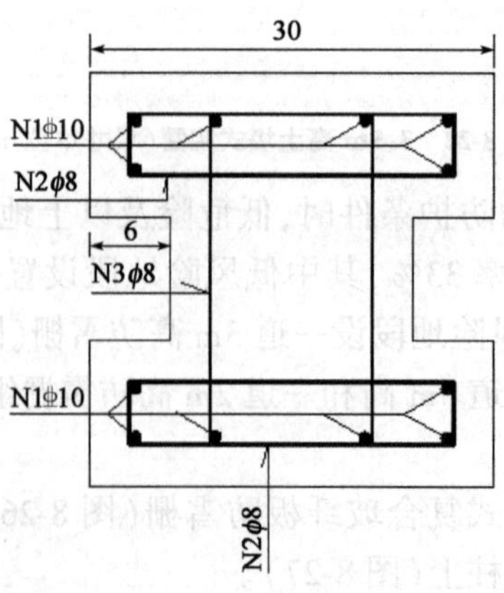


图 8-25　立柱剖面图(尺寸单位:cm)

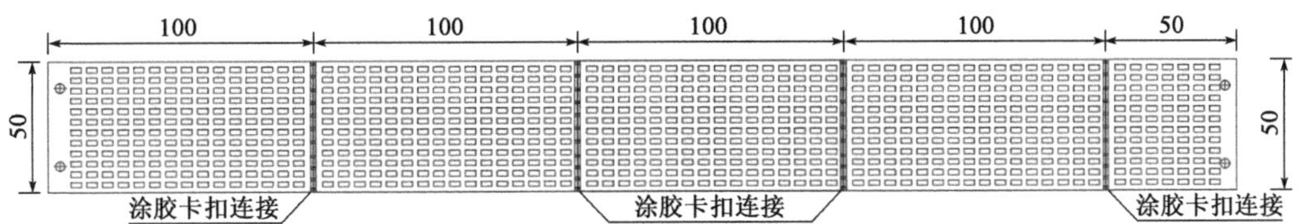


**图 8-26 装配式复合玻纤防雪板大样图**(尺寸单位:cm)

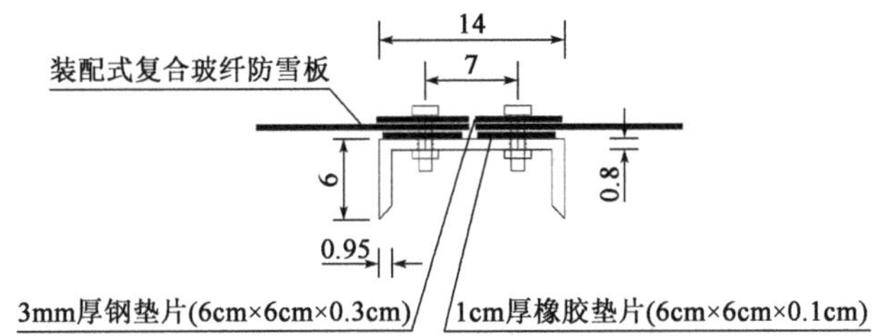


**图 8-27 立柱、垫片、网片及螺栓连接图**(尺寸单位:cm)

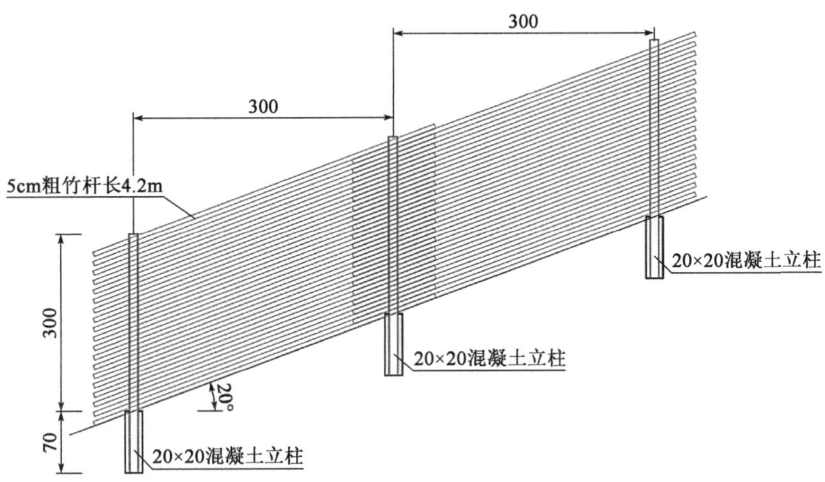


**图 8-28 竹排式防雪栅正面图**(尺寸单位:cm)

遇到桥涵隧道线路防护栅栏时,应做好相关工程设施的衔接,当构筑物防护体系断开时,起止位置采用防雪栅进行封闭。

施工图阶段主要防护工程量:土堤 3.038km,植物防护 0.9km,2m 高混凝土防雪栅 53.28km,3m 高混凝土防雪栅 57.8km,2m 高复核玻纤板防雪栅 1.58km,3m 高复核玻纤板防雪栅 13.4km,3m 高竹竿排式防雪栅 0.91km。

# 第9章

# 复杂山区铁路风吹雪灾害防治案例——精伊霍铁路

精伊霍铁路(精河—伊宁—霍尔果斯铁路)位于新疆西北部地区,属温带内陆干旱区山地气候。线路所经博罗霍洛山是伊犁谷地北侧的主要山脉。博罗霍洛山南坡为西风气流的迎风坡,积雪深厚,积雪期漫长,风吹雪灾害非常发育。在博提塔勒德河至越岭隧道口的崇山峻岭区海拔较高,地形起伏,高差大,坡度陡峻,是雪害的严重发生区。中铁第一勘察设计院集团有限公司在精伊霍铁路建设的过程中对风吹雪灾害防治进行了系统的研究,取得了丰富的成果。

## 9.1 工况概述

精伊霍铁路属于国家路网干线,是具有战略地位的交通基础设施。其独特的地形地貌和气象特征是风雪灾害发生的主要因素。

### 9.1.1 地理位置及线路概况

精伊霍铁路位于新疆西部北疆地区的博尔塔拉蒙古族自治州和伊犁哈萨克自治州境内,该线从既有兰新铁路精河车站接轨,向南穿越北天山进入伊犁州境内,途经尼勒克、伊宁县、伊宁市,再向西沿218、312国道经霍城县、清水河镇至霍尔果斯口岸,沿线共设21个车站,线路全长286km。

### 9.1.2 地形地貌

精伊霍铁路从准噶尔盆地的精河县翻越天山西部的博罗霍洛山,到达伊犁盆地的伊宁市,线路途经三个地貌单元,分别为洪积戈壁平原区(精河县至博罗霍洛山山脚段)、博罗霍洛山区、伊犁盆地区。

精河至山脚的洪积戈壁平原属天山北部准噶尔盆地的一部分,地表物质由洪积相的砾石、砂土组成,经风吹蚀后形成戈壁滩,地势平缓,植被稀少,多为旱生的红柳、梭梭、蒿等。此区降雨稀少,年降雨量约200mm,冬季降雪量小、积雪薄,平均只有20cm左右,无雪害发生。

博罗霍洛山是伊犁谷地北面的主要山脉。根据地形和气候条件,可分为北坡和南坡。北坡为西风气流的背风坡、雨影区,降雨稀少,每年300~400mm,日照时间短,热量少,植被稀疏,多为耐干冷的灌木蒿草,只在海拔2000m以上有少量雪岭云杉林分布,出露地层以新生代岩层为主,冲沟发育,岩石破碎,物理风化作用占优势,土壤瘠薄。

南坡为西风气流的迎风坡,降雨丰富,年降雨量700~800mm,日照充足,植被茂盛。海拔1600m以上阴坡分布有茂密的雪岭云杉林,海拔1600m以下生长着灌木和茂盛的草本植物,为夏季牧场。南坡又可以根据地貌形态,以博提塔勒德河为界分为以下两部分:

博提塔勒德河以上至博罗霍洛山山脊线为崇山峻岭区,以冰缘作用和干燥作用为主,此区地形高差大,地表起伏剧烈,地形切割破碎,基岩裸露,较少第四纪松散沉积,但降水最为丰富,也是积雪分布最厚的区域,阴坡生长着茂盛的雪岭云杉林(图9-1)。

博提塔勒德河以下至不列开河为低山丘陵,是第四纪风成黄土覆盖区,第四纪风成和次生粉质黄土覆盖于第三纪泥砂岩上，基岩很少裸露，黄土地貌发育，黄土塬地貌较少，黄土梁、峁较发育。因此地形高差小，起伏平缓，地表无林木，草本植物生长茂盛，也是牧民夏牧场所在地。

图9-1 精伊霍铁路沿线积雪

## 9.1.3 气象特征

精伊霍铁路通过的伊犁地区属温带内陆干旱区山地气候，影响其气候的大气环流的基本特征主要是冬季处于蒙古高压的控制，春季蒙古高压迅速减弱西退，夏季蒙古高压完全消失，新疆等北半球大陆被以印度为中心的大陆低压控制；秋季，蒙古高压得到加强，印度低压和太平洋高压退出大陆，新疆又开始受到蒙古高压的影响。

伊犁地区水汽主要来自大西洋，四季分明，冬季漫长，由于谷地影响，严寒期短，夏季气温高并且干燥。春夏季多雨湿润，冬秋季少雨。伊犁地区年平均气温7.6℃，霍尔果斯和霍城年平均气温最高为9.5℃，昭苏最低，为3.2℃。伊犁地区最冷月是1月，平均气温-9.6℃，最热月是7月，平均气温20.9℃，年较差较大，达到30.4℃。

在伊犁河谷、盆地，风受高山阻挡，风速小，平均为1.4m/s，河谷西部风速比东部稍大，风向基本与河谷走向平行，东西向。一年中，大于17.0m/s的大风日数10~20d。山区中地形对风的影响很大。

伊犁河谷周边山地位于中纬度地区，四季分明，冬季寒冷。积雪期长达5个月之久，许多降水以积雪形式积累下来。

蒙玛拉尔年降水量818.6mm，冬季降水量211.8mm，30年一遇的最大积雪深度211cm。

套苏布台降水量592.4mm，冬季降水量153.2mm，30年一遇最大积雪深度160cm。

中国科学院天山积雪站多年平均降水量为836mm，平均最大积雪深度达86cm，年最大积雪深度152cm。

与全疆相比，精伊霍铁路经过处博罗霍洛山南坡是新疆雪害发生最严重的地区之一，雪崩和风吹雪灾害都很发育。积雪深厚，积雪期漫长。在博提塔勒德河以上至越岭隧道口的崇山峻岭区，山体由基岩组成，海拔较高，地形起伏，高差大，坡度陡峻，为雪崩的发生提供了良好的条件，是雪崩灾害的严重发生区（图9-2、图9-3）。而从博提塔勒德河以下至布列开河缓坡丘陵区，地形较平缓，高差小，风速很大，无森林发布，只生长草本和灌木，这也为风吹雪的发生提供了良好的条件，因此风吹雪灾害发生频繁，危害严重。

图 9-2　易产生雪崩灾害区域

图 9-3　雪崩灾害的严重发生区

## 9.1.4　精伊霍铁路雪崩特征

精伊霍铁路沿线山区雪崩频繁发生，是主要的雪害类型之一，本节按照不同的划分原则，对雪崩进行分析。

**1）按照发生条件和特征分类**

按照发生条件和特征分类，精伊霍铁路沿线雪崩主要分为新雪雪崩和全层性雪崩。

（1）新雪雪崩

由于连续的降雪，使积雪的厚度迅速增加，当积雪深度超过在山坡上的稳定极限厚度时，新雪在自重作用下处于极不稳定状态，由于温度和外界环境等因素的诱发，雪层出现裂隙，并且向下滑动而形成雪崩，此类雪崩具有极大的运动速度和能量，对路基和建筑物具有较强的破坏作用。

由于天山地处内陆腹地，远离海洋冬季。冬季降雪次数有限，但大的降雪过程中降雪量占整个冬季降雪量的比例较大，同时冬季降雪期长，气候寒冷，平均气温在 -20℃以下，空气湿度非常小，这决定了天山积雪属于“干寒型”。含水率非常小，密度也很小，最小密度为 $0.09 g/cm^3$，新雪雪崩一般发生在寒冷的冬季。危险性较大的新雪雪崩一般发生于一次大的降雪过程后。春季这种雪崩很少出现。天山积雪、雪崩站20多年的观测资料表明，新雪雪崩是天山西部山地经常发生的一种雪崩类型。

(2)全层性雪崩

全层性雪崩多发生于冬末春初。当气温上升，积雪开始融化，或在高温降雪条件下积雪表面融化，融水下渗，使整个积雪层含水率增大，积雪内的抗压强度和内聚力减弱，在自重或其他外在因素作用下，积雪体沿山坡下滑而发生全层性雪崩。

这类雪崩的含水率高、密度大，常携带大量的碎石或植物的残骸等物质，一旦发生，规模巨大、破坏力极强。如果发生在强烈的消融时，此时雪层中饱含水分，虽然雪崩的运动速度慢，但冲击力大，对道路和建筑物的摧毁性强。此类雪崩一旦发生，将给铁路线带来严重的危害。

**2）按照地貌形态分类**

精伊霍铁路沿线的雪崩，可按照地貌形态分为三种类型：

(1)沟槽雪崩

沟槽雪崩(图9-4)的雪崩体沿着沟槽运动，具有固定的运动路线，有明显的积雪区、运动区和堆积区，沟槽雪崩一般表现为运动速度快，冲击和刨蚀作用大，谷底多呈U形，谷壁光滑，少林木，多见旗树和刀形灌木丛，上部积雪区常呈漏斗状，运动区有明显的侵蚀槽，运动区一般路线较长，形成具有较高速度和极强破坏性的雪崩。精伊霍铁路线路附近沟槽雪崩相对发生得较为频繁，多为降大雪时以及降雪后几天内的新雪雪崩。

图9-4　沟槽雪崩

(2)坡面雪崩

坡面雪崩即雪崩体顺着整个山坡滑动，无固定运动路线，积雪区较为分散，无明显沟槽和侵蚀沟。雪崩运动速度相对缓慢，运动路线短小而平直，无明显的运动区，冲击力不大，雪崩量相对小，破坏力也不大。雪崩多发生在降雪后和初春最大积雪期，坡面雪崩在阳坡和阴坡一并存在，是该区分布数量最多的雪崩类型。虽然该类雪崩的冲击力没有沟槽雪崩大，但其堆积长度大,在线路上呈线段状堆积,高度可达 2 ~5m,严重阻碍铁路交通。

(3)沟坡雪崩

沟坡雪崩是坡面雪崩与沟槽雪崩的混合型,一般上部地形具备坡面雪崩的地形特点,沟槽不明显,隐约可见,运动区长短和坡度也不定,下部地形具有沟槽雪崩的特点,有一定的积雪区,积雪范围不明显,侵蚀漏斗形态各不相同,雪崩量比坡面雪崩和沟槽雪崩都大。该类雪崩在一般积雪年份以新雪雪崩形态局部发生,灾害程度相对较小,但在大雪年份,一旦全层性雪崩发生,将会对铁路造成特大灾害。

## 9.2 防治思路与方法

通过对收集的资料进行分析可知,平均风速、最大风速等是影响雪害发生和判断雪害发生规模及其危害程度的控制性要素,现有资料来自附近有限的气象站观测资料以及临近地区的气象观测,距离较远,深度不足,为此对精伊霍铁路沿线雪害发生地的风向和积雪深度进行了现场观测。

### 9.2.1 研究内容和采用的技术路线

本实例的研究目的是分析区内风吹雪灾害特征和影响因素,进而提出防治措施和方案。研究思路是通过野外观测和资料搜集,探讨精伊霍铁路沿线风吹雪灾害的基本特征,然后结合对风速、降雪观测数据的分析,总结风吹雪灾害的影响因素以及与路基形式的关系,最后提出雪害防治措施方案。主要研究内容为:

(1)通过野外调查和资料收集,总结研究区内的地质构造、地形地貌、气候、植被等资料以及已有风吹雪灾害研究成果,并选取试验段风速、积雪深度等进行现场观测。

(2)利用现场监测和历史风雪气象数据,分析本线路区域内风吹雪的基本特征。

(3)分析研究区内风吹雪灾害的各个影响因素,重点研究路基断面形式与雪害的关系。

(4)通过对各种常用防雪措施的对比、综合研究,提出了研究区适宜的防雪措施搭配使用方案。

研究的主要技术路线如图 9-5 所示。

### 9.2.2 沿线风场监测及资料分析

项目周边仅有伊宁市气象站和尼勒克气象站,但距离较远,数据不全,为此于 2005 年 3 月 2—17 日,在塔尔、尼勒克和博提塔勒德三地建立观测点,以 2m 高度、10min 间隔对风向进行了连续观测,取得了风向数据,并根据应用气象学和气象统计方法进行推算,得到所需气象要素结果。

塔尔、尼勒克、博提塔勒德三个观测点皆位于博罗霍洛山南坡,除主要受西风环流的偏西风作用和特殊地形产生的偏东风作用外,还受来自博罗霍洛山偏北风的影响,风向比较复杂,主要集中在偏北、偏东、偏西三个方向。

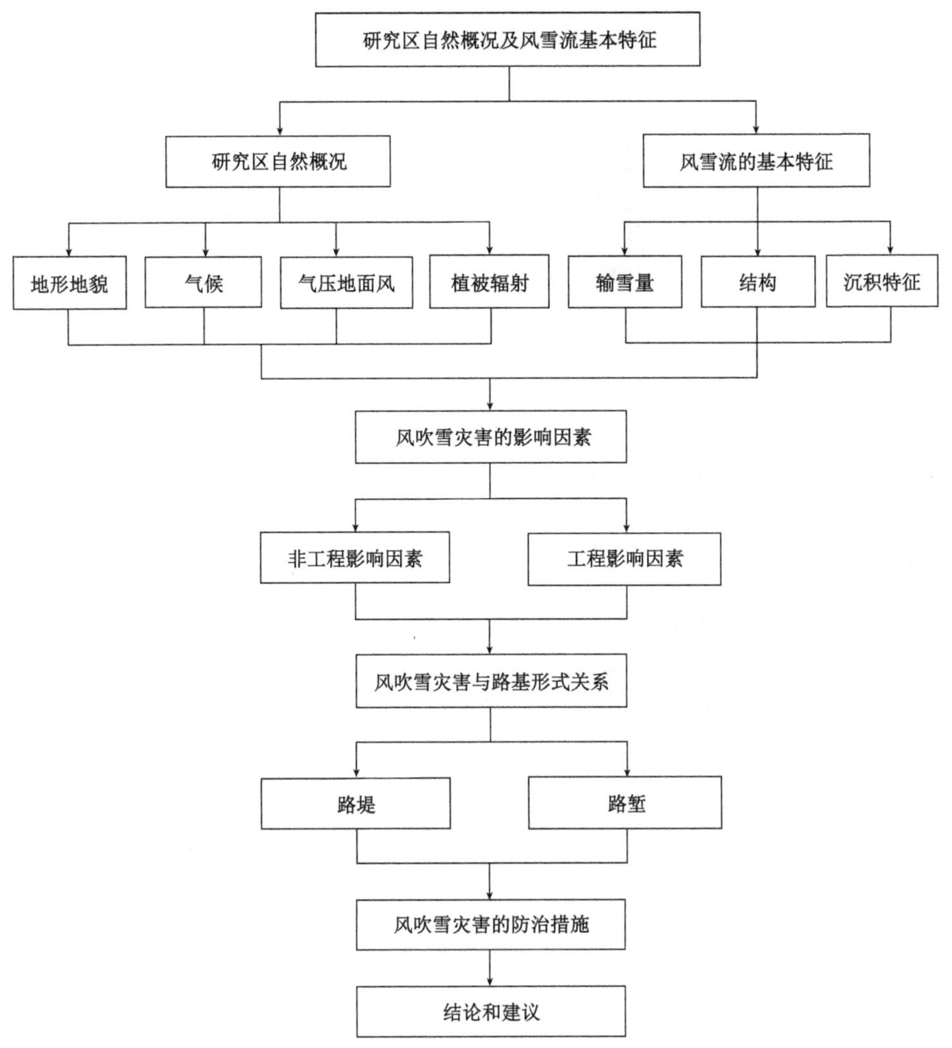


图 9-5 精伊霍铁路风吹雪灾害研究的主要技术路线

### 1）塔尔观测点

塔尔观测点（图 9-6）位于塔尔车站附近，海拔 1100m，观测点地形为平缓丘陵，北部是博罗霍洛山，东、南、西三面开阔。

将 2005 年 3 月 2—17 日塔尔观测点的风向实测数据绘成风向玫瑰图（图 9-7），结果显示，塔尔观测点出现最多的风向为偏西风（WNW，W，WSW，SW），出现频率为 31.1%；其次为偏东风（ENE，E，ESE，SE），出现频率为 29.7%；另外，北风也占有一定的比例。这种现象出现的原因是塔尔位于博罗霍洛山南坡山前较为开阔的丘陵地带，有天气过程时西风环流的作用明显强于局地环流，风向表现为西风环流占主导的偏西风；无天气过程时西风环流作用减弱，局地环流的作用相对加强，风向表现为局地环流占主导的偏东风和偏北风；另外，由于空气的湍流作用，其他方向上的风向也有一定表现。

图 9-6 塔尔自动气象观测点位置和 Davis Vantage PR02 型自动气象观测仪器

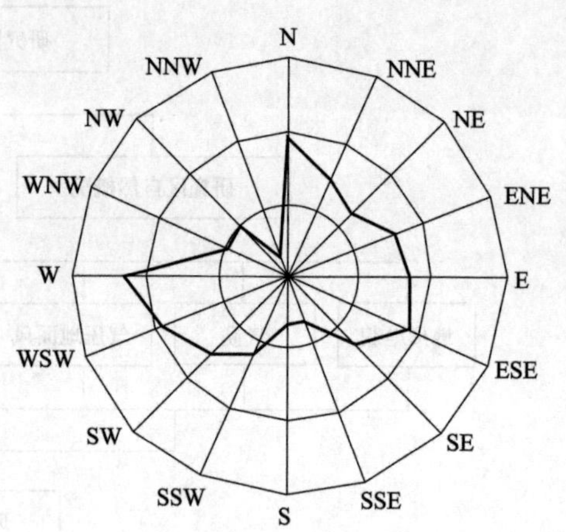


图 9-7 塔尔总风向玫瑰图

**2）尼勒克观测点**

尼勒克观测点位于精伊霍铁路线尼勒克车站，海拔 1260m，设点地形为缓坡丘陵上，地形平缓，无高大乔木，有稀疏灌木，主要为茂盛的草甸，是牧民的夏季牧场，西北面是博罗霍洛山，其他方向相对开阔。气象观测点具体安装实景如图 9-8 所示。

图 9-8 尼勒克自动气象观测点地形和 Davis Vantage PR02 型自动气象站实景

将 2005 年 3 月 2—17 日尼勒克观测点的风向实测数据绘成尼勒克总风向玫瑰图（图 9-9），结果显示，尼勒克观测点出现最多的风向为偏东风（ENE，E，ESE，NE），出现频率为 65.6%。说明总体上西风环流的影响比较小，局地环流的影响占绝对优势。

**3）博提塔勒德观测点**

博提塔勒德观测点位于精伊霍铁路线博提塔勒德河附近，海拔 1450m。博提塔勒德测点位于大致西北—东南走向的山谷中偏南侧山前的坡地上，三面环山，山谷西北部开口较大，东南部比较狭窄,呈喇叭状。

将博提塔勒德观测点的风向数据绘成风向玫瑰图(图 9-10),结果显示,博提塔勒德观测点出现最多的风向为偏东风(E,ENE),出现频率为 34.8%,其次为偏北风(NE,NNE),出现频率为 23.4%,偏西风所占比例不大。说明局地环流的影响占主导地位,西风环流的影响较弱。

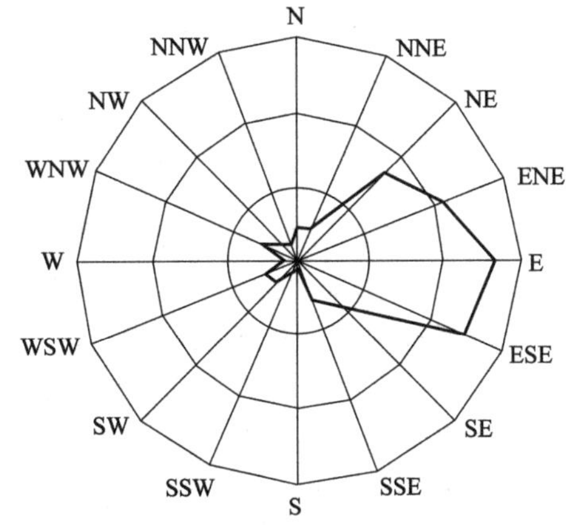


图 9-9　尼勒克车站自动气象观测点总风向玫瑰图

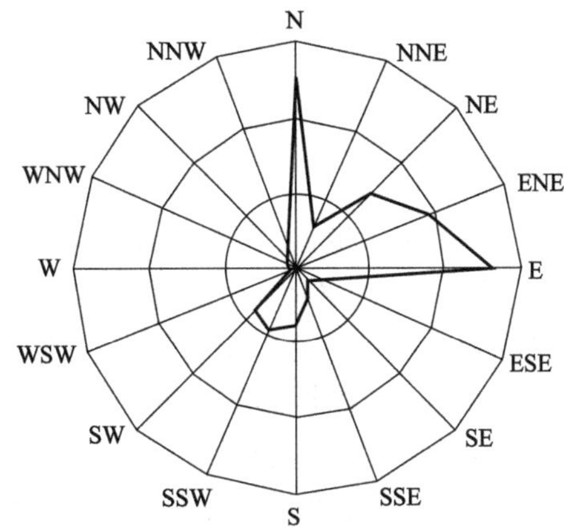


图 9-10　博提塔勒德自动气象观测点总风向玫瑰图

### 4)三地风速资料分析

为了得出铁路沿线的风速分布规律,现将塔尔、尼勒克、博提塔勒德三地风速总体情况进行对比分析,三地平均风速和最大风速分布规律见表 9-1。

**铁路沿线各风向平均风速和最大风速分析**　　表 9-1

| 风　向 | 风速(m/s) | | | | | |
|---|---|---|---|---|---|---|
| | 塔尔 | | 尼勒克 | | 博提塔勒德 | |
| | 平均风速 | 最大风速 | 平均风速 | 最大风速 | 平均风速 | 最大风速 |
| N | 9.3 | 24.1 | 1.6 | 10.3 | 4.1 | 13.4 |
| NNE | 1.8 | 20.6 | 1.5 | 8.9 | 1.5 | 8.5 |
| NE | 1.1 | 8.9 | 2.0 | 9.4 | 1.2 | 17.4 |
| ENE | 2.5 | 8.0 | 8.0 | 13.0 | 1.0 | 10.7 |
| E | 2.4 | 8.0 | 5.2 | 22.4 | 0.7 | 7.6 |
| ESE | 2.4 | 9.4 | 6.8 | 21.5 | 0.6 | 2.7 |
| SE | 1.4 | 9.4 | 4.0 | 18.3 | 0.6 | 12.5 |
| SSE | 1.0 | 9.8 | 1.9 | 13.4 | 0.3 | 5.8 |
| S | 0.9 | 7.2 | 1.5 | 4.0 | 1.4 | 9.4 |
| SSE | 0.8 | 8.5 | 0.6 | 5.8 | 1.3 | 11.2 |
| SE | 1.1 | 8.9 | 2.2 | 12.5 | 1.1 | 9.8 |
| WSW | 3.0 | 16.5 | 5.2 | 14.8 | 0.4 | 4.9 |
| W | 3.8 | 19.7 | 4.7 | 15.2 | 0.6 | 2.7 |

续上表

| 风　向 | 风速(m/s) | | | | | |
|---|---|---|---|---|---|---|
| | 塔尔 | | 尼勒克 | | 博提塔勒德 | |
| | 平均风速 | 最大风速 | 平均风速 | 最大风速 | 平均风速 | 最大风速 |
| WNW | 4.2 | 17.0 | 6.1 | 16.5 | 0.9 | 3.6 |
| NW | 0.4 | 15.2 | 2.8 | 16.5 | 0.1 | 8.5 |
| NNW | 0.9 | 22.8 | 1.0 | 6.3 | 1.8 | 9.8 |
| 总平均风速 | 2.3 | | 3.4 | | 1.1 | |
| 最大值 | 24.1 | | 22.4 | | 17.4 | |

从表9-1中可见，就平均风速而言，尼勒克最大，塔尔次之，博提塔勒德最小。对于最大风速来说，塔尔最大，尼勒克次之，博提塔勒德最小。这反映出了地形对风速的影响，博提塔勒德风速之所以小是因为它位于山谷中，在周围高山的遮挡下，局地风的影响相对较强，天气系统的影响有限，而相对来说塔尔和尼勒克位于山前较为开阔的地方，局地风的影响不如博提塔勒德强，所以在天气系统的作用下，总平均风速大于博提塔勒德。风的最大值一般出现在天气系统来临时，由于塔尔和尼勒克较为开阔，天气系统的影响远大于博提塔勒德，所以风速的最大值明显高于后者。

在实际观测数据的基础上，使用气象学方法进行模拟计算，可以得到沿线不同地点的风速特征值。在博提塔勒德河以上到隧洞口，最大风速平均值为5.9m/s，计算得到最大风速为9.8m/s。在博提塔勒德河以下至布列开，以套苏布台为代表，最大风速平均值为14.0m/s，计算得到最大风速为23.3m/s。平缓丘陵区的风速要比崇山峻岭区峡谷内的风速大得多。

**5）冬季最大风速设计极值推算**

（1）取位于博提塔勒德、尼勒克和塔尔山区上风方向的伊宁市气象站作为基准站，使用耿贝尔极值分析方法，分别计算伊宁市数十年冬季（10月至次年4月）30年、50年、100年、150年、200年一遇的设计极大值。耿贝尔分布密度函数为：

$$f(x) = \alpha e^{-\alpha(x-u) - e - a(x-u)}$$

则其超过保证率函数为：

$$P(x) = 1 - e^{-e - a(x-u)}$$

通过矩法积分求得 $\alpha$、$u$，用适线法估计参数和检验模型，确定耿贝尔分布后，进而求得保证率下的极值。

（2）将伊宁市10m高度风速换算为2m高度风速，利用近地层指数型风速廓线公式进行计算：

$$V_{2m} = \left(\frac{Z_{2m}}{Z_{10m}}\right)^{\alpha} V_{10m}$$

式中：$V_{2m}$——2m高度处10min平均风速；

$V_{10m}$——10m高度处10min平均自记风速；

$Z$——高度。

考虑到伊宁市气象站所在位置为大城市郊区以及本项目所研究的现象环境条件，从《应用气候手册》（朱瑞兆主编）第70页表1.9.12选取适合大风计算的 $\alpha$ 值，即0.16，将 $\alpha = 0.16$、

$Z_{2m}=2m$、$Z_{10m}=10m$ 代入上式中，公式可化简为：

$$V_{2m}=\left(\frac{Z_{2m}}{Z_{10m}}\right)^{\alpha}V_{10m}=\left(\frac{2}{10}\right)^{0.16}V_{10m}=0.773V_{10m}$$

按照上述公式便可将市区10m高度处10min平均自记风速换算为2m高度处10min平均风速，此时将换算后2m高度处的10min平均风速作为分析风吹雪问题的依据。

(3)利用博提塔勒德与伊宁市气象站3月1—17日最大风速资料，结合两地风速分布的经验设定关系式，检验两者相关比 $R=[1-(Q/S_{yy})]^{0.5}$（$Q$ 为残差平方和；$S_{yy}$ 为剩余均方差），建立了两者拟和方程：

$$y=-0.0101x^2+1.4554x-1.569$$

式中：$x$——伊宁市最大风速；

$y$——博提塔勒德最大风速。

把伊宁市最大风速和30年、50年、100年、150年、200年一遇的风速设计极值带入方程，得到博提塔勒德相应的最大风速设计极值，结果见表9-2。

**博提塔勒德冬季**(10月—次年4月)**的最大风速设计极值**(10min平均风速)　　表9-2

| 地点 | | 伊宁市 | | |
|---|---|---|---|---|
| 海拔高度(m) | | 663 | 663 | 1450 |
| 测风高度(m) | | 10 | 2 | 2 |
| 风速值的来源 | | 实测值 | 指数型风速廓线换算值($\alpha=0.16$) | 博提塔勒德风速拟合方程推算值 |
| 最大风速平均值(m/s) | | 14.2 | 11.0 | 13.5 |
| 实测或计算最大风(m/s) | | 18.7 | 14.5 | 17.6 |
| 出现年 | | 1962 | — | — |
| 最大风速设计极值(m/s) | 30年 | 20.2 | 15.61 | 18.9 |
| | 50年 | 21.42 | 16.57 | 20.0 |
| | 100年 | 22.92 | 17.75 | 21.3 |
| | 150年 | 23.82 | 18.42 | 22.0 |
| | 200年 | 24.5 | 18.91 | 22.5 |

## 9.2.3 沿线雪情监测及资料分析

冬季最大积雪深度是造成风吹雪、雪崩的重要气象要素之一，本节利用收集和观测取得的资料，开展雪情分析和雪灾危险性分区工作。

### 1）沿线年降水量推算和冬季降水量推算

依据距离铁路沿线两侧最近的伊宁市气象站(海拔663m)和尼勒克气象站(海拔1105m)的年降水量资料，用线性插值法内插计算出海拔1100m的塔尔年降水量370.3mm，海拔1260m的尼勒克年降水量409.5mm，海拔1450m的博提塔勒德年降水量456.0mm。

根据海拔高度较高、在野外观测中发现日降水时间分布与其较为相似的尼勒克气象站

1961—2003 年平均冬季降水(11 月—次年 4 月)占年降水量的百分比 25.9%,推算出塔尔、尼勒克和博提塔勒德的冬季降水量分别为 95.9mm、106.1mm 和 118.1mm。

**2)气象站最大积雪深度推算**

(1)采用秦肯逊极值分布方法,对伊宁市气象站(1961—2003 年)、尼勒克气象站(1961—2003 年) 10 月—次年 4 月最大积雪深度进行极值分析,发现伊宁最大积雪深度服从Ⅱ型(柯西)极值分布,尼勒克最大积雪深度服从Ⅲ型(有界)极值分布,并分别计算出两站 30 年、50 年、100 年、150 年、200 年一遇的最大积雪深度设计极值。利用 2005 年 3 月 2 日测得的塔尔、尼勒克和博提塔勒德三地的积雪深度(分别为 60cm、63cm 和 66cm)与尼勒克气象站积雪深度(36cm)的数据,计算出塔尔、尼勒克和博提塔勒德三地的积雪深度与尼勒克气象站的积雪深度比值,分别为 1.6667、1.7500、1.8333。

(2)利用各点与尼勒克气象站的积雪深度比值乘以尼勒克气象站的 30 年、50 年、100 年等的最大积雪深度设计极值,就可得到各点的最大积雪深度多种设计极值(表 9-3)。风吹雪实地图如图 9-11 所示。

**精伊霍铁路沿线冬季(10 月—次年 4 月)最大积雪深度设计极值** 表 9-3

| 站点 | | 伊宁市气象站 | 尼勒克气象站 | 塔尔 | 尼勒克 | 博提塔勒德 |
|---|---|---|---|---|---|---|
| 海拔高度(m) | | 663 | 1105 | 1100 | 1260 | 1450 |
| 历史均值或推算值 | 年降水量(mm)(1—12 月) | 263.2 | 371.5 | 370.3 | 409.5 | 456.0 |
| | 冬季降水量(mm)(11—3 月) | 105.9 | 96.1 | 95.9 | 106.1 | 118.1 |
| | 平均年最大积雪深度(cm) | 34 | 34 | | | |
| 实测或调查最大积雪深度值(cm) | | 89(1968 年) | 66(2000 年) | | | |
| 最大积雪深度设计极值(cm) | 30 年 | 65 | 62 | 103 | 109 | 114 |
| | 50 年 | 71 | 65 | 108 | 114 | 119 |
| | 100 年 | 79 | 71 | 118 | 124 | 130 |
| | 150 年 | 87 | 88 | 147 | 154 | 161 |
| | 200 年 | 88 | 90 | 150 | 158 | 165 |

图 9-11 风吹雪实地图

## 9.2.4 雪崩冲击试验与模拟

冲击力测试结果为防雪崩工程措施设计提供了宝贵的设计参数。雪崩运动力学表征参数有雪崩的运动速度、雪崩雪硬度、雪崩雪运程、雪崩冲击力、雪崩抛程等,它们反映了雪崩力学的量化特征,可以为雪崩防治工程的选型、设计和布局提供参考。雪崩冲击力试验与模拟是在天山积雪雪崩研究站进行的,该站年降水量 837.3mm,冬季平均积雪深度为 86cm,极端最大积雪深度为 152cm。

试验时的积雪物理特征:常规气象观测场的积雪深度为 38cm,雪面温度 -17.1℃,地面气温 -2.6℃。平均积雪密度 160kg/m³,最大 195kg/m³,最小 129kg/m³;积雪硬度最大 7.44kPa,最小 1.67kPa,深霜晶体直径在 5mm 以下。以上数据表明该地积雪雪层温度低,温度梯度大、积雪密度与强度小,积雪深度有限,深霜层厚。这是天山积雪的典型特征。

地形特征:雪崩发生点高程 2010m,雪崩冲击力测量装置高程 1820m,高差 190m,两点的水平距离为 220m,雪崩所经的斜面长度为 320m,最大、平均和最小倾角分别为 519°、410°和 29°,倾斜方位为偏南方向。

通过该次试验,对雪崩冲击力、雪崩运动速度、雪崩雪运动密度以及雪崩存在的结层有了进一步的认识,同时得到如下试验结果:

(1)通过雪崩试验装置的测量结果,得出雪崩的前端速度为 7.1m/s,根据录像得出雪崩的前端速度为 6.9m/s,两种方法所得到的结果基本一致。

(2)不同高度的冲击力有所不同,距地 1.25m 高度的最大冲击力为 84.2kPa,1.5m 高度的最大冲击力为 88.7kPa,1.75m 高度的最大冲击力为 27.8kPa。不仅不同高度的冲击力数值存在差异,达到最大冲击力的时间也不一样。

## 9.3 防护先导试验段

为了准确判定风吹雪的运动形式和不同路基形式的雪粒沉积特点,指导雪害地区铁路防护工程设计原则,2007 年 1 月 18 日—3 月 21 日,中铁第一勘察设计院集团有限公司对两处典型试验路段安装了自动气象仪器,进行连续的气象观测,并利用手持式风速风向仪,观测了选定断面上的风速和风向,并观测了降雪的二次搬运情况。

### 9.3.1 试验段风速监测

#### 1)路堤试验段

高路堤试验段地处为平缓丘陵,路堤高度为 5~20m,设置了 5 个观测断面,每个断面上立标杆 13~14 个,断面长度 232~275m(图 9-12),其中断面 1 与断面 2 间距最小,为25.6m,断面 4 与断面 5 间距最大,为 188.9m。

6 个断面风速观测结果表明:路基右侧上风向的风速大于左侧,两坡脚风速较小,最大风速出现在右路肩,最小风速在路基左侧。高度越大,风速越大。但现场风向多变,地表起伏,偶有建筑物等会对风速观测(特别是近地表 0.5m 处观测的风速)产生很大影响。断面 7 低路堤地形如图 9-13 所示。

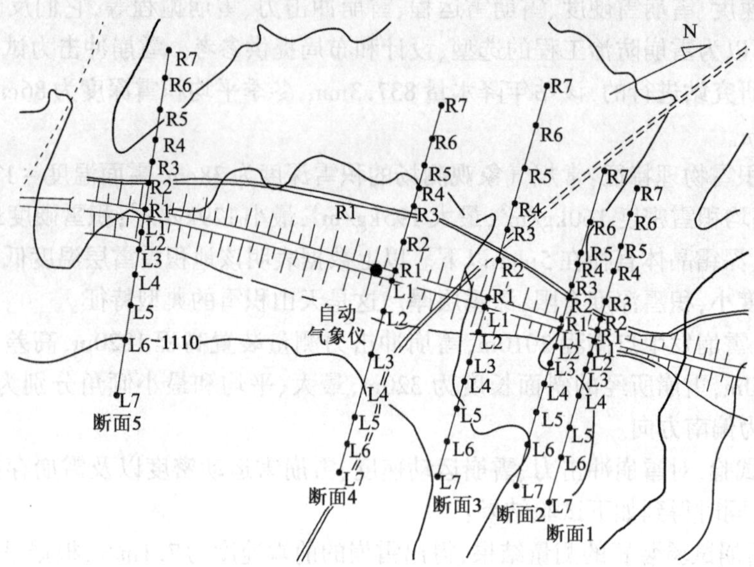


图 9-12　高路堤试验段观测断面布置图

图 9-13　断面 7 低路堤地形

### 2）路堑试验段

路堑试验段共设置了 6 个长观测断面(断面 6、7、8、10、11、13）和 2 个短观测断面(断面 9、12),其中,有一个高路基(断面 6,填方 15m)、两个低路堤(断面 7 和断面 13,填方高度 2.3 ~3m,已设实体挡雪墙)、两个低路堑(断面 8 和断面 11,挖深 2 ~3m,已设挡雪墙)和一个已建好的防风雪走廊断面(断面 10,走廊正上部未能设点,图 9-14、图 9-15),2 个短观测断面位于防风雪走廊两侧端部(断面 9、12,挖方 2 ~ 3. 7m,设有挡雪墙)。每个长观测断面长度 220 ~260m,立标杆 11 ~12 个。观测断面 9 长 100m ,立标杆 6 个, 观测断面 12 长 30m ,立标杆 4 个。

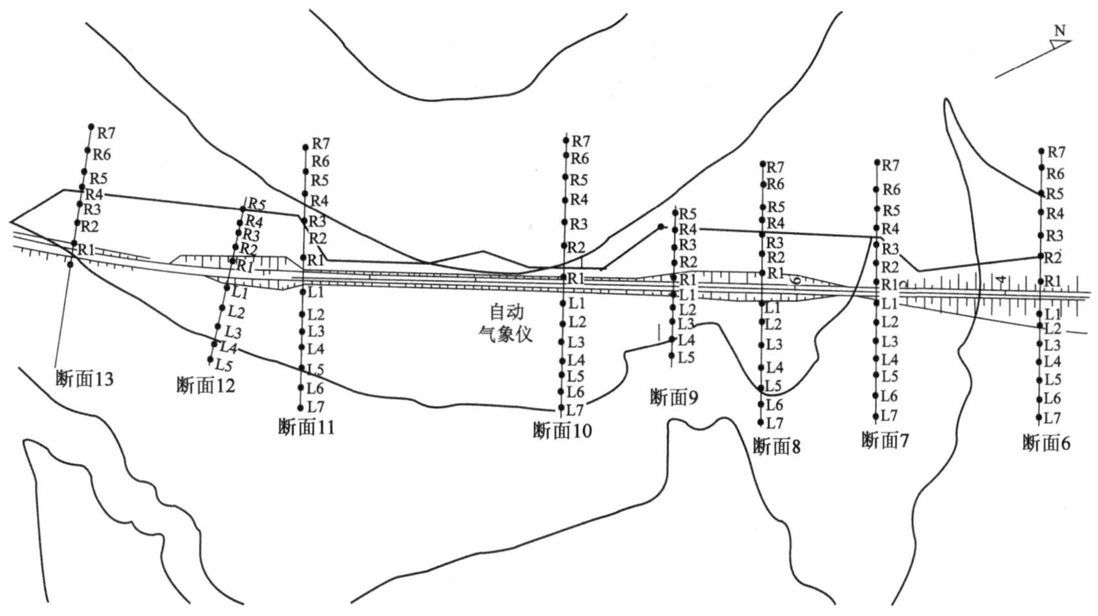


图 9-14 低路堑和防雪走廊试验段观测断面布置图

图 9-15 防雪走廊断面

观测结果显示：

(1)断面 6 为高路堤，与路堤试验段的规律一致。

(2)断面 7 和断面 13 为低路堤，与路堤试验段的规律一致，但因为坡脚设置了实体挡雪墙，风速变化表现为两坡脚至挡雪墙段最小，挡雪墙外与路基上的风速接近，且路基上的风速较不稳定。

(3)断面 8 和断面 11 为浅路堑，路堑高度 2～3m，路基两边已修建挡雪墙。该断面上测了 3 次风速，风向为 NE、ENE-E、W 和 NNW。风速断面多不完整，不论哪种风向，风速较小的地段均在两边挡墙处和路基上。挡墙范围内风速有显著减小，但风向紊乱。

(4)右侧地形上风速逐渐增高，左侧地形上风速逐渐降低。该断面测了两次风速，风向为 NE、ENE～E，风速曲线平缓，上风侧风速大于下风侧，由于走廊篷顶无法观测，所以，风速曲线上该处的风速较小,并不反映实际情况,实际上走廊篷顶的风速应该是断面上风速最大的地方。

(5)断面9和断面12为低路堑,断面9在防雪走廊北口,路堑高2~3.7m。该断面测了两次风速,风向为NNE、SW。其中,NNE向风与路基走向近一致,风速在路基上和上风向围墙处较低。断面12(图9-16)在防雪走廊南口,路堑高度3~3.5m,该断面上测了3次风速,风向为NNE、E、WSW。三种风向条件下,路基均处于背风处,风速均为最小,只是在NNE风向时,风速最低部位在路基中央,E风向时,风速最低部位在左路肩,WSW风向时,路基上的风速分布大体接近。

图9-16　断面12地形

总体来看,在防雪走廊北口,从6号断面到9号断面,路基形式从高路堤、低路堤过渡到低路堑,路基上的风速有逐渐降低的趋势。两次风速观测表明,在W风条件下,上风向路肩的风速随路堤高度降低而减小,低路堑断面8处最小,到断面9风速随路堑高度略增大而增大;下风向左路肩大体上随路基高度的降低和路堑深度的增大而减小,但情况较为复杂,风速最大的部位并不在路基高度最大处。不同风向条件下,从断面12低路堑到断面13低路堤,路基上的风速均逐渐增大,路堑处的风速较为紊乱。

### 9.3.2　试验段降雪及吹雪观测

受全球气候变暖影响,精伊霍铁路沿线在2006—2007年冬季,气温较高,降雪量少。在雪害试验观测期间,总共只有6次降雪过程。其中,积雪深度大于5cm的降雪只有3次。

**1)雪密度测试**

各地雪密度差异较大,所以在实地进行雪密度测试对于现场风雪情况、起动风速等的判断以及后续室内试验包括风洞试验和数值模拟均是非常有必要的。

本例采用称雪器对大于5cm的降雪和积雪进行了雪密度测试,测试结果显示,新雪密度均小于0.1g/cm$^3$,降雪停止后2~4d,由于下面还有更老的积雪,其密度在0.15~0.2g/cm$^3$之间。一般积雪密度稳定在0.2~0.22g/cm$^3$之间。观测到的最大积雪密度为0.27g/cm$^3$,根据前述章节对雪粒的划分,本线路两侧试验所测的稳定积雪均属于低密度积雪,在风力作用下,容易起动,形成风吹雪。

### 2）积雪深度观测

在观测期间，主要的降雪发生在 2007 年 1 月。积雪深度观测主要是针对区域内降雪和吹雪进行的，并着重测量了防雪工程两侧的积雪情况。

(1)高路提试验段

降雪停止后，经过几天融化和风吹雪作用，观测结果显示路基阴面的积雪深度一般大于阳面，最深部位主要集中在断面 1 ~3 右侧坡脚至挡雪墙两侧。路基上的积雪深度较为均匀，一般为 5 ~7cm，断面 3 ~5 左侧边坡的积雪深度最小。

(2)低路堑试验段

低路堑和防雪走廊段系统观测了 1 次积雪深度(图 9-17)，积雪深度最大处主要分布在防雪走廊南口、北口路基两侧的路堑坡脚和右侧挡雪墙两侧部位。其次，从断面 6 到断面 10，挡雪墙以外的积雪深度均是路基右侧(上风向)大于左侧(下风向)。路基上的积雪深度在低路堑断面 12 处最深达到 14cm，其次是断面 7、8、9 处，深度为 10cm，防雪走廊南口和低路堤断面 13 处积雪深度 4 ~5cm。断面 6 与断面 7 之间，路基上的积雪深度右侧(上风向)显著大于左侧(下风向)。

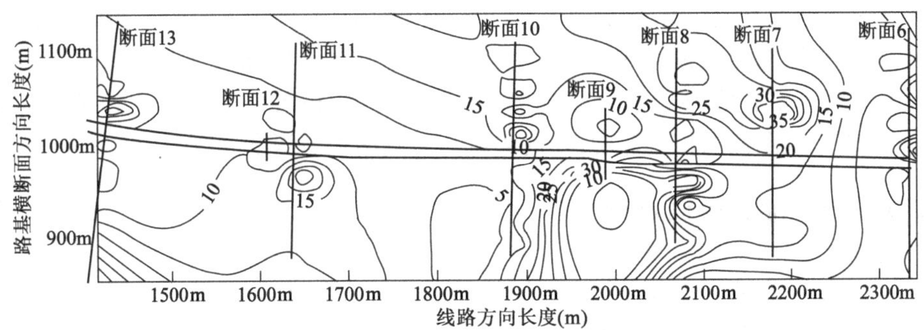

图 9-17　低路堑段 2007 年 1 月 27 日积雪深度等值线(单位:cm)

(3)防雪工程两侧的积雪深度观测

为了客观评价已建防雪工程的防雪效果，对已建挡雪墙、防雪栅和防雪走廊两侧的积雪进行了系统的测量，部分测量值如图 9-18、图 9-19 所示。

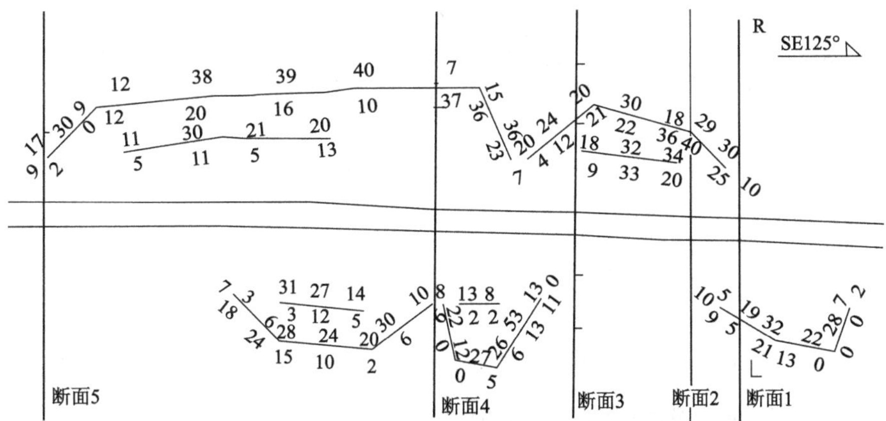

图 9-18　高路堤试验段防雪工程两侧的积雪深度(单位:cm)

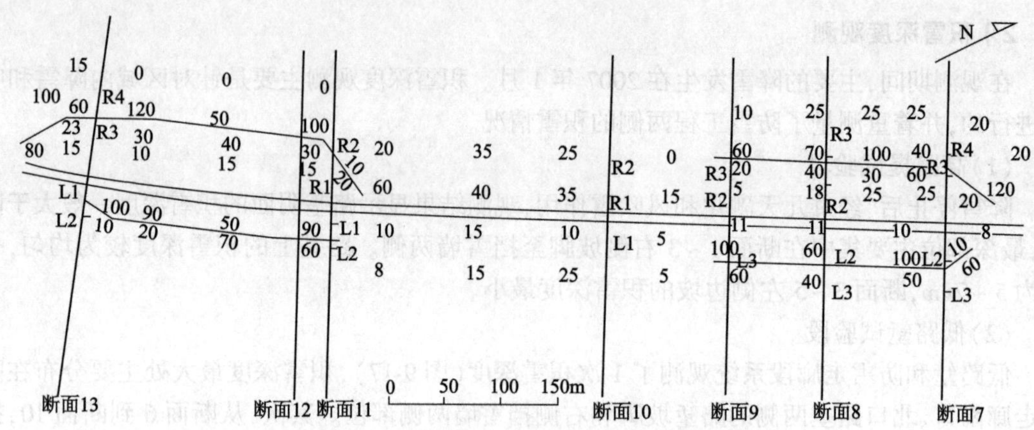


图 9-19 低路堑和防雪走廊试验段防雪工程两侧的积雪深度(单位:cm)

在高路堤试验段,路基左面(阳面)挡雪墙和防雪栅两侧的积雪深度,一般内侧大,外侧小。路基右面(阴面)断面1~3之间的防雪工程两侧的积雪深度接近,断面4与断面5之间的挡雪墙和防雪栅两侧,一般外侧的积雪深度比内侧大。造成积雪再分配的优势风向为偏西风,风向与路基走向近垂直或斜交,但路基左侧方向为上风向,右侧为下风向。在低路堑和防雪走廊试验段,防雪走廊右侧的积雪深度大于左侧,不管是防雪走廊北口还是南口,路基两侧挡雪墙处的积雪深度都是右侧(西侧)大于左侧(东侧)。造成积雪再分配的优势风向为东南风。由此可见,防雪工程两侧的积雪深度,在优势风向一侧的积雪深度显著大于上风向一侧。

## 9.3.3 观测期间气温特征

通过数日观察,高路堤试验段气象站记录的平均气温为2.6℃,最高气温为18.3℃,最低气温-14.1℃,如图9-20所示,观测期间最高温度多在0℃以上。

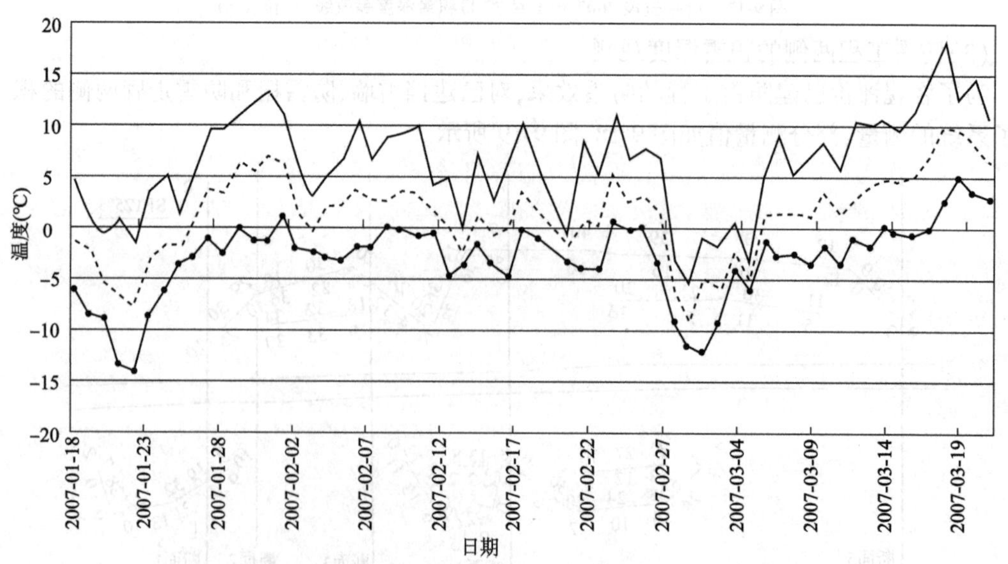


图 9-20 高路堤试验段观测时间内日气温变化曲线(最高值、平均值、最低值)

在2007年12月12日—2008年3月4日观测期间，低路堑试验段气象站记录到的平均气温为-6.3℃，最高气温为10.9℃，最低气温-19.2℃，出现日期1月24日。如图9-21所示，观测期间最高温度多在0℃以上。

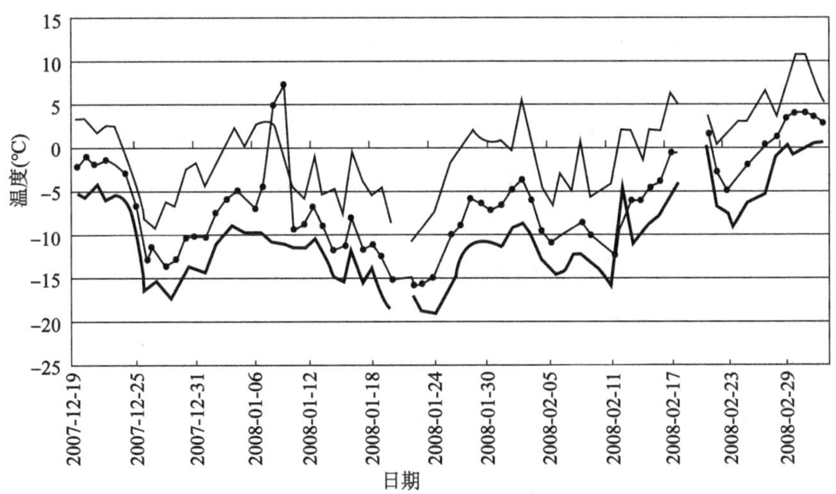


**图9-21 低路堑试验段2007年12月—2008年3月日温度曲线图**(最高值、平均值、最低值)

由现场温度监测数据可以看出温度是影响当地风吹雪现象的一个重要因素，因为观测期间最高温度多在0℃以上，白天积雪将发生融化，最低温在0℃以下，夜晚融化的积雪将再次冻结，这将大大提高起动风速，降低风吹雪的移动，给风吹雪规律的研究带来较大影响。

## 9.4 处治方法

经过现场监测、试验研究和先导试验段的检验，确定了精伊霍铁路雪害治理的指导思想和设计原则。

### 9.4.1 治理思路和设计原则

#### 1）线路平纵断面设计

(1)尽量避免从大型雪崩下部通过，线路尽量与本地积雪期的主风向相平行，以最大程度地减轻风吹雪危害。尽量减少线路的曲线地段，因为在线路转弯处风吹雪流场会发生相应的变化，风吹雪很容易沉积，造成铁路阻塞。

(2)线路纵断面要尽量避免挖方，多采用填方通过。

#### 2）路基防治风吹雪设计原则

(1)低于2m的铁路路堤可能在路面上发生风吹雪沉积，必须设置防护措施。对线路与风向夹角大于30°以上的路堤，根据雪害程度采用边沟、挡雪墙和防雪栅共同设置。挡雪墙一般采用浆砌砖块石砌筑。建于铁路迎风一侧,墙高 2 ~ 3m。挡风栅栏高度 2 ~ 4m,透风度系数在 50% ~ 70%之间。防雪栅根据地形可设置多道,每道栅栏间距为 10 ~ 15m,栅栏之间栽种乔木、灌木。当线路与风向夹角为 30°以下,设置积雪边沟措施。大于 2m 的路堤无须防护。

(2)挖方地段,有条件敞开路基时,尽量放缓边坡至 1:2 ~ 1:7。线路与风向夹角大于 30°时,路基两侧设置积雪边沟及 2 ~ 5m 积雪平台,同时于路堑堑顶外 10 ~ 15m 范围内上风侧设置 1 道挡雪墙和 2 道防雪栅。当线路与风向夹角为 30°以下时,路基两侧放缓边坡、设置积雪边沟和 2 ~ 5m 积雪平台。有条件导风使风吹雪不产生危害时,在上风侧开挖储雪场、积雪边沟,使雪粒在储雪场或积雪沟内堆积,或设置防雪栅和挡雪墙改变风向。在主风向不稳定和风吹雪严重地段,采用桩板墙收坡,同时采用风吹雪走廊防护,走廊出入口如有风雪倒灌现象,设置多道防雪栅、挡雪墙,或在出入口前铁路路基边挖深度 $h > 1.5$m 的积雪边沟(兼排水沟)。

**3)路基防治雪崩设计原则**

(1)路堤地段雪崩防治

对于小范围积雪雪崩,可在山坡土层较厚、透水性好、植被自然再生快、坡面角度在 18° ~ 35°之间、不发生滑坡与泥石流的山坡上设置稳雪水平台阶、土丘、木楔、石楔、储雪坑和挡雪坝等工程。水平台阶宽约 1.5m,长短随雪崩区大小而定,间距为 10 ~ 20m。不宜设水平台阶的山坡(如坡面较陡、土层较薄,甚至有些部位基岩裸露或有灌木林生长的坡面)设置稳雪栅栏或柔性网稳雪。栅栏或防护网立柱离地面高度为 2 ~ 3m,柱间距离为 2 ~ 3m,两排栅栏之间的间距,可根据当地环境计算得出,栅栏或柔性网拉绳锚固端设 1 ~ 2m 高的破雪钢管桩。

大范围积雪雪崩,根据最大堆雪量、雪崩速度、冲击力、雪崩体高度等综合因素,考虑地质地形条件,采用水平台阶、稳雪栅栏、柔性防护网、导雪堤等多种措施综合治理。

(2)路堑地段雪崩防护

对于小范围积雪雪崩的处理可采用水平台阶、稳雪栅栏、柔性防护网、导雪堤等多种措施将雪导入远离线路的开阔地段。当雪崩源头的坡面陡,稳雪工程不能发挥作用,且雪崩量大,发生频繁,采用其他措施收效不大时,采用防雪崩走廊工程进行治理。

**4)隧道防护原则**

隧道的出口和入口方向宜与本地积雪期的主风向相垂直,避免雪沉积在隧道内。对于隧道的出口和入口方向与本地积雪期的主风向交角较小的隧道,应在洞口修建导风板等防风吹雪工程,仰坡存在雪崩风险地段接长明洞 3 ~ 5m。

### 9.4.2 典型防护工程

精伊霍铁路施工图设计阶段风吹雪防护总长度 26177m,其中设防雪走廊累积长度 3522m,采取其他阻雪措施防护的工点长 22655m。典型工点如下。

**1)某风吹雪典型防护工程段**

根据现场观测,该工点处积雪期长达 6 个月,极端最低温度 -29℃,最冷月平均温度 -13.7℃,起雪风速 3.4m/s,最大风速 24.8m/s,山谷处风速较低,易形成山地沟谷的深厚积雪。本工点范围内风向与线路斜交。当铁路开挖后,路堑对气流阻挡作用,致使路堑产生严重风吹雪沉积。

防护措施：于段内设置桩板式防雪走廊，桩截面尺寸 1.5m×2.0m，间距 6.0m，采用 C30 钢筋混凝土浇筑，顶部设网架结构封闭。网架外侧平台宽 10m。

线路两侧坡脚外 2m，路堑路肩外设 1.0m×1.5m 边沟，沟外设 2 道防雪栅和一道挡雪墙，间距 15m，之间植树。

### 2）某雪崩典型防护工程段

该区域内部分路基段经过冲沟，沟内发育中型沟槽型雪崩，坡面无植被，基岩裸露，一次性降雪较大会发生新雪雪崩，危害形式是雪体掩埋线路。

防护措施：右侧冲沟内设三道平行于线路的防雪栅加破雪桩，间距 15m，防雪栅立柱间距 2.5m，第一排、第二排破雪桩间距 1.25m，其他破雪桩间距 2.5m，如图 9-22 所示。

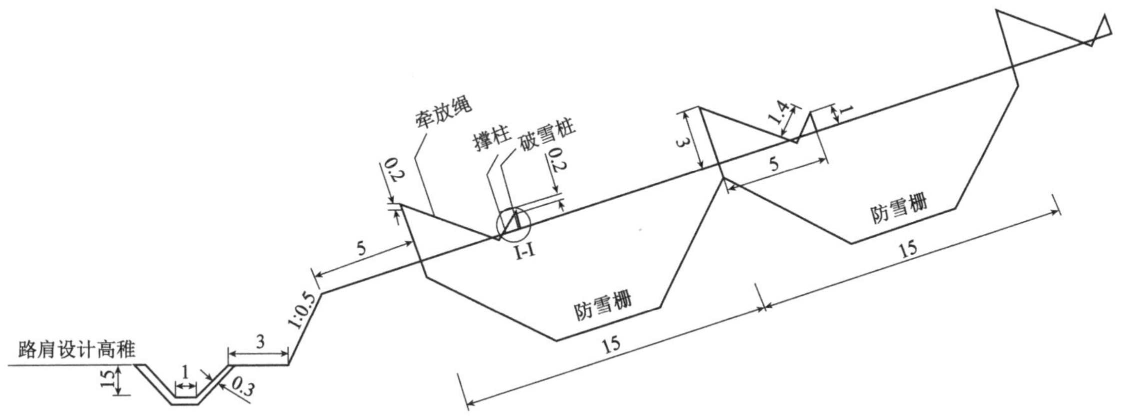


边沟及防雪栅、破雪桩、撑柱横向布置图

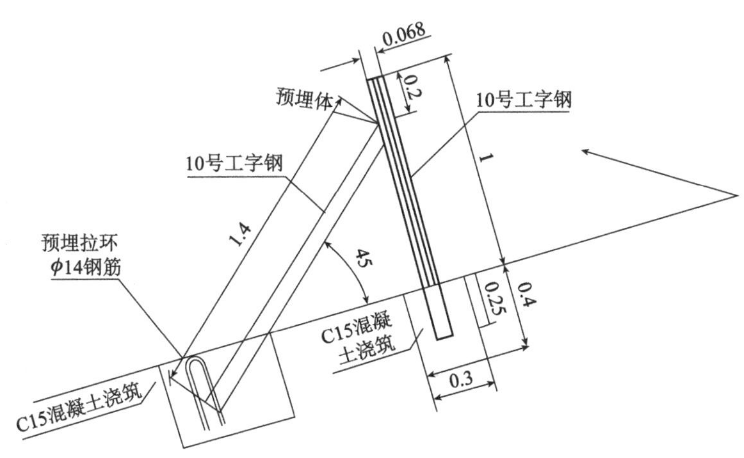


I-I破雪桩、撑柱搭接详图

图 9-22

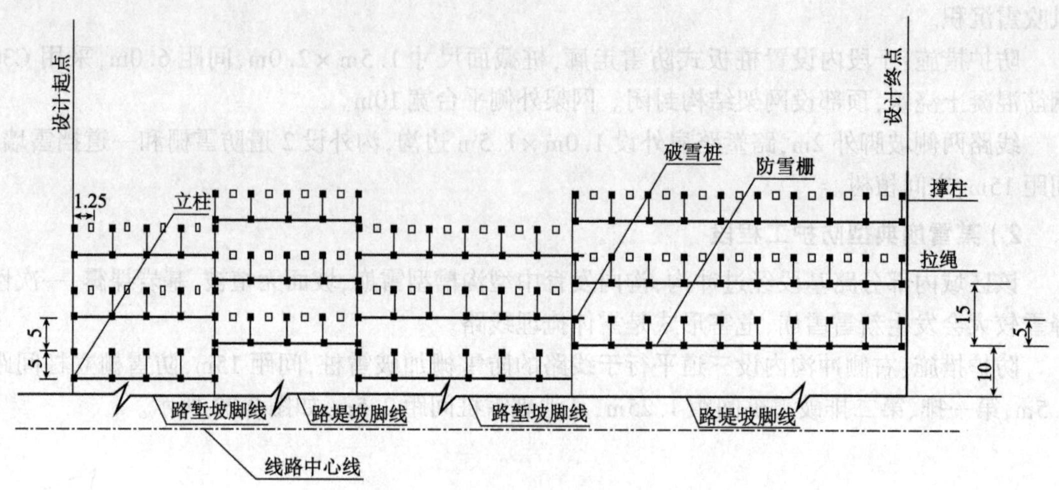


图 9-22　防护布置示意图(尺寸单位:m)

PREVENTION TECHNOLOGY OF RAILWAY SNOW-DRIFTING DISASTER

# 第10章

# 大风地区铁路风吹雪灾害防治案例——克塔铁路

克塔铁路(克拉玛依—塔城铁路)位于新疆维吾尔自治区塔城市境内,路线长172km,其中铁厂沟至塔城段长约75km,经过有“魔鬼风区”之称的玛依塔斯风区,该风区是新疆九大风区之一,地处老风口上游,其大风的严重程度世所罕见,极端大风天气频发,8级以上大风天气每年可达168d,最大风力可达13级。大风将周边广大区域自然降雪吹起,该区域道路在路边高处设立红色箭头指示标(图10-1),在暴风雪天气视野模糊时指示路面的位置,防止车辆驶离路基。输雪量巨大是这一地区风吹雪灾害的主要特征。在克塔铁路的建设过程中,中国铁路设计集团有限公司对风吹雪灾害的防治进行了大量的研究工作,并取得了丰富的成果。

图10-1　道路两侧指示标

## 10.1　工况概述

### 10.1.1　线路概况

线路自在建的克塔铁路克拉玛依至铁厂沟段终点DK100+000引出,经铁厂沟镇、玛依塔斯、额敏县至塔城市,线路全长308km,共设12座车站。线路新建正线长度172.397km,其中桥梁长度14.731km,占线路长度的8.55%;路基长度157.66km,占线路长度的91.45%。

### 10.1.2　地形地貌

线路经铁厂沟—白杨河山间洼地,沿加依尔山北缘向西,经玛依塔斯之后沿吾尔喀什尔山南麓丘陵边缘展线至塔额盆地,沿线各段地形地貌差异较大。

铁厂沟—白杨河山间洼地位于两山之间,地势低凹,地形平坦,近山边缘局部有低矮缓丘,岩体裸露。加依尔山北麓为剥蚀丘陵区,表面多覆盖有薄层砾石或土,沿线风蚀作用强烈,风蚀地貌发育,地表植被生长较好。

吾尔喀什尔山南麓以黄土丘陵地貌景观为主,地形起伏较大,横向冲沟发育,局部沟底及坡面出露基岩,地表植被较发育。

塔额盆地地形平坦开阔,地势由东北向西南微倾,沿线人口密集,交通便捷,农耕发达,植被种类较多,呈绿洲景观。

### 10.1.3 气象特征

线路所处区域具有典型的内陆性中温带干旱气候特征,四季多风,气候干燥。夏季炎热短促,冬季寒冷漫长,气温变化剧烈,年较差、日较差很大,年平均气温 6.1 ~ 8.9℃。降雨量偏少且分布不均,年平均降水量 128.2 ~ 289.9mm,年平均蒸发量 1510 ~ 2055.5mm。年平均大风日数 13.9 ~ 168d,年平均风速 2.4 ~ 6.7m/s,最大冻结深度 110 ~ 192cm。线路经过的铁厂沟至霍吉尔特区域内,每年冬季东西交替的大风会造成严重的暴风雪灾害,严重阻碍公路交通运行。

### 10.1.4 沿线风吹雪特征

本地区风吹雪具有堆积速度快、灾害周期长且频繁、灾害区域广等特点。

风吹雪严重段落,降雪或积雪在强风带动下造成雪阻、雪埋,几个小时可掩埋道路上的汽车,严重影响交通;区域内风吹雪灾害每年都有发生,且贯穿整个冬季;铁路沿线从铁厂沟至霍吉尔特长约 75km 范围普遍存在风吹雪灾害。

基于上述背景,设计单位与中科院新疆生态与地理研究所合作,对风吹雪危害进行了专题研究,形成了“克拉玛依至塔城铁路大风、雪害防治研究报告”。该报告基于气象资料、遥感数据和地形地貌等资料,分析区域冬季降水特征、强风段分布以及积雪的分布特征,初步判定本线风吹雪灾害长度约 75km,并对风吹雪危害程度进行初步划分。其中,危害轻微段落约 33km,危害较严重段落 23km,严重危害段落 19km。

区域内与铁路长距离并行的交通工程主要有 S201 线、S318 线和克塔高速公路,公路的风吹雪灾害较为严重。克塔高速公路通过该地区时采用了缓边坡、分离式路基、诱导标志等措施。工程防雪措施多以阻雪为主,局部地段设置有导风措施(经检验设置在公路路肩部位的导风板均以失败告终)。防雪栅材料主要有钢管立柱波形钢面板、钢立柱蜂巢网、混凝土窗孔等形式,老风口地段主要采用植物防雪形式(效果较为明显);防雪栅的高度从 2.5 ~6.5m 不等,多为透风式。公路上虽设置了防雪工程,但风雪区域大,每到冬季还是会由于风吹雪而导致断道,必须通过清雪抢险才能保证通车,尤其是 S318 线基本每年冬季都无法通行,来年春融后才能通车。

2015 年塔城地区工委调研组编制了“关于玛依塔斯风雪阻路问题的调研报告”,对玛依塔斯区域风吹雪危害进行了统计。

**1)克塔高速公路风吹雪灾害情况**

克塔高速公路起于克拉玛依北,经托里县铁厂沟镇、额敏县、塔城市,终点位于塔城巴克图口岸。其中玛依塔斯段长约 75km,是该段公路雪害严重路段。2014—2016 年克塔高速公路风雪灾害相关数据见表 10-1。

克塔高速公路风雪灾害相关数据统计表　　表 10-1

| 时　间 | 清理积雪（$m^3$） | 投入机械（台班） | 出动抢险人员（人/次） | 营救被困车辆（辆） | 营救被困人员（人） | 交通阻断次数（次） | 阻断天数（d） |
|---|---|---|---|---|---|---|---|
| 2014 年 11 月—2015 年 3 月 | 1193710 | 421.26 | 671 | 172 | 1139 | 18 | 24 |
| 2015 年 11 月—2016 年 3 月 | 9955455 | 445.63 | 513 | 465 | 1708 | 26 | 77 |
| 合计 | 11149165 | 866.89 | 1184 | 637 | 2847 | 44 | 101 |

**2）S201 线冬季风吹雪灾害情况**

S201 线额敏至克拉玛依段，长约 164km，其中库鲁木苏至铁厂沟位于玛依塔斯区域，是该段公路风雪灾害严重路段，如图 10-2 ~ 图 10-4 所示。2014—2016 年 S201 线风雪灾害相关数据见表 10-2。

图 10-2　克塔高速公路除雪车在工作

图 10-3　清理出来的被积雪掩埋的车辆

图 10-4　公路上车辆受阻

S201 线风雪灾害相关数据统计表　　表 10-2

| 时　间 | 清理积雪（$m^3$） | 投入机械（台班） | 出动抢险人次 | 营救被困车（辆） | 营救被困人员（人） | 交通阻断次数（次） | 阻断天数（d） |
|---|---|---|---|---|---|---|---|
| 2014 年 11 月—2015 年 3 月 | 2983356 | 574.46 | 945 | 277 | 1065 | 29 | 83 |
| 2015 年 11 月—2016 年 3 月 | 1396043 | 811.68 | 1014 | 570 | 1998 | 20 | 35 |
| 合计 | 4379399 | 1386.14 | 1959 | 847 | 3063 | 49 | 73 |

3）公路抢险救援基地

玛依塔斯抢险基地设除雪设备20台，采用机械清除路面积雪。其中6台旋抛式除雪机、2台多功能除雪机、2台装载机、2台轮式推土机、2台装甲车、2台坦克牵引车、1台平地机、1辆抢险车、2辆巡道车。上述设备为道路的清雪工作提供了一定的保障，但风吹雪所致积雪有时也会堆积在房屋门口，致使房门无法打开，如图10-5所示。

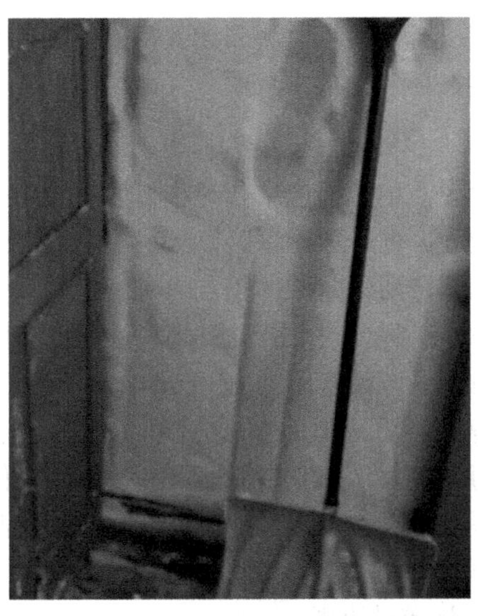

图10-5 房屋门口积雪堆积

# 10.2 防治思路与方法

为了科学地开展风吹雪防治工作，中国铁路设计集团有限公司等单位在线路勘察设计阶段开展了详细深入的监测工作。

## 10.2.1 风吹雪监测设计

克塔铁路风吹雪监测遵循“永临结合、分步实施、安全可靠、经济合理”的原则。

（1）永临结合原则。监测设施的设置应首先考虑铁路运营要求，路肩上的监测设施不得侵入限界；监测点数据采集、传输应充分考虑与铁路通信传输系统的兼容性，做到现场监测与铁路运营相结合，为运营期间提供风吹雪各项监测数据。

（2）分步实施原则。鉴于风吹雪危害的复杂性和长期性，为避免风吹雪监测的盲目性，应坚持分步实施的原则。在风吹雪区域选择代表性工点实施监测设施，结合2017年冬季实际情况，根据需要在2018年冬季前实施第二批监测设施。

（3）安全可靠、经济合理原则。风吹雪危害范围广、地形地貌复杂，风吹雪监测无先例可循,应合理选择监测段落、监测断面和监测设施的布置,合理选择监测数据的采集、传输方案,在安全可靠的基础上尽量减少工程投资。

综合考虑铁路线路走向、不同区域主导风向、铁路路基和桥梁分布、路基形式等因素,初步选定了部分路段进行风吹雪防护,经过又一年冬季的现场调查、航拍,结合冬季铺架过程中现场反应,针对前期设计中玛依塔斯区域个别低填方地段冬季局部存在风吹雪掩埋轨道的现象补充了防护措施。

克塔线风吹雪监测分自动监测、人工监测和无人机航拍三个部分,以自动监测为主,辅以人工监测进行验证,监测周期按照三个冬季考虑。

1)自动监测

监测工点选取原则:监测工点的选择应结合地形、地貌、主导风向、风吹雪危害程度、填挖高度、桥涵工程等因素综合考虑,重点选择深路堑、低路堤、小孔径的涵洞、框构桥和低桥等具有代表性的典型工点。实施自动化监测的工点有 10 处,共计 23 个断面。

自动监测内容主要包括风速、风向、积雪深度、环境温湿度、地表温度等。其中,风速、风向主要测量 3s、1min、2min、10min 平均风速和风向,记录最大风速、风向及出现时间,极大风速、风向及出现时间。仪器测试高度:距离地面 4m、6m 和 10m 三种高度。积雪深度监测采用激光雪深传感器进行监测,通过监测每次风吹雪后路肩和防雪栅两侧的积雪深度,可以显示积雪深度随时间的变化趋势。环境温度、湿度以及地表温度则分别监测每分钟环境温度、空气湿度和地表温度,记录最高值、最低值及其出现时间。

(1)无防雪栅地段监测设施布设原则

每个监测工点布设环境温湿度和地表温度监测点各 1 处,布设在预设防雪栅最外侧 50m 处(上风向);每个监测工点布设 2 处风速、风向监测点,分别布设在线路两侧远期防雪工程最外侧 50m(上风向);积雪深度监测点主要布设在路肩处,如图 10-6、图 10-7 所示。

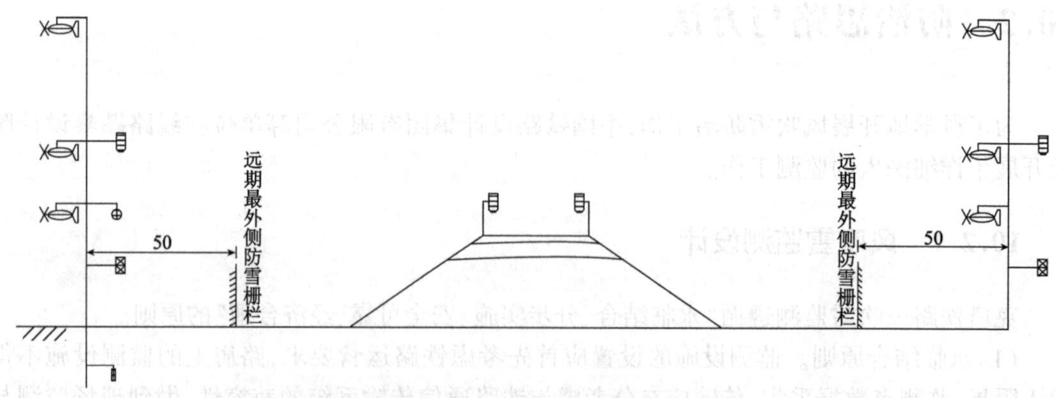


**图 10-6 路堤地段自动监测断面示意图(无防雪措施)(尺寸单位:m)**

(2)有防雪栅地段监测设施布设原则

每个监测工点布设环境温湿度和地表温度监测点各 1 处,布设在最外侧防雪栅 50m 处(上风向)。风速、风向监测点每个监测工点布设 2 处,分别布设在线路两侧防雪工程最外侧 50m(上风向)。积雪深度监测点包括路基特征和防雪栅积雪断面监测,路基特征点监测点主要布设在路肩和积雪平台外侧坡脚处，防雪栅积雪断面监测点主要布设在栅栏迎风侧和背风侧，每侧2个监测点，监测点间距2m，如图10-8所示。

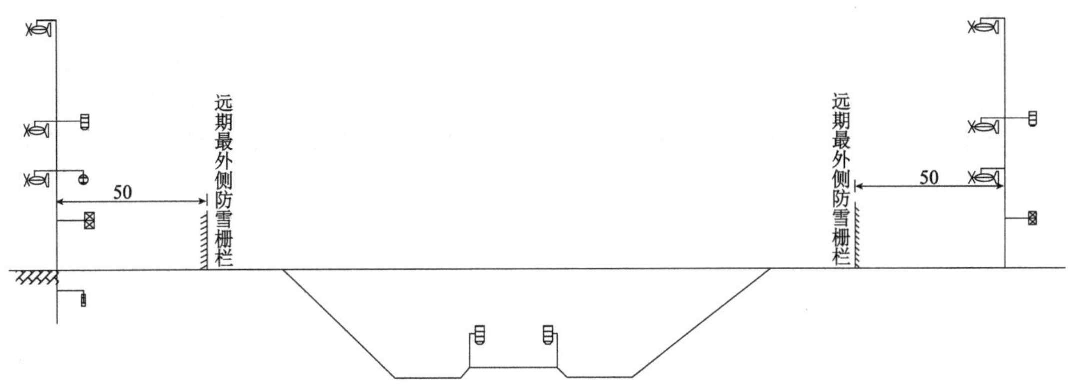


图10-7 路堑地段自动监测断面示意图(无防雪措施)(尺寸单位:m)

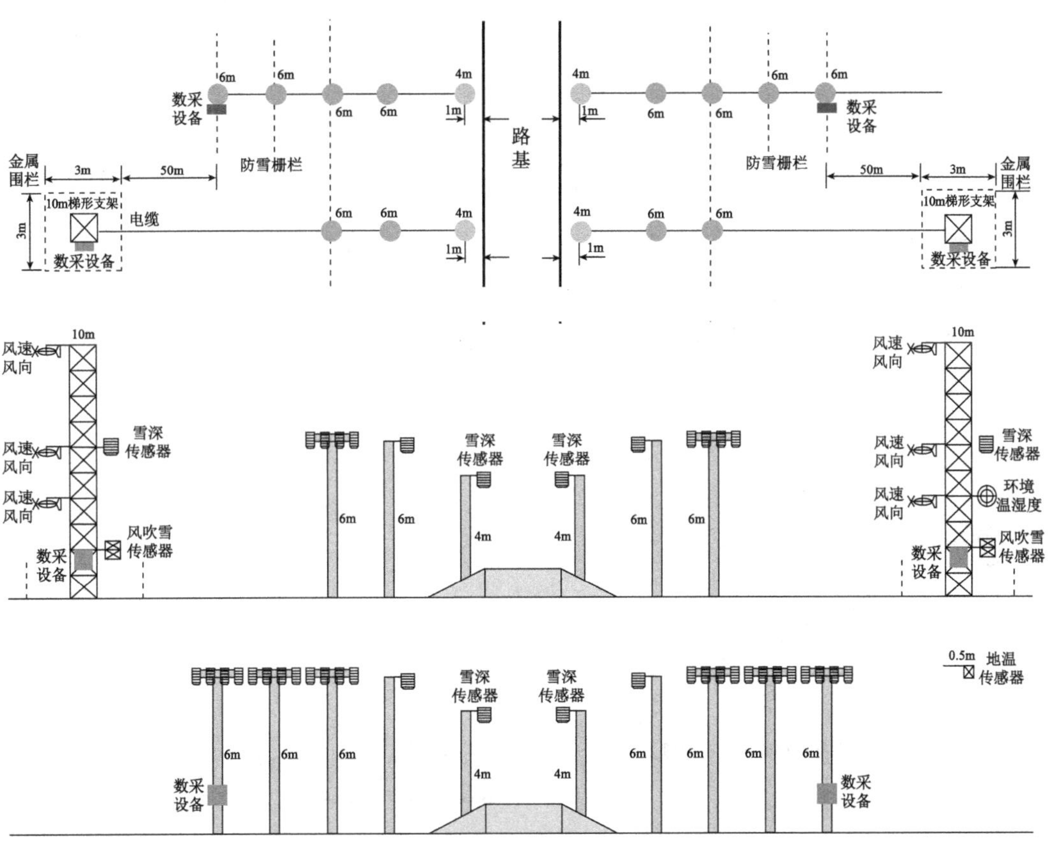


图10-8 自动监测断面设计示意图

2）人工监测

人工监测工点共有16处，人工监测是通过在观测点埋设标尺，观测人员每周到现场进行观测或利用高倍望远镜、摄像头远距离观测，该区域线路内积雪较多（图10-9）。除此之外，本次监测还研发了影像识别监测技术，该技术是在人工监测工点内安装一台摄像头，自动拍摄工点内所有标尺，影像通过无线传输至计算机终端，然后进行图像识别处理，监测标尺处的积雪深度。影像识别监测技术能够较好解决冬季大雪封山后，人员难以进入工点进行观测的问题，同时还能节省人工成本，减少安全隐患。

图10-9　线路积雪

3）无人机航拍

采用无人机航拍，可获取工点的整体积雪影像资料。

监测断面包括深路堑、浅路堑、低路堤、高路堤、半路堑等，监测典型断面如图10-10～图10-15所示。

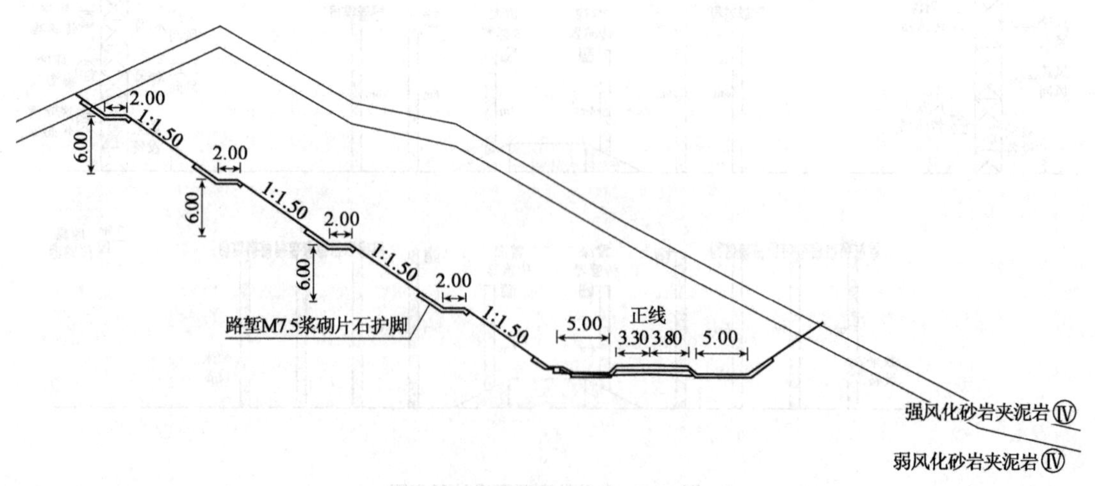


图10-10　单侧深路堑代表性横断面示意图（尺寸单位：m）

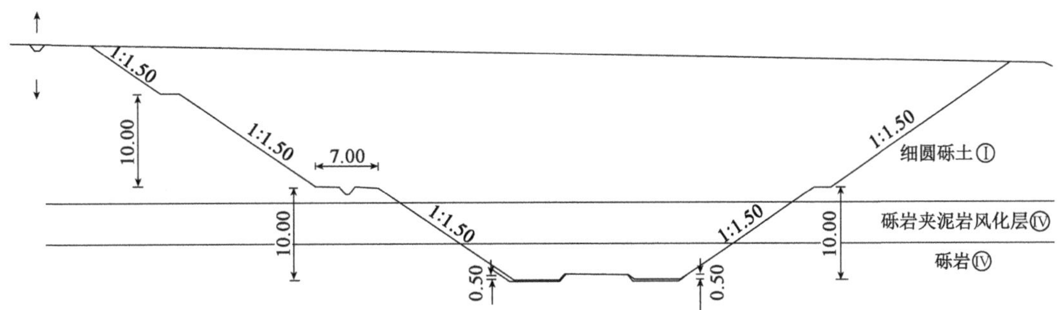


图10-11 双侧深路堑代表性横断面示意图(尺寸单位:m)

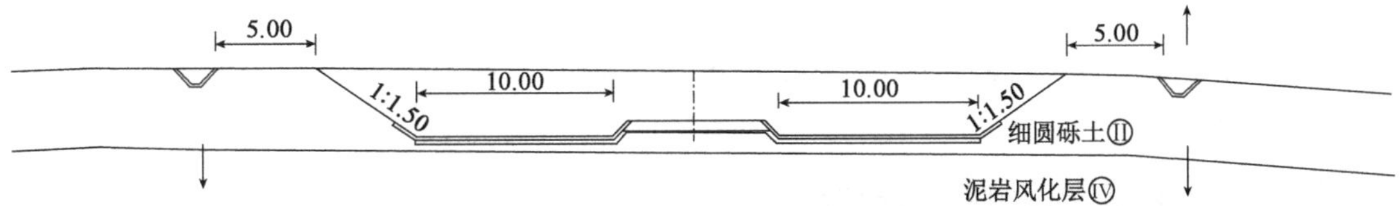


图10-12 浅路堑代表性横断面示意图(尺寸单位:m)

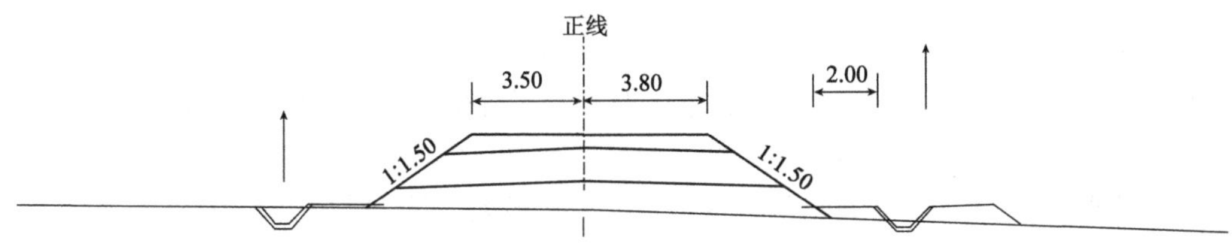


图10-13 低路堤代表性横断面示意图(尺寸单位:m)

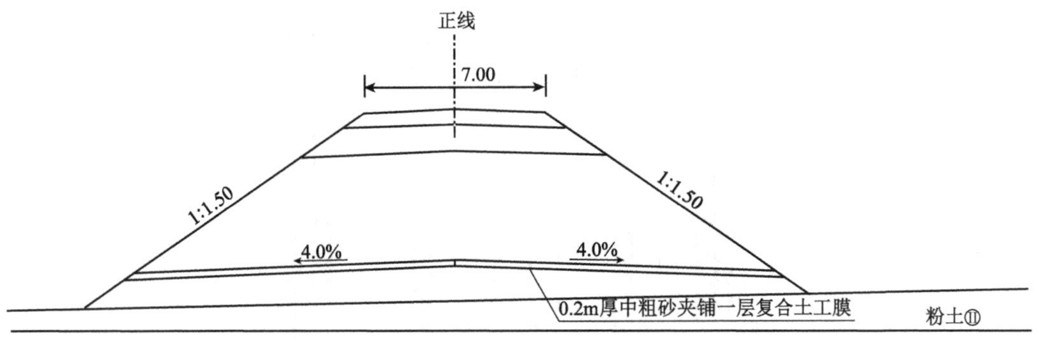


图10-14 高路堤代表性横断面示意图(尺寸单位:m)

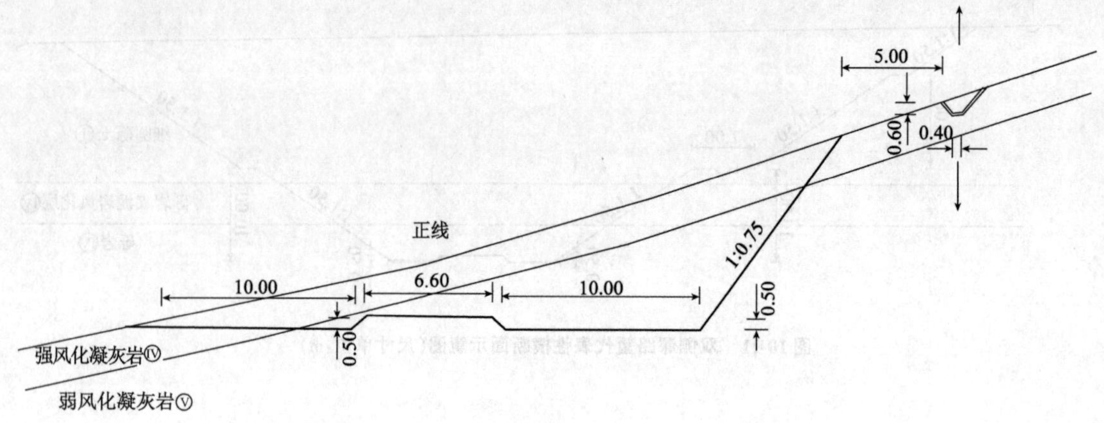


图 10-15　半路堑代表性横断面示意图(尺寸单位:m)

## 10.2.2　风吹雪监测数据分析

对监测取得的风速、风向、积雪深度和环境温度及湿度数据进行汇总和分析,以便取得本地区的积雪特征。

### 1)风速

由图 10-16、图 10-17 可知,11 月、12 月、1 月都是霍吉尔特区域平均风速最大,2 月、3 月份则是玛依塔斯区域平均风速最大;11 月和 3 月霍吉尔特区域最大风速最大,12 月份玛依塔斯区域最大风速最大。1 月和 2 月铁厂沟区域最大风速最大。具体数值见表 10-3。

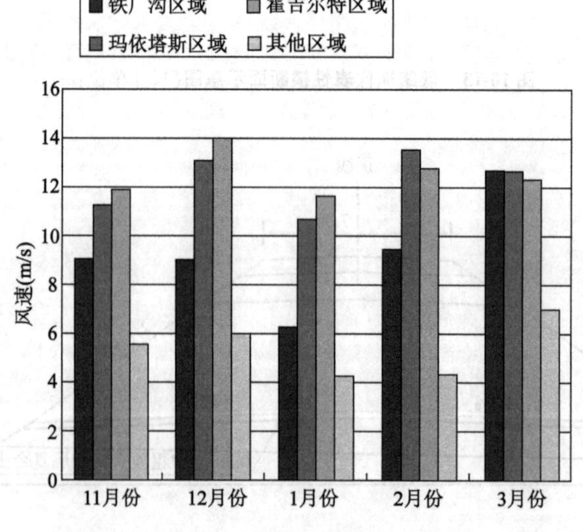


图 10-16　各区域月平均风速统计

各工点逐月 2 分钟极大风速统计结果汇总表(单位:m/s) 表 10-3

| 区域划分 | 序号 | 工点类型 | 11月 | | 12月 | | 1月 | | 2月 | | 3月 | |
|---|---|---|---|---|---|---|---|---|---|---|---|---|
| | | | 平均值 | 最大值 | 平均值 | 最大值 | 平均值 | 最大值 | 平均值 | 最大值 | 平均值 | 最大值 |
| 铁厂沟 | 1 | 深路堑 | 9.1 | 19.1 | 8.8 | 24.3 | 5.8 | 16.4 | 8.7 | 23.1 | 12.8 | 20.5 |
| | 2 | 长大路堑 | 9.0 | 18.5 | 8.9 | 29.0 | 6.1 | 16.8 | 9.3 | 23.8 | 12.6 | 23.3 |
| | 3 | 低填浅挖 | 9.1 | 18.1 | 9.5 | 27.3 | 7.0 | 20.4 | 10.4 | 27.9 | 12.9 | 23.0 |
| 玛依塔斯 | 4 | 路堤 | 10.3 | 18.3 | 12.4 | 29.8 | 9.9 | 16.5 | 13.1 | 22.0 | 12.7 | 22.4 |
| | 5 | 矮路堤 | 12.4 | 16.5 | 13.9 | 24.6 | 11.5 | 16.8 | 14.1 | 19.8 | 12.6 | 20.3 |
| 霍吉尔特 | 6 | 浅路堑 | 11.8 | 20.9 | 15.7 | 24.4 | 13.9 | 18.2 | 10.5 | 24.6 | 13.0 | 20.4 |
| | 7 | 浅路堑 | 13.6 | 21.6 | 14.9 | 26.0 | 12.9 | 20.0 | 15.3 | 25.8 | 12.8 | 22.5 |
| | 8 | 路堤 | 11.8 | 23.1 | 13.2 | 24.7 | 10.7 | 18.5 | 13.4 | 23.5 | 12.4 | 24.3 |
| | 9 | 路堑 | 10.6 | 21.8 | 12.0 | 21.1 | 9.5 | 17.0 | 12.2 | 21.9 | 11.5 | 23.5 |
| 其他 | 10 | 深路堑 | 5.6 | 14.1 | 5.9 | 19.8 | 4.3 | 9.8 | 4.4 | 7.0 | 7.0 | 18.0 |

从各区域大风发生频次角度分析(图 10-18),铁厂沟区域以 1~3 级风为主。玛依塔斯区域以 4~6 级风为主,霍吉尔特区域 2 级风最常见,其次是 3 级、6 级、1 级和 7 级风。其他区域(DK189 处)以 2 级风最常见,其次是 1 级和 3 级风。

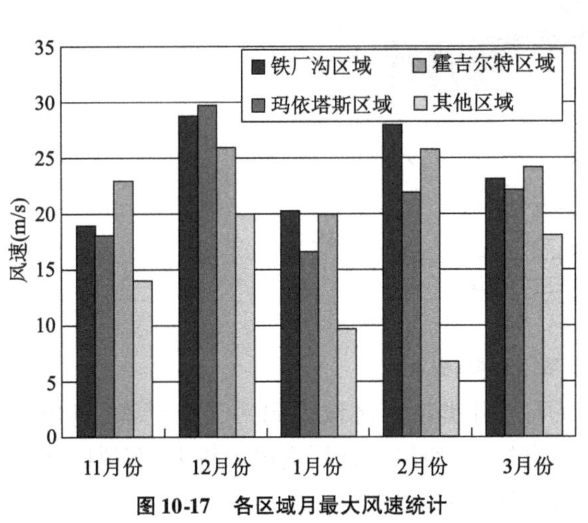


图 10-17 各区域月最大风速统计

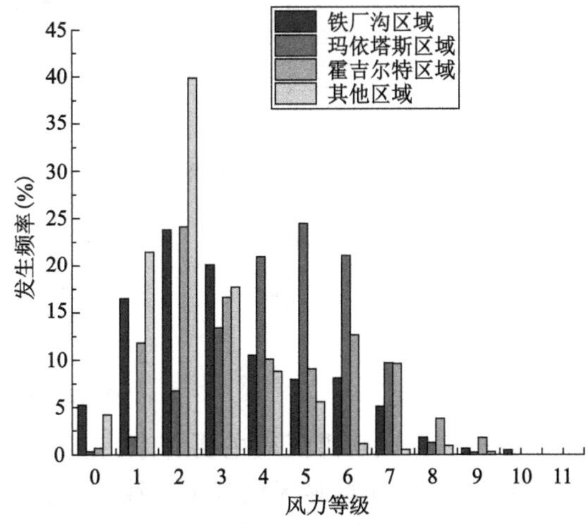


图 10-18 各区域不同级别大风发生频次统计图

### 2）风向

风向监测结果（图10-19～图10-22）表明，铁厂沟区域4级以下风主要以东、西方向风为主，6级以上风主要是西北西（WNW）方向为主。玛依塔斯区域以西北西（WNW）和东南东（ESE）方向为主，8级以上大风基本全部为北西（NW）风向。霍吉尔特区域风向相对集中，主风向为南东（SE）向，次风向为北西（NW）向，8级以上大风主要为南东（SE）向。DK189处风速较小，风向离散。

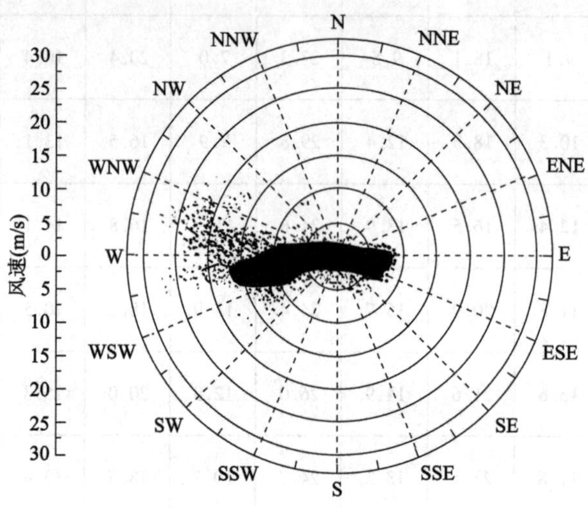


图10-19 铁厂沟区域风速风向散点图

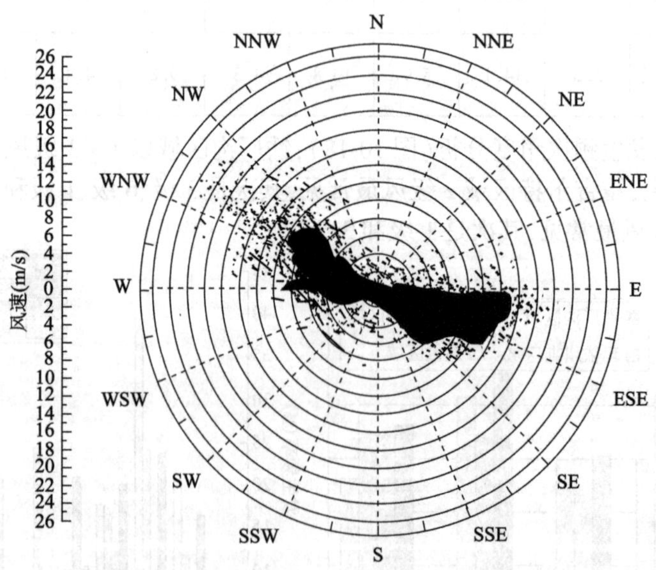


图10-20 玛依塔斯区域风速风向散点图

克塔铁路风吹雪区域主要有东（南）风和西风两种类型。区域内同一天铁厂沟、玛依塔斯、霍吉尔特三个区域风向基本一致，但也存在一定规律：西风时铁厂沟风力较大，东风时霍吉尔特区域风力较大，玛依塔斯区域东风、西风时风力均较大。

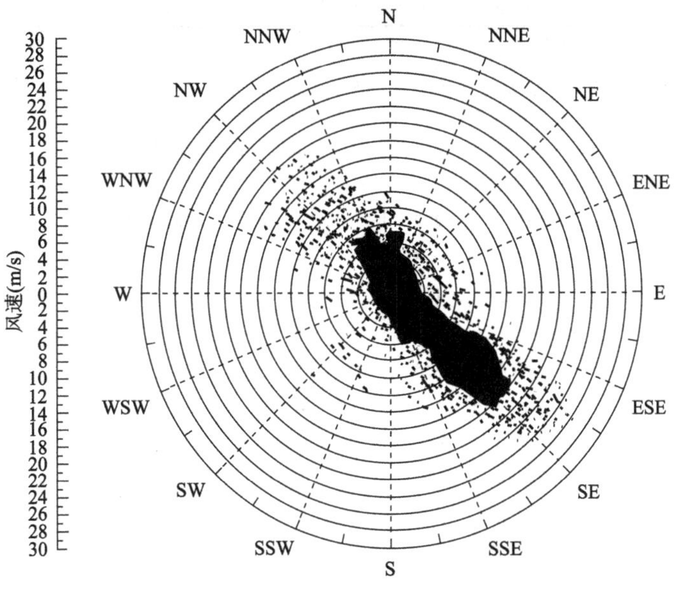


图 10-21 霍吉尔特区域风速风向散点图

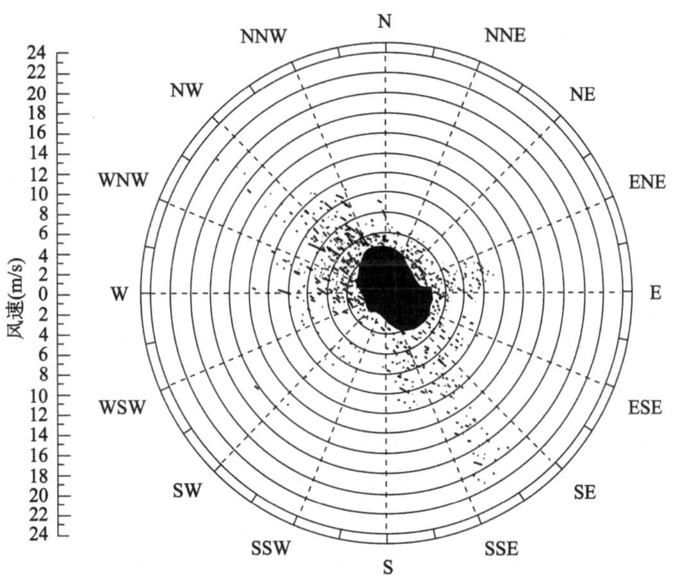


图 10-22 其他区域(DK189)风速风向散点图

### 3)积雪情况

从各区域路肩积雪深度统计数据(表 10-4)来看,铁厂沟和玛依塔斯区域路肩积雪较小,最大积雪深度为 180mm,发生在 1 月份。霍吉尔特区域 DK177 +200 处路堑为全线路肩积雪深度最大的工点,最大深度 1974.5mm,最大值出现在 2018 年 3 月份。该工点积雪较深一方面是由于处于风吹雪较严重路堑段落,风吹雪危害严重;另一方面是由于该路堑没有贯通,阻碍了风雪流通过,加剧了风吹雪危害。

各区域路肩积雪深度统计表(单位:mm) 表10-4

| 区域划分 | 序号 | 工点类型 | 11月 | | 12月 | | 1月 | | 2月 | | 3月 | |
|---|---|---|---|---|---|---|---|---|---|---|---|---|
| | | | 平均值 | 最大值 | 平均值 | 最大值 | 平均值 | 最大值 | 平均值 | 最大值 | 平均值 | 最大值 |
| 铁厂沟 | 1 | 深路堑 | 0.0 | 0 | 0.4 | 3.2 | 14.4 | 54.3 | 3.1 | 17.1 | 1.4 | 3.5 |
| | 2 | 长大路堑 | 2.3 | 19.3 | 2.7 | 19.1 | 104.8 | 180.4 | 104.5 | 136.4 | 10.4 | 35.2 |
| | 3 | 低填浅挖 | 0.5 | 3.2 | 1.6 | 7.4 | 2.7 | 9.2 | 1.6 | 16.2 | 1.8 | 6.5 |
| 玛依塔斯 | 4 | 路堤 | 2.5 | 6.4 | 3.5 | 18.1 | 3.0 | 8.4 | 4.3 | 10.2 | 4.9 | 17.2 |
| | 5 | 矮路堤 | 13.8 | 47.1 | 32.0 | 128.4 | 73.6 | 147.2 | 75.7 | 92.3 | 28.9 | 97.5 |
| 霍吉尔特 | 6 | 浅路堑 | 4.3 | 13.1 | 11.2 | 92.4 | 3.8 | 34.2 | 8.3 | 36.5 | 20.0 | 114.1 |
| | 7 | 浅路堑 | 15.3 | 46.2 | 43.6 | 292.1 | 217.4 | 290.5 | 181.0 | 184.4 | 181.3 | 181.5 |
| | 8 | 路堤 | 23.1 | 39.5 | 2.9 | 8.5 | 0.0 | 0.0 | 0.0 | 0.0 | 0.0 | 0.0 |
| | 9 | 路堑 | 13.7 | 35.3 | 12.7 | 83.4 | 186.2 | 635.4 | 649.4 | 729.2 | 948.3 | 1974.5 |
| 其他 | 10 | 深路堑 | 12.4 | 57.4 | 49.8 | 118.5 | 151.6 | 241.5 | 171.4 | 196.3 | 44.7 | 135.4 |

总体来看,2018年冬季比2017年冬季降雪量偏少,路肩积雪深度普遍不大。铁厂沟区域最大积雪深度180.4mm,位于尚未贯通的路堑内;玛依塔斯区域最大积雪深度147.2mm,路堤地段积雪较少,路肩积雪深度2.5~147.2mm;霍吉尔特区域积雪相对较深,最大积雪深度1974.5mm,位于尚未贯通的路堑内。其他地段积雪深度44.7~196.3mm。

**4)温度、湿度情况**

全线11月份最低气温已低于零度,从11月中旬开始,气温逐渐下降,至1月底降到最低值后开始回升,最低温度出现在2018年1月27日玛依塔斯地区,为-31.6℃。目前平均最低气温-5℃左右。从区域分析,铁厂沟与玛依塔斯温度变化规律一致,玛依塔斯地区气温稍低于铁厂沟,霍吉尔特温度变化趋势相对独立,且温度稍高于铁厂沟和玛依塔斯地区。

### 10.2.3 无人机监测成果

在路基工程基本成型后,对于重点雪害工点采用无人机拍摄,宏观判释积雪情况,为工程措施的选择奠定了基础。

**1)风吹雪路堑区域一**

(1)设计情况

该段路堑挖深2~10m,左侧具备扩堑条件,大部分已挖平,右侧为一小山包,高出路肩约

20m，其中部分路段堑坡坡率为1∶4；右侧自然边坡较陡，受地形条件限制该段右侧堑坡坡率采用1∶0.75。代表性横断面如图10-23所示。

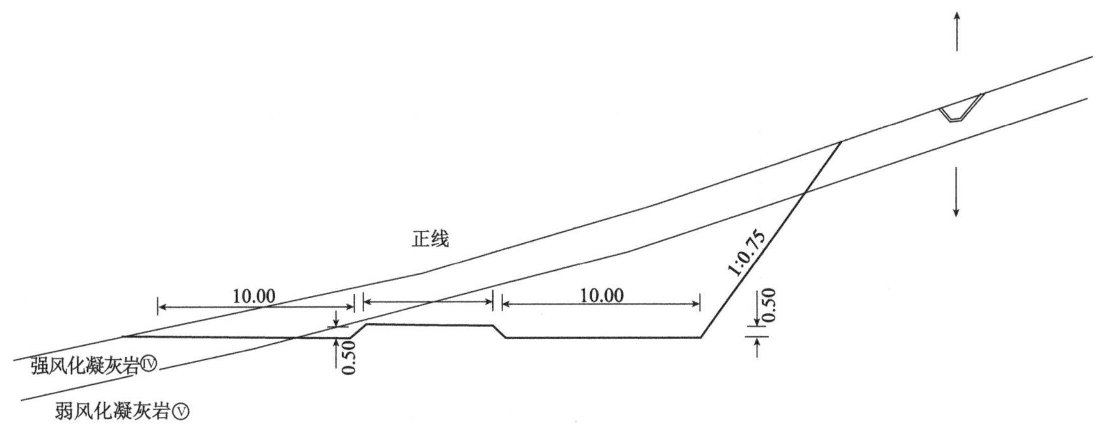


图10-23 风吹雪区域一内代表性横断面示意图(尺寸单位:m)

(2)航拍情况

从航拍视频中截取图片如图10-24所示，该区域背风坡脚积雪严重，右侧坡脚从1月初到3月底积雪深度始终保持在3m以上，监测标杆处于被掩埋状态，右侧路肩处最大积雪深度超过2m。

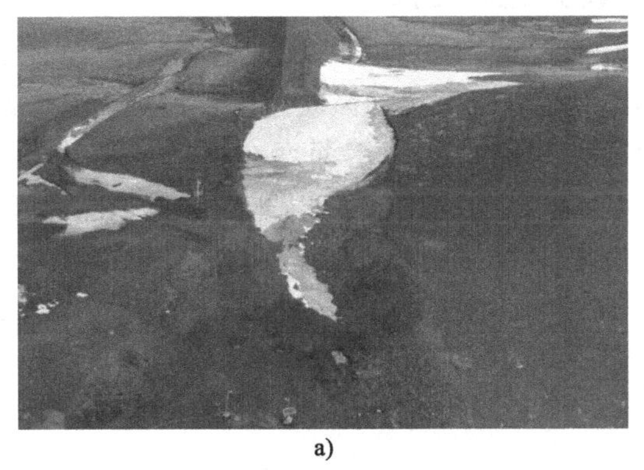

a)

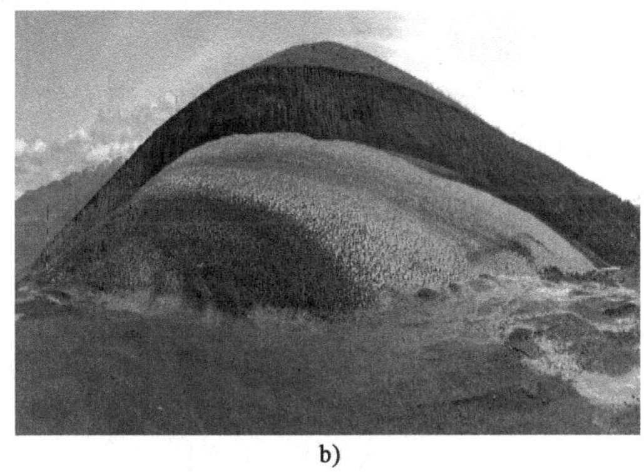

b)

图10-24 航拍图

(3)防护方案

该工点受地形和主导风向影响，冬季路堑内积雪3m以上，结合本工点地形和地层情况，在本段设置防雪棚洞，如图10-25所示。棚洞右侧采用碎石类土回填，顶部采用混凝土进行封闭，并做好排水。

**2）风吹雪路堑区域二**

(1)设计情况

本工点为风吹雪监测工点、风吹雪防护试验段，线路为直线，基本为南北走向，路堑挖深约

4m,为敞开式浅路堑,路堑边坡坡率1∶4,右侧已设置1~3道防雪栅,代表性横断面如图10-26所示。

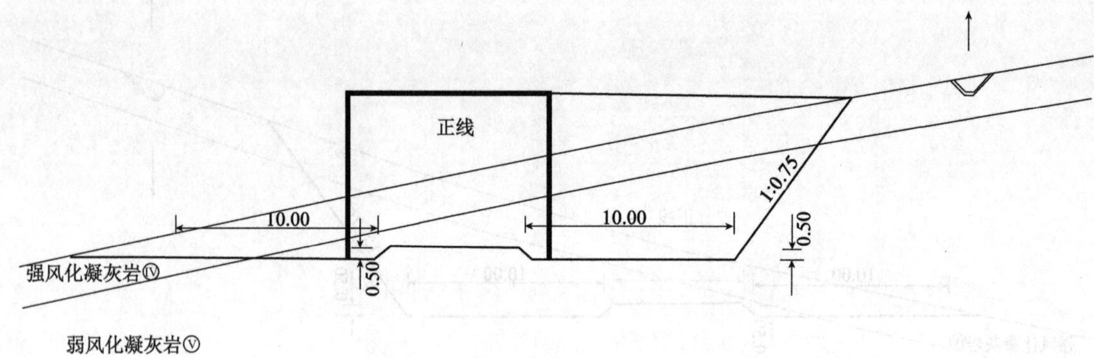


**图10-25 防护设计示意图**(尺寸单位:m)

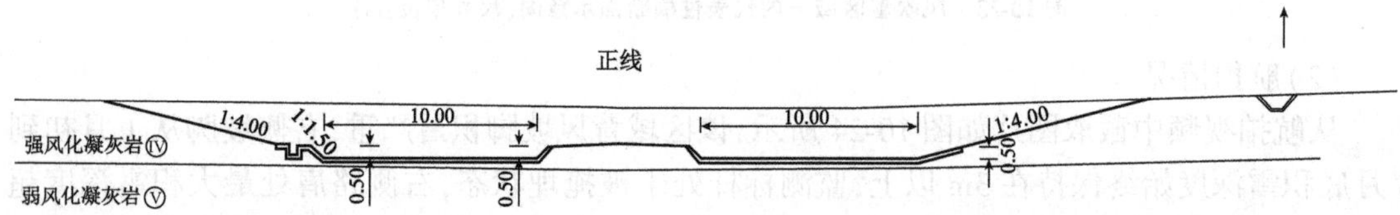


**图10-26 风吹雪区域二内代表性横断面示意图**(尺寸单位:m)

(2)监测情况

在整个监测期内,路肩最大积雪深度约290.5mm,为降雪叠加风吹雪因素所致。其余时段路肩积雪深度10~200mm不等。线路两侧原始地面自然积雪深度在本监测期为0~100mm,局部低洼处积雪较厚(图10-27)。该工点风吹雪问题比较突出,采取全开放式路堑、积雪平台加宽到10m、右侧设置防雪栅等防风雪措施,监测证明效果显著。

**图10-27 风吹雪路堑区域二积雪情况**

### 3)风吹雪路堑区域三

(1)设计情况

本段线路为曲线,曲线半径800m,主导风向与线路交角约40°。路堑挖深2~3.5m,左侧为敞开式,右侧路堑设10m积雪平台,路堑边坡坡率为1∶0.75。代表性横断面如图10-28所示。

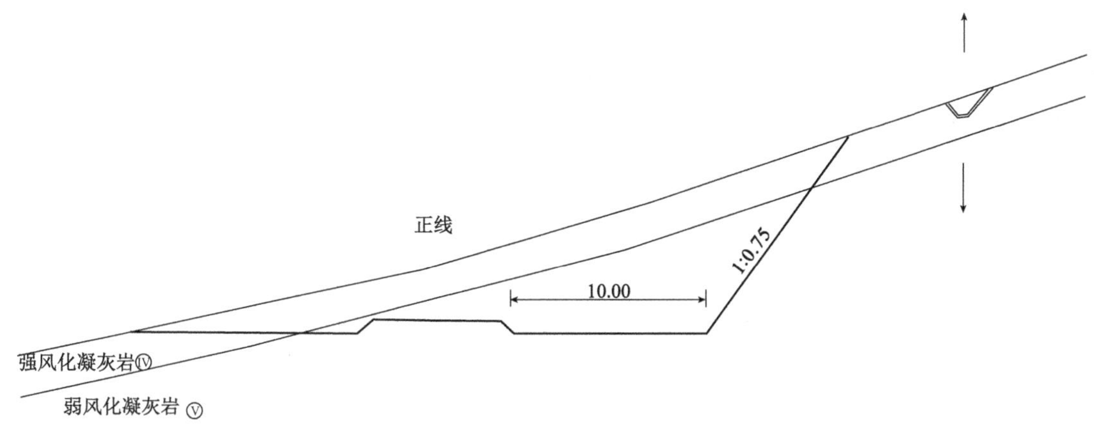


图10-28 风吹雪路堑区域三内代表性横断面示意图

(2)监测情况

本工点右侧背风坡积雪严重,该工点与上述风吹雪路堑区域一地形相似,右侧背风坡存在积雪,如图10-29所示。

图10-29 风吹雪路堑区域三航拍图

(3)防护方案

本段路基右侧约60m有一排高压线与线路平行,并且自然坡度较陡,不适宜采用太缓的边坡坡率,本段内右侧采用1∶2的坡率进行扩堑,并在小里程右侧进风口处设置3道防雪栅。

#### 4)风吹雪路堑区域四

(1)设计情况

本段线路大部分为直线地段,大里程局部位于曲线上,曲线半径1200m,线路走向为西南—东北走向,主导风向为东南风,与线路交角约80°。路堑挖深2~12.5m,左右两侧设10m积雪平台,路堑边坡坡率均为1∶0.75。代表性横断面如图10-30所示。

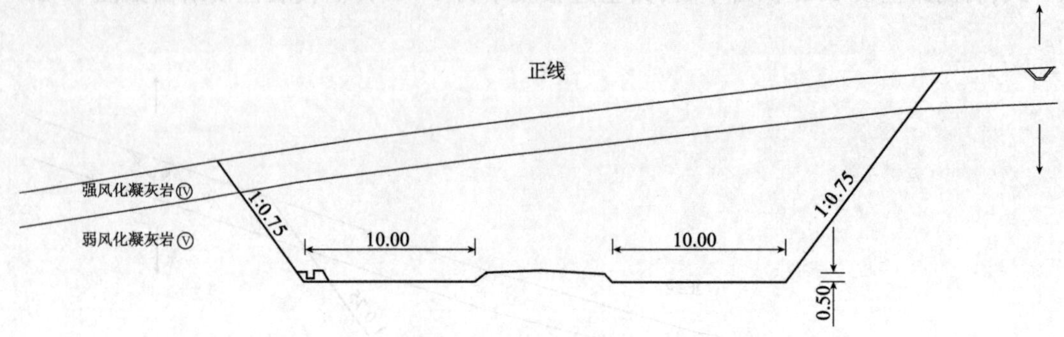


图 10-30　风吹雪路堑区域四内代表性横断面示意图(尺寸单位:m)

(2)监测情况

在该区域的两个监测断面中,路肩最大积雪深度 1974.5mm,3 月 5 日现场调查发现该路堑尚未开挖完成,而且测点正好布置在靠近坡脚的一处坑内,导致积雪深度异常大,堑内其他位置积雪深度为 30 ~ 300mm,如图 10-31、图 10-32 所示。

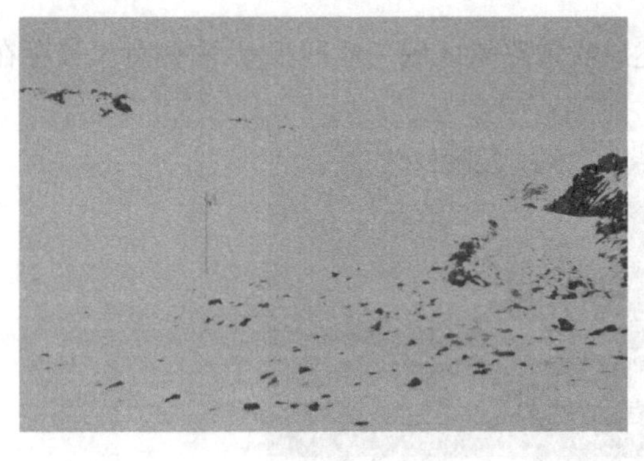

图 10-31　风吹雪路堑区域四路堑内积雪情况

图 10-32　风吹雪路堑区域四航拍图

(3)防护方案

本段地形略有起伏,但是起伏不大,具备采用放缓边坡的敞开式路堑条件,并且本工点主导风向与线路交角较大,建议该工点采用 1∶4 放坡(段内左侧山包地段采用 1∶2 的边坡坡率),并在右侧上风侧设置 3 道防雪栅进行防护。

### 5)风吹雪路堑区域五

(1)设计情况

本段线路为曲线,曲线半径 1200m,主导风向与线路交角约 70°。路堑挖深 2 ~ 11.5m,左、右侧路堑边坡坡率均为 1∶0.75,路基面两侧各设置了 5.0m 宽积雪平台。代表性横断面如图 10-33所示。

(2)监测情况

该工点与上述工点地形相似,右侧背风坡存在积雪,如图 10-34所示。

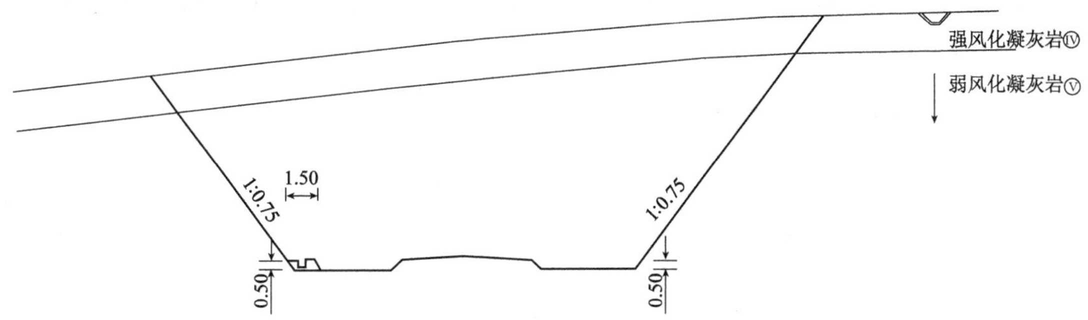


图 10-33 风吹雪路堑区域五内代表性横断面示意图(尺寸单位:m)

图 10-34 风吹雪路堑区域五航拍图

(3)防护措施

本段地形略有起伏,左低右高,起伏不大,具备采用放缓边坡的敞开式路堑条件,并且本工点主导风向与线路交角较大,建议该工点加大积雪平台至 10m,路堑边坡采用 1∶4 放坡,并在右侧上风侧设置 3 道防雪栅进行防护。

## 10.3 试验段分析

常见的防雪设施有防雪栅、挡雪墙、阻雪罐、防雪林等。结合本工程现场实际情况,借鉴沿线公路防风治雪经验,本试验采取以防雪栅为主的防雪措施。为了选择防护功能最佳的防雪栅,稳定栅栏设置参数,开展了栅栏防雪效果现场试验。

### 10.3.1 试验段选取

选取风吹雪危害严重段落长 800m 路堤段落和长 600m 路堑段落进行防护栅栏防护效果试验,在 2017 年冬季对试验段风速、风向和雪深情况进行监测。根据雪害程度、工点类型,防雪栅分别采用3.0m、5.0m两种高度组合，并设置不同的道数。防雪栅设计考虑20～60m/s不同风速的风荷载，并同时考虑雪荷载的影响。两段共设置3m高防雪栅栏1800延米，5m高防雪栅栏1100延米。

## 10.3.2 试验段防雪效果分析

考虑到本项目沿线风速、积雪深度较大，风吹雪现象较为严重。防雪栅材质选用轻钢结构，基础采用钢筋混凝土基础。防雪栅挡风板采用网片式和栏板式两种，其中，网片式挡风板通过板上打孔来调整透风率，栏板通过调整板与板之间的净距来调整透风率。试验段设置了挡风板式和金属网片式两种防雪栅。金属网片式防雪栅网眼分布均匀，透风效果较挡风板式防雪栅好。通过现场检查初步判定，金属网片式防雪栅阻风雪效果要好于挡风板式防雪栅，两种不同形式的防雪栅两侧积雪如图10-35、图10-36所示。

图10-35 挡风板式防雪栅两侧积雪图

图10-36 金属网片式防雪栅两侧积雪图

### 1）路堤试验段

分别在长340m路堤段落设置了3道防雪栅，防雪栅分别高3m、5m、3m。为体现不同道数防雪栅阻雪效果，自靠近线路第一道防雪栅向远离线路方向每道防雪栅设置长度逐步递减，图10-37为现场防雪栅布设位置示意图。

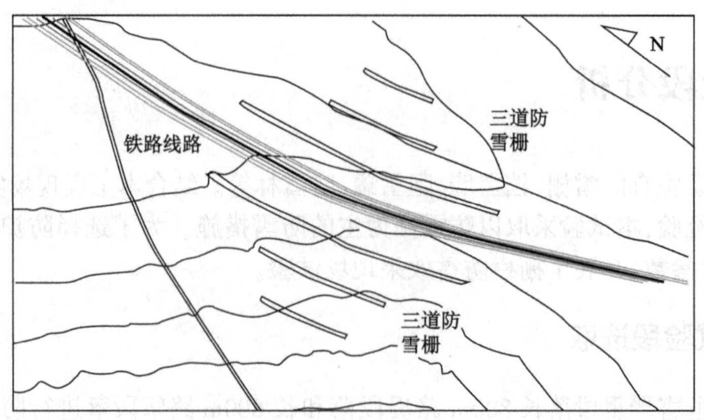


图10-37 路堤试验段防雪栅布置示意图

对比同一工点有无防雪栅路肩积雪情况可知，路堤高度 2 ~ 3m 地段，未设栅栏的路堤仅在下风侧路肩形成雪檐，路面积雪甚少，如图 10-38 所示。因此路堤高度 2 ~ 3m 以上的路堤地段可以不设防雪栅。

图 10-38 现场积雪图

**2）路堑试验段**

试验段在右侧堑顶分别布置了三道和两道防雪栅。从路肩积雪深度可以看出，布置三道防雪栅处路肩积雪深度为 0mm，而布置两道防雪栅处路肩积雪深度为 43mm，多布置一道防雪栅处对路肩积雪相对有利。从路堑顶右侧防雪栅处积雪深度看，三道防雪栅处积雪深度高达 3659mm，两道防雪栅处积雪深度仅 640mm，三道防雪栅的阻风雪效果更好。

## 10.4 处治方法

克塔铁路防护工作分为全线灾害分区和具体点位设计两个步骤，全线灾害分区结合观测资料进行雪害严重程度的分区划分，具体点位设计结合路基工程成型后的积雪情况进行工程措施的选取。

### 10.4.1 雪害分区

经过周密、全面的前期工作，基本查明了克塔铁路雪害的分布范围，施工图设计阶段风吹雪路堑 26 处共 11714m，风吹雪路堤 52 处共 45140m。风吹雪区域主要集中在乌尔喀什尔山和加依尔山之间东西长约百公里、南北宽不足 20km 的狭长谷地，受地形和区域气候影响，该谷地形成东西向气流通道。受地形地势条件影响，谷地中不同地理位置的风速、风向、积雪深度差异较大。

整个风吹雪区域大致可分为东段、中段和西段三部分。东段铁厂沟区域为低山丘陵区，线路沿加依尔山北麓由东向西延展，风速和风向受加依尔山影响较大。中段为高原草地，地势平坦开阔，风速和风向受地形阻碍影响很小，大风天数多。西段为霍吉尔特区域，线路沿乌尔喀什尔山南麓向西，然后向北延伸，风速和风向受乌尔喀什尔山影响较大。

从2017年冬季监测数据来看，铁厂沟、玛依塔斯和霍吉尔特三个区域监测到的风速、风向等资料区别较大，各个区域均有各自的特征和规律。2018年1月17—19日、3月4—6日两次现场调查也验证了三个区域不同的风吹雪特征。此外，根据现场调查，自DK179+00之后，路堤、路堑及线路两侧积雪深度基本一致，风吹雪特征不明显，主要为自然降雪。根据沿线区域内风、雪特征，将上述区域划分为四类，见表10-5。

**风吹雪分区表** 表10-5

| 区域 | 线路类型 | 线路与主导风向夹角 | 大风天数(d) | 监测最大积雪深度(mm) | 本次判识危害程度 | 原判识危害程度 |
|---|---|---|---|---|---|---|
| 铁厂沟区域 | 路堤、路堑 | 0°~64° | 53 | 180.4 | 较严重 | DK115~DK135轻微、DK135~DK150较严重 |
| 玛依塔斯区域 | 路堤、桥梁 | 0°~28° | 106 | 147.2 | 轻微 | DK150~DK157较严重、DK157~DK171严重 |
| 霍吉尔特区域 | 路堤、路堑、桥梁 | 40°~90° | 89 | 1974 | 严重 | DK171~DK176严重<br>DK176~DK178较严重、<br>DK178~DK179轻微 |
| 其他区域 | 路堤、路堑、桥梁 | 主导风向不明显 | 6 | 196.3 | 轻微 | 轻微 |

## 10.4.2 典型风吹雪工点防护措施

### 1）一期防护

按照分步实施的原则，结合观测结果，对积雪严重的5处工点进行了防护，见表10-6。

**不同里程段风吹雪防护措施** 表10-6

| 序号 | 长度(m) | 工程措施 |
|---|---|---|
| 1 | 915 | 左侧(上风侧)设置1道3m高和1道5m高金属网片防雪栅栏 |
| 2 | 110 | 右侧路堑边坡坡率由1:0.75调整为1:4，并于右侧增设1道3m高和2道5m高金属网片防雪栅栏 |
| 3 | 200 | 受高压线影响，右侧路坡边坡坡率由1:0.75调整为1:1.75，并于右侧增设1道3m高和2道5m高金属网片防雪栅栏 |
| 4 | 520 | 两侧路堑边坡坡率由1:0.75调整为1:4，并于右侧增设1道3m高和2道5m高金属网片防雪栅栏 |
| 5 | 720 | 两侧路堑边坡坡率由1:0.75调整为1:4，并于右侧增设1道3m高和2道5m高金属网片防雪栅栏 |

(1)路堑段一

本工点位于铁厂沟站前，右侧紧邻 S201 线，线路为东南—西北走向，线路平面为半径 800m 曲线，主导风向为西风，与线路夹角 64°。路堑长度 915m，最大挖深 23.82m，路堑最大边坡高度为 23.91m。路堑边坡坡率为 1∶1.5，每 10m 一级，级间设 2m 宽平台，左侧第一级间做 7m 宽平台，扩挖取土，左侧路堑边坡采用护脚防护，右侧边坡采用拱形骨架护坡防护，路基面两侧各设宽 5m、深 0.8m、纵坡 5.2% 的积雪兼排水平台，左侧堑顶外设置 1 道 3m 高和 1 道 5m 高金属网片防雪栅进行防护。

(2)路堑段二

该工点在 DK172 +240 处和 DK172 +355 处雪深自动监测点路肩积雪都很小，平均积雪深度 5 ~8mm，右侧积雪较左侧稍大，路肩最大积雪深度 114.1mm。从人工监测及航拍图来看，DK172 +385 ~ DK172 +490 段背风坡脚积雪严重，右侧坡脚从 1 月初到 3 月底积雪深度始终保持在 3m 以上，右侧路肩处最大积雪深度也超过 2m。

防护措施：放缓右侧边坡坡率，由 1∶0.75 调整为 1∶4，并于右侧增设 1 道 3m 高和 2 道 5m 高金属网片式防雪栅。

(3)路堑段三

积雪情况本工点于 2017 年冬季未进行风吹雪监测，该工点与上述第 1 个工点地形相似，右侧背风坡存在积雪。

防护措施：放缓右侧边坡坡率，由 1∶0.75 调整为 1∶1.75，并于右侧增设 1 道 3m 高和 2 道 5m 高金属网片式防雪栅。

(4)路堑段四

该线路为西南—东北走向，主导风向为东南风，与线路交角约 80°。工点在 DK177 +340 处和 DK177 +620 处两个监测断面，路肩积雪深度都很小。

防护措施：放缓两侧边坡坡率，由 1∶0.75 调整为 1∶4，并于右侧增设 1 道 3m 高和 2 道 5m 高金属网片式防雪栅。

(5)路堑段五

本段线路为曲线，曲线半径 1200m，该线路为南北走向，主导风向为东南风，与线路交角约 70°。

防护措施：放缓两侧边坡坡率，由 1∶0.75 调整为 1∶4，并于右侧增设 1 道 3m 高和 2 道 5m 高金属网片式防雪栅。

**2)二期防护**

2018 年 11 月—2019 年 3 月冬季期间，经过现场调查、航拍，结合冬季铺架过程中现场反应，局部存在风吹雪掩埋轨道的现象，需要采取措施进行防护，因此开展了风吹雪二期防护工程。4 处工点具体情况如下：

(1)路段一

该段线路以低填方通过山前平缓地带，路基填高 1 ~4m，路堤边坡坡率 1∶1.5，边坡采用混凝土空心块护坡防护。根据现场观测，线路为东南—西北走向，主导风向与线路走向近似垂直，路堤坡面积雪严重，最大积雪深度约 1.5m，发生在坡脚处。局部与轨面平齐，运营阶段存在积雪掩埋轨道的风险(图 10-39)。

图 10-39　路段一风吹雪航拍图

防护措施:于路段内线路左侧设置 2 道金属网片式防雪栅,靠近线路一道采用 3m 高金属网片式防雪栅,外侧采用 5m 高金属网片式防雪栅。

(2)路段二

该段线路右侧紧邻克塔高速公路,路基填高较矮,小于 3m,线路走向与主导风向夹角较大,约 40°,路堤背风坡坡面积雪严重,铁路防护栅栏已被掩埋,最大积雪深度约 2m,局部积雪与轨面平齐,运营阶段存在积雪掩埋轨道的风险(图 10-40)。

图 10-40　路段二风吹雪航拍图

防护措施:于路段内线路左侧设置 2 道金属网片式防雪栅,靠近线路一道采用 3m 高金属网片式防雪栅,外侧采用一道 5m 高金属网片式防雪栅。

(3)路段三

该段路基位于玛依塔斯区域,风吹雪自然灾害严重,线路走向与主导风向夹角较大,约 40°,路堤坡面积雪严重,积雪深度 0.3 ~ 2m,其中坡脚处积雪最深,铁路防护栅栏已被掩埋。上部结构局部积雪与轨面平齐,运营阶段存在积雪掩埋轨道的风险(图 10-41)。

防护措施:于路段内线路左侧设置 3 道金属网片式防雪栅,靠近线路一道采用 3m 高金属网片式防雪栅,外侧设置 2 道 5m 高金属网片式防雪栅。

图 10-41 路段三风吹雪航拍图

(4)路段四

该段路基位于玛依塔斯区域,风吹雪自然灾害严重,线路走向与主导风向夹角约 15°,冬季最大风速 28.5m/s,平均风速 8.2m/s,2017 年 11 月—2018 年 3 月大风天数 107d,风吹雪危害严重。路堤坡面积雪严重,积雪深度约 2.5m,其中坡脚处积雪最深,铁路防护栅栏已被掩埋。上部结构局部积雪与轨面平齐,运营阶段存在积雪掩埋轨道的风险(图 10-42)。

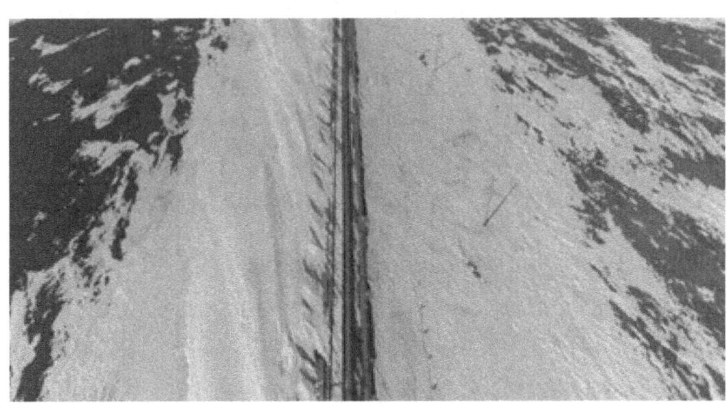

图 10-42 路段四风吹雪航拍图

防护措施:于路段内线路右侧设置 3 道金属网片式防雪栅,靠近线路一道采用 3m 高金属网片式防雪栅,外侧设置 2 道 5m 高金属网片式防雪栅。

## 10.4.3 防雪栅的设计

2017 年冬季前试验段防雪栅按调整后的两种结构形式进行了现场安装,并在 2017 年 11 月—2018 年 3 月冬季期间进行了风吹雪监测。根据试验段 2017—2018 年冬季两种防雪栅防雪效果对比,经各方共同研究,最终认为金属网片式防雪栅防雪效果较好,但同时发现试验段的防雪栅防腐工艺、耐久性差,基础施作措施有待调整补强,应提高防雪栅主材及辅材的防腐工艺,增加基础模版措施,以保证防雪栅工程质量。同时,考虑到防雪工程与周边环境的适应性,防雪板增加了双面静电粉末喷涂。

## 10.5 机械除雪

克塔铁路自2019年5月30日开通运营以来,雪害较为严重,冬季部分区段线路下的积雪深度可达到1.5m。即使不降雪,大风也会将路边的积雪吹上铁路。为确保冬季运营畅通,运营单位配备了大型除雪车(图10-43),基本保证了运营畅通。但使用过程中发现:大风能够在几分钟内吹干积雪表面的水分,形成板结,给除雪车的作业带来很大难度,约6km线路只能先用人工破除板结的积雪后,再用除雪车清除积雪。

图10-43 克塔铁路除雪车

# 第 11 章

# 其他交通工程风吹雪灾害防治简介

我国冬季降雪区域大,部分铁路和公路会出现风吹雪现象,严重者会发生积雪上道,阻断交通,但这些项目的雪害呈现偶发态势,运营单位在冬季进行严格监控,因地制宜地采取防治措施,保证了交通畅通。

## 11.1 铁路工程风吹雪灾害防护措施

我国东北、内蒙古和新疆地区的铁路经常发生雪害,东北地区风吹雪典型区域有哈尔滨、佳木斯、牡丹江等地市,该地区总体呈现雪大风小的特点,风吹雪仅在局部山口地段出现。其中哈大(哈尔滨—大连)高速铁路、哈佳快速铁路、哈牡高速铁路、哈齐高速铁路、牡佳高速铁路沿线较多地穿越风吹雪现象易发区域。

哈大高速铁路(图 11-1)设计速度为 350km/h,铺设无砟轨道。线路全长 900km,跨越了严寒、寒冷和温暖地区,列车需要在低至 -40℃ 的高寒地区运行。

该地区气候寒冷,自然积雪存留时间长,道岔容易受到雪埋,为此设计阶段在沿线各车站均设置了道岔融雪装置,区间设置了积雪深度灾害监测系统,极大提高了灾害预报能力和道岔区自动除雪功能。经过 6 年的运营实践,哈大高速铁路形成了基础设施、移动设备、综合检测、防灾减灾、应急救援为一体的安全管理体系,经统计,自开通至 2018 年,全线共降雪 152 场,累计 878.6h,最大积雪深度 67cm,自 2012 年开通以来未发生因风吹雪影响行车的情况。

图 11-1 哈大高速铁路

处于黑龙江省境内的哈尔滨—牡丹江—佳木斯环形高速铁路网,把哈尔滨市与佳木斯市和牡丹江市三地紧密联系在一起。加之连接哈尔滨至齐齐哈尔的哈齐高速铁路,构成了黑龙江省内高速铁路客运通道的主骨架,上述四条铁路的总长度 1294km,设计速度 250km/h,铺设有砟轨道。铁路均地处高寒地区,冬季最低温度可达 -35℃,冬夏温差高达 70℃。上述项目所处地区虽然降雪量大,但林区较多,风力不大,开通以来未发生明显风吹雪灾害。

高速铁路雪害轻微与其桥隧比例高密不可分,高速铁路一般桥隧比例超过 80%,这大大减少了雪害发生的机会，即使路基地段，为满足立交要求，路基填方一般达 5 ~ 6m，即使发生风吹雪，线路也具备较强的储雪能力，不易致灾。

伊敏至伊尔施铁路（以下简称“两伊铁路”）位于呼伦贝尔草原和大兴安岭山脉西缘上，属大陆性亚寒带型气候，冬季漫长酷寒，全线全年冰冻期和霜期长达 7 ~ 8 个月，一般每年 9 月下旬下雪，到翌年 4 月底融化，按照雪害指标，该地区雪害指数大于 25cm，雪害强度属于严重雪害至特大雪害（图 11-2）。

a)

b)

**图 11-2 两伊铁路 DK18 +378 路堑处以及伊敏索木站雪害**

因该项目技术标准较低，建设初期未设置防雪工程，经过 2 年以上的运营，发现雪害较为严重，后期在雪害严重地段增设了钢筋混凝土防雪栅栏，如图 11-3 所示，较为彻底地解决了雪害问题，保证了冬季铁路的正常运营。

**图 11-3 两伊铁路路堑顶部的防雪栅栏**

在滨绥线风口地形和山凹地形所在地区修建长达数千米的彩钢板挡雪墙，如图 11-4 所示。在滨洲线、齐北线沿线冬季降雪较多并且风速较大的地段分别修建了混凝土枕挡雪墙以及钢筋混凝土板挡雪墙。在图佳线、勃七线安设防雪网。这些措施有效地降低了雪害的程度，解决了运输难题。嫩林线、庆工线以及海工线也计划修建彩钢板挡雪墙，以保障铁路在冬季风吹雪灾害高发期间正常运营。

a)

b)

图 11-4　钢管桩彩钢板拦雪设施

内蒙古自治区的锡多铁路(锡林浩特—多伦)自建成运营以来,在冬季饱受风吹雪灾害影响,因此呼和浩特铁路局在吹雪灾害严重地段修建了约 1.6m 高的干砌(浆砌)片石挡雪墙,并临时修建了土工材料挡雪网。2009 年底,锡林浩特至桑根达来段发生了近年来最大的一次降雪,多处地段发生了雪害,铁路工人在清理线路积雪时发现,已修建挡雪墙的地段基本没有发生雪害,说明挡雪墙的阻雪效果较好,目前应用在道路交通风吹雪灾害防治的挡雪墙如图 11-5 所示。

图 11-5　挡雪墙

## 11.2　公路工程风吹雪灾害处理措施

国内外对公路风吹雪雪害防治技术也进行了比较系统的研究,并且逐步应用在实际工程中。主要成果集中在日本、加拿大、美国、中国等风吹雪灾害多发国家。

**1）日本**

作为频繁遭受风吹雪灾害的国家，日本主要对防雪林和防雪栅的规划、设计、施工、维护管理进行了研究，提出了公路风吹雪防治措施的评估方法、防治方法选定等技术指南。

**2）加拿大**

加拿大是世界上雪害比较严重的国家，其交通部门出版的《公路设计手册》中强调，较高等级公路雪害的防治主要通过加高路基（路基比当地植被高 1m），利用风速输送公路上的雪。

**3）美国**

美国学者 Ronald D. Tabler 在 2003 年提出一套有关各类防雪栅的作用机制、适用范围、设计和具体应用方法的工程手册，详细给出了各类防雪栅的材料、高度、透风率、适用地点及随地形的布设位置、方向等。并提出“平衡流理论”，该理论可以预测道路横断面风吹雪引起的雪堆积平衡后的形态，为道路设计阶段提供理论依据。

**4）中国**

新疆 S201 线玛依塔斯风区路段，是我国有名的雪害重灾区，公路建设之初，雪害肆虐，冬季交通长时间中断。公路两侧修建了多条高达 4m 的金属防雪栅栏后，情况有很大改观，但由于输雪量大，防雪栅栏形成的储雪空间常被积雪全部填满（图 11-6），而再次发生交通被阻断的情况。

**图 11-6　积雪填筑防雪栅形成的储雪空间**

另外现场安装了长 300m、宽 1.35m、高 2.9m 的管状式挡雪墙（图 11-7），墙体由三层半圆管件拼装而成，相互咬合排列，上下错次安装，层间用钢筋固定。半圆管件由钢筋混凝土预制，现场拼装，占地小，移动灵活，维护方便，拆装简易。管状挡雪墙能透风，不聚风、不抗风且能化风，同时无方向性，迎风面任何角度进风都不影响化风效果。

新疆奎屯至塔城高速公路玛依塔斯段是风吹雪灾害多发地段，该段公路为双向四车道，为了配合清雪作业需要，设计之初就将上下行车道的路基分开，中部形成宽阔的 V 形储雪空间（图 11-8）。

图 11-7　管状式化风墙

图 11-8　上下行车道间 V 形储蓄雪空间

在日本新干线的部分路段中也采取了相近方法的风吹雪灾害防护措施，如图 11-9 所示的侧方明桥面式储雪式高架桥，该桥梁结构形式主要在积雪量较大的路段使用。该措施在隔声墙外侧设有落雪导板的双重壁，便于清雪车清理的积雪落在无桥面的壁与壁之间，因此通常也需要较宽的占地面积。

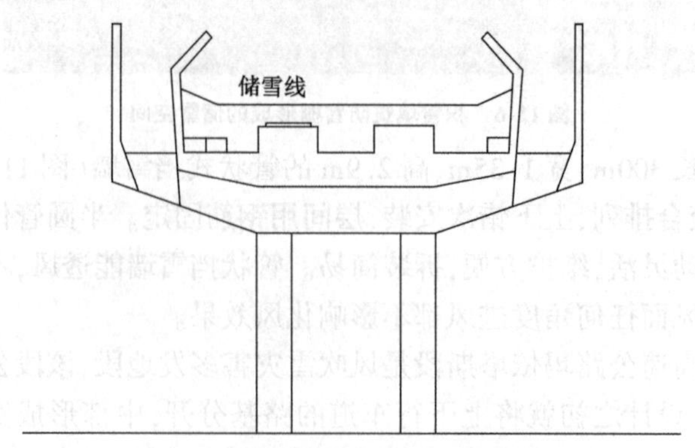


图 11-9　侧方明桥面式储雪式高架桥

新疆独山子至库车公路的雪害防治中,遮挡设施包括“防雪走廊”“棚洞”“明洞”“隧道”等,用于坡陡、雪崩量大且发生频繁雪崩的沟槽处。它们覆盖于公路之上,使雪崩体从其顶部通过,以保证行车安全。

218 国道天山艾肯达坂段利用下导风板治理严重雪阻,如图 11-10 所示。

a)

b)

c)

图 11-10 天山艾肯达坂 218 国道不同形式下导风板

## 11.3 公路机械除雪

日本早在 1943 年就开始把 V 形犁装在美国产的载重汽车上用于道路除雪,之后又不断开发装在各种工程机械上的雪犁。1956 年发布了“确保积雪寒冷地区道路交通的特别措施法”(简称“雪寒法”),在法律上为除雪机械的发展奠定了基础,促使除雪机械迅速发展。同年北海道开始试制专用不旋转式除雪车。1958 年又开发出除雪汽车,到 20 世纪 50 年代末已能批量生产除雪汽车、旋转除雪车、装雪机等专用除雪机械,代替装于各种土工机械上的雪犁除雪。20 世纪 70 年代,除雪机械数量迅速增加,并开发了药剂撒布车,此外旋转除雪车及除雪汽车、除雪平地机等开始向大型化发展。用于人行道的小型除雪机也在这一时期开发成功并在公路上配备;特殊机种及多功能除雪机械也开始出现,如除雪汽车上搭载融雪处理装置、高雪堤处理装置等。

德国产的乌尼莫克道路综合养护车,辅机备有犁式除雪器,其总质量为 1000kg,最佳除雪宽度 2375mm,除雪铲高 1000mm,最佳除雪速度 20km/h,最佳生产率 47500m$^2$/h,残留积雪深度不大于 10mm。

我国对于除雪机械的研制起步较晚,真正的研制和开发是从 20 世纪 80 年代以后,主要有犁式除雪机和旋切式除雪机两种类型,之后先后有十几种型号的样机被生产出来,并在除雪作业中发挥了一定的作用。

犁式除雪机械的代表主要有西安公路研究所研制的 L9280 型除雪车、吉林交通科学研究所研制的 CL-3.6/CL-3.5 型系列除雪犁、磐石市公路管理段研制的 CL-2.4 型公路除雪器、哈尔滨林业机械研究所研制的 CBX-216 综合破冰除雪机等。

旋切式除雪机的代表主要有吉林工业大学等单位研制的 CX-30 型除雪机、哈尔滨林业机械研究所研制的 CBX-216 型城市道路破冰除雪机、吉林交通科学研究所研制的 CBX-1600 型除雪机。其中一些型号的除雪机已进行过工业性试验，效果较好。

鉴于积雪状态的多样性，目前也有将多种除雪方式整合在一起，形成多功能的除雪车（图 11-11）。这种专用车根据需要可在车前加装推雪板、破冰器、前置滚刷，在前后轮之间加装中置滚刷配合前推雪板使用，车厢上可装载撒布器或吹雪风机。

a)

b)

图 11-11　国内常用除雪车

## 11.4　化学除雪

化学除雪通过向地面均匀撒布化学物质，如某些盐类（固态）、醇类（液态），降低水的冰点温度，使雪在低于零度温度下融化。

融雪剂通过人工或撒布机（车）（图 11-12）撒布。化学除雪方式最经济、最迅速，但近年来，国内外对其异议颇多，主要存在以下负面影响：

图 11-12　撒布机

（1）劣化土质（土壤盐碱化）及破坏植被（绿色植物大量死亡）。

（2）腐蚀道路、桥梁等路政设施。

（3）污染地下水资源。

(4)腐蚀金属设备及机械,尤其是车辆等。

环保型融雪剂的问世,解决了上述问题,我国已研制出多个品种,其主要成分是无机盐、有机酸盐和缓释剂,对城市设施和花木没有任何影响,且融雪速度较快。然而其成本大大高于传统融雪剂(一般为传统融雪剂的 3 ~10 倍),因此推广起来还有一定的困难。

## 参考文献


[1] BAGNOLD R A. The physics of blown sand and desert dunes [M]. Berlin: Springer Netherlands, 1973.

[2] BEYERS J H M, SUNDSB P A, HARMS T M. Numerical simulation of three-dimensional, transient snow drifting around a cube [J]. Journal of Wind Engineering and Industrial Aerodynamics, 2004, 92(9): 725-747.

[3] BOCHDANSKY A B, DUNBAR R B, HANSELL D A, et al. Estimating carbon flux from optically recording total particle volume at depths below the primary pycnocline [J]. Front Mar Sci, 2019(6): 778.

[4] DAI X, HUANG N. Numerical simulation of drifting snow sublimation in the saltation layer [J]. Scientific Reports, 2014, 4(1): 6611.

[5] DEEMS J, GADOMSKI P, VELLONE D, et al. Mapping starting zone snow depth with a ground-based lidar to assist avalanche control and forecasting [J]. Cold Regions Science and Technology, 2015(120): 197-204.

[6] LI P, BAI M, DING L, et al. Field measurement and outdoor wind tunnel test of snow-drifting: snow distribution characteristics of railway subgrade and deposition mechanism[J]. Journal of Wind Engineering and Industrial Aerodynamic, 2022(230): 105197.

[7] LI P, BAI M, LI J, et al. Analysis of the influence of snow fences on snow redistribution under snow-drifting in railway cuttings[J]. Cold Regions Science and Technology, 2022(196): 103520.

[8] LIU D, LI Y, WANG B, et al. Mechanism and effects of snow accumulations and controls by lightweight snow fences[J]. Journal of Modern Transportation, 2016, 24(004): 261-269.

[9] FLAGA A, KIMBAR G, MATYS P. A new approach to wind tunnel similarity criteria for snow load prediction with an exemplary application of football stadium roof [J]. 5th European and African Conference on Wind Engineering, EACWE 5, Proceedings, 2009.

[10] HE B, BAI M, LIU B, et al. Evaluation of drifting snow susceptibility based on GIS and GA-BP algorithms[J]. ISPRS Int. J. Geo Inf, 2022, 11(2): 1-21.

[11] HUANG N, SHI G. The significance of vertical moisture diffusion on drifting snow sublimation near snow surface [J]. Cryosphere, 2017, 11(6): 3011-3021.

[12] MELTON J R, VERSEGHY D L, SOSPEDRA-ALFONSO R, et al. Improving permafrost physics in the coupled Canadian land surface scheme (v. 3. 6. 2) and Canadian terrestrial ecosystem model (v. 2. 1) (CLASS-CTEM) [J]. Geosci Model Dev, 2019, 12(10): 4443-4467.

[13] NIETO P, JJDC DÍAZ, CASTRO-FRESNO D, et al. Numerical simulation of the performance of a snow fence with airfoil snow plates by FVM[J]. Journal of Computational and Applied Mathematics, 2010, 234(4): 1200-1210.

[14] O'ROURKE M, DEGAETANO A, TOKARCZYK J D. Snow drifting transport rates from water flume simulation [J]. Journal of Wind Engineering and Industrial Aerodynamics, 2004, 92 (14-15): 1245-1264.

[15] QIU S, BAI M, JAING H, et al. Field measurements and numerical simulation of snowdrift on railway subgrade[J]. Journal of Testing and Evaluation, 2022, 51(6): 1-13.

[16] SANUDO-FONTANEDA L A, CASTRO-FRESNO D, DEL COZ-DÍAZ J J, et al. Classification and comparison of snow fences for the protection of transport infrastructures[J]. Journal of Cold Regions Engineering, 2011, 25(4): 162-181.

[17] SCHMIDT R A. Properties of blowing snow [J]. Reviews of Geophysics, 1982, 20(1): 39-44.

[18] SINGH G, LAVRENTIEV I I, GLAZOVSKY A F, et al. Retrieval of spatial and temporal variability in snowpack depth over glaciers in Svalbard using GPR and spaceborne POLSAR measurements [J]. Water, 2020, 12(1): 23.

[19] TAKEUCHI M. Vertical profile and horizontal increase of drift-snow transport [J]. Journal of Glaciology, 1980, 26(94): 481-92.

[20] WANG Y. Prevention of avalanches in the Gunes Valley in T' ien Shan, China [J]. Journal of Glaciology, 1980, 26(94): 520-521.

[21] YAN K, CHENG T, ZHANG Y. A new method in measuring the velocity profile surrounding a fence structure considering snow effects [J]. Measurement, 2018 (116): 373-81.

[22] ZHOU X, KANG L, GU M, et al. Numerical simulation and wind tunnel test for redistribution of snow on a flat roof [J]. Journal of Wind Engineering and Industrial Aerodynamics, 2016, (153): 92-105.

[23] 安苗,刘庆宽,马文勇,等. 椭圆形体育馆悬挑罩棚风荷载分布规律的试验研究[J]. 工程力学,2019,36(S1):199-202.

[24] 鲍雪银. 铁路雪害综合防治措施的探讨[J]. 路基工程,2013(05):191-194.

[25] 曾昱伻. 冰雪灾害连锁演化机理及协同应急管理机制研究[D]. 成都:西南交通大学,2012.

[26] 陈凤箴. 防雪栅栏对公路风吹雪灾害的防治技术研究[J]. 内蒙古公路与运输,2009(01):1-4.

[27] 陈胜,李文忠. 浅谈公路风吹雪雪害防雪林[J]. 黑龙江交通科技,2010,33(02):58.

[28] 陈晓光,李俊超,李长林,等. 风吹雪对公路交通的危害及其对策研讨[J]. 公路,2001(06):113-118.

[29] 陈长坤,孙云凤,李智. 冰灾危机事件衍生链分析[J]. 防灾科技学院学报,2008(02):67-71.

[30] 程彦峰. 黑龙江省公路风吹雪雪阻形式分析[J]. 黑龙江交通科技,2005(07):43-45.

[31] 迟国彬. 稳定大气近地面层风速廓线的实验分析及风雪流中雪的运动形态与沉积——以天山公路拉尔墩达坂为例[J]. 新疆地理,1983(04):46-56.

[32] 德永,普布. 西藏地区降低风吹雪雪害辅助措施分析[J]. 黑龙江科技信息,2011(01):293.

[33] 董乃宝,杜旭岩. 山区公路风吹雪雪害成因分析[J]. 黑龙江交通科技,2006(08):58-59.

[34] 董智,左合君,李红丽,等. 内蒙古自治区公路雪害区划与防治对策[J]. 干旱区资源与环境,2015,29(09):125-131.

[35] 范红卫. 沪宁城际铁路灾害监测系统新增风监测点的工程实践[J]. 上海铁道科技,2015(04):107,112-113.
[36] 范鹏云,李焕明,王忠魁. 牧区公路雪阻的特点及防治措施[J]. 内蒙古公路与运输,2001(01):1-3.
[37] 谢志鹏,胡译勇. 风吹雪-陆面耦合模式的发展及其在青藏高原的应用研究[J]. 高科技与产业化,2019(09):79.
[38] 高卫东,刘明哲,魏文寿,等. 铁路沿线风吹雪灾害及其防治研究[J]. 中国铁道科学,2004(05):99-103.
[39] 高卫东,刘明哲,魏文寿,等. 铁路沿线雪害形成机制及其工程防治措施[J]. 自然灾害学报,2004(05):90-96.
[40] 官正荣. 风雪地区公路选线及路基工程抗雪害技术研究[D]. 成都:西南交通大学,2010.
[41] 郭丹奇,柳春红,吴春玉. 公路风吹雪的形成和影响因素分析[J]. 煤炭技术,2003(08):112-113.
[42] 何涛,史纪村,岳学军. 除雪技术及除雪设备[J]. 筑路机械与施工机械化,2010,27(12):22-27.
[43] 胡朋,郑传超,徐汉信,等. 牧区道路路基合理断面形式的研究[J]. 公路,2005(11):74-78.
[44] 胡汝骥,樊自立,王亚俊,等. 近50a新疆气候变化对环境影响评估[J]. 干旱区地理,2001(02):97-103.
[45] 胡汝骥. 中国天山山区的积雪、雪害及其防治研究[J]. 干旱区地理,1978(01):88-102.
[46] 胡新明. 高原铁路五大保护技术措施研究[J]. 中国勘察设计,2011(09):52-54.
[47] 胡延宇. 精伊霍铁路雪害特征及防治措施研究[D]. 兰州:兰州大学,2008.
[48] 黄宁,李广. 高山积雪:母亲河之源——积雪分布时空演化的多物理过程、多尺度研究[J]. 科技导报,2020,38(17):10-22.
[49] 黄晓东. 基于遥感与GIS技术的北疆牧区积雪监测研究[D]. 兰州:兰州大学,2009.
[50] 蒋军,代舒. 冰雪天气对道路运输的危害及对策[J]. 交通科技与经济,2008(04):104-105.
[51] 孔锋,孙劭,王鹏. 1961—2018年中国风速均值和极端值的时空演变特征[J]. 灾害学,2021,36(02):89-96.
[52] 李博. 铁路工程风吹雪监测方法研究[J]. 现代交通技术,2019,16(04):77-83.
[53] 李杰,朱乐文,王富贵. 典型高速公路风吹雪综合安全防护方案研究[J]. 西部交通科技,2010(Z1):32-36.
[54] 李凯,杨成达. 青藏铁路道岔融雪设备功能及方案研究[J]. 中国铁路,2005(11):5,39-42.
[55] 李立军. 国道314线红其拉甫大阪雪害的分析及处理[J]. 路基工程,2005(01):49-51.
[56] 李培基. 中国西部积雪变化特征[J]. 地理学报,1993(06):505-515.
[57] 李鹏翔,白明洲,丁录胜,等. 基于室内外风洞试验的铁路风吹雪特性研究[J]. 中南大学学报,2022(53):3245-3258.
[58] 李鹏翔,白明洲,邱树茂,等. 铁路路堑区域风吹雪防雪栅效果研究[J]. 哈尔滨工业大学

学报,2022,54(03):122-130.
[59] 李鹏翔. 阿富准铁路风吹雪灾害形成机理与防治技术研究[D]. 北京:北京交通大学,2019.
[60] 李万鹏,于坤. 风吹雪对公路路基边坡稳定性的影响及处治对策[J]. 中外公路,2011,31(03):22-25.
[61] 李烨. 垦区风吹雪地区公路设计对策[J]. 筑路机械与施工机械化,2008(01):35-36,40.
[62] 梁朋飞. 道路的路堤边坡对风吹雪的影响和防雪栅效果研究[D]. 石家庄:石家庄铁道大学,2020.
[63] 梁延伟,梁海河,王柏林. 超声波传感器雪深测量与人工观测对比试验分析[J]. 气象科技,2012,40(02):198-202.
[64] 梁永忠,郑佳艳,邹宗良,等. 高海拔公路隧道防雪遮光棚设计理念及应用[J]. 地下空间与工程学报,2018,14(S2):969-974.
[65] 梁云,艾力·买买提明,魏文寿,等. 精—伊—霍铁路沿线雪害关键气象条件分析[J]. 沙漠与绿洲气象,2007(05):18-20.
[66] 刘宝河,左合君,王嫣娇,等. 锡林郭勒典型草原区平坦草地风雪流结构特征[J]. 干旱区研究,2017,34(05):1042-1048.
[67] 刘炳龙. 阿富准铁路风吹雪灾害易发性程度评价研究[D]. 北京:北京交通大学,2020.
[68] 刘道雄. 积雪地区铁路路基设计[J]. 铁道勘察,2005(05):85-87.
[69] 刘海平. 新疆风雪地区公路选线原则及路基合理断面形式选择研究[D]. 乌鲁木齐:新疆农业大学,2014.
[70] 刘梦珂. 克塔铁路风吹雪灾害防治措施的仿真研究[D]. 石家庄:石家庄铁道大学,2021.
[71] 刘双进. 精伊霍铁路风吹雪灾害预防和治理探讨[J]. 路基工程,2008(04):74-76.
[72] 刘艳波,刘艳红,朱光耀. 我国公路风吹雪雪害预警方法探讨[J]. 黑龙江交通科技,2007(02):31-32.
[73] 刘洋. 基于激光测距和视频分析技术的高速铁路雪情监测系统研究[D]. 北京:北京交通大学,2016.
[74] 刘永强. 新疆融雪洪水预警 DSS 关键技术及实现方式研究[D]. 乌鲁木齐:新疆大学,2007.
[75] 罗培新. 新建铁路精伊霍线雪害防治措施初探[J]. 路基工程,2006(05):140-141.
[76] 吕晓辉,黄宁,佟鼎. 天然雪的风洞实验研究[J]. 中国科学:技术科学,2012,42(05):622-634.
[77] 吕晓辉. 风雪两相流的风洞实验研究[D]. 兰州:兰州大学,2012.
[78] 马英杰,高新和,沈冰,等. 新疆塔城老风口防风阻雪林生态环境分析[J]. 水土保持学报,2003(05):100-102.
[79] 孟庆宇. 看国外铁路如何抵御冰雪[J]. 铁道知识,2008(02):16-19.
[80] 穆太里甫·阿不都拉. 浅谈山区道路雪害的防治[J]. 中国新技术新产品,2010(17):62-63.
[81] 钱莉,安颖颖,赵德强. 乌鞘岭高速公路路段多发交通事故的气象条件分析[J]. 干旱气

象,2014,32(02):286-291.
[82] 钱征宇. 寒区铁路雪害特点及防治技术[J]. 中国铁路,2007(11):33-36,62.
[83] 桑嘉宾. 混合粒径风雪流运动的数值模拟[D]. 兰州:兰州大学,2012.
[84] 申东秀,陈波. 浅谈草木植被的利用与恢复[J]. 黑龙江交通科技,2008(12):47.
[85] 申加峰,樊晓牧,李论涛,等. 变电站风吹雪灾害的研究与防治[J]. 电力勘测设计,2018(S2):43-53,69.
[86] 施佳誉,徐冬英,夏才初,等. 公路风吹雪雪阻分布规律及雪灾形成机理研究[J]. 公路,2020,65(01):257-264.
[87] 石超. 铁路风吹雪灾害的数值计算研究[D]. 石家庄:石家庄铁道大学,2015.
[88] 时环生. 独库公路独山子至那拉提段地质灾害分析与防治[J]. 国防交通工程与技术,2008(03):53-56.
[89] 史红锋. 浅谈东北地区公路雪害与防治[J]. 黑龙江交通科技,2004(05):16-17.
[90] 宋鹏. 铁路路基风吹雪灾害数值模拟研究[J]. 中国高新科技,2019(18):3-9.
[91] 苏国平. 铁路路堑风吹雪数值模拟及风吹雪灾害防治工程研究[D]. 兰州:兰州交通大学,2017.
[92] 唐向前,杨帅,邹艳萍. 浅谈寒冷地区公路雪害与防治[J]. 黑龙江交通科技,2003(11):5.
[93] 田宇,肖培龙,卢哲. 高速铁路道岔融雪装置的工作原理与应用[J]. 电气化铁道,2010,21(06):34-36.
[94] 涂瑞涛,禹盛林. 激光成像在雪深监测系统中的应用[J]. 激光杂志,2017,38(12):55-58.
[95] 王柏林,花卫东,阳艳红,等. 基于相位法激光测距原理的雪深传感器研究与应用[J]. 气象科技,2013,41(04):597-602.
[96] 王建,车涛,李震,等. 中国积雪特性及分布调查[J]. 地球科学进展,2018,33(01):12-26.
[97] 王胜,黄岩. 城市道路融冰雪技术分析与应用[J]. 城市道桥与防洪,2014(12):19,181-184.
[98] 王廷亮. 铁路风吹雪灾害数值模拟及防治技术研究[D]. 兰州:兰州大学,2009.
[99] 王显祎. 公路风吹雪的成因机理分析[D]. 哈尔滨:东北林业大学,2003.
[100] 王向阳. 路堤风吹雪灾害流场分析[J]. 铁道工程学报,2009,26(08):42-47.
[101] 王向阳. 新材料在防风吹雪走廊防护工程中的应用[J]. 铁道建筑技术,2009(09):75-77.
[102] 王延茹,于艳. 浅谈寒冷地区公路雪害与防治[J]. 东北公路,1999(04):7,24-26.
[103] 王有为,牟乐,陆程. 浅谈我国除雪机械的发展及在除雪工作中的应用[J]. 北方交通,2009(07):115-117.
[104] 王正师. 复杂地形积雪分布及其演化的大涡模拟研究[D]. 兰州:兰州大学,2016.
[105] 王中隆,李长治. 艾肯达坂风雪流形成机制及其治理 [J]. 中国沙漠,1995(2):105-108.
[106] 王中隆,潘遐华,刘贤万. 路堑和隧道风雪流的风洞模拟实验研究[J]. 地理学报,1988

(03):265-73.
[107] 王中隆,张志忠. 中国风吹雪区划[J]. 山地学报,1999(04):312-317.
[108] 吴北川. 季冻区公路风积雪的研究与防治[D]. 重庆:重庆交通大学,2014.
[109] 吴素芬,张国威. 新疆河流洪水与洪灾的变化趋势[J]. 冰川冻土,2003(02):199-203.
[110] 武鹤,张家平,魏建军. 公路风吹雪灾害形成机理与空间分布特征[J]. 黑龙江工程学院学报,2008(03):5-7.
[111] 席建锋,李江,朱光耀,等. 公路风吹雪积雪力学原理与积雪深模型[J]. 吉林大学学报(工学版),2006(S2):152-156.
[112] 席建锋. 公路风吹雪雪害形成机理及预测研究[D]. 吉林:吉林大学,2007.
[113] 夏才初,周开方,程怡,等. 基于BP神经网络的公路风吹雪雪深预测模型[J]. 同济大学学报(自然科学版),2017,45(05):20,714-720.
[114] 夏永峰. 公路风吹雪灾害的分析与防治措施[J]. 公路与汽运,2005(06):98-100.
[115] 谢永利. 隧道工程[M]. 重庆:重庆大学出版社,2015.
[116] 徐羹慧,陆帼英. 我国牧区雪灾灾害学研究进展的综合评述[J]. 新疆气象,1997,(02):1-3.
[117] 闫敏,左合君,董智,等. 锡林浩特草原小叶锦鸡儿灌丛的阻雪能力及其对积雪形态的影响[J]. 应用生态学报,2018,29(02):483-491.
[118] 杨旭. 玛依塔斯交通走廊风吹雪特点研究[J]. 铁道工程学报,2018,35(12):1-6.
[119] 姚志坤. 挡雪墙和挡雪栅栏在公路风吹雪防治中的应用[J]. 黑龙江交通科技,2007(11):48-49.
[120] 应成亮. 公路风吹雪雪害防治技术研究[D]. 吉林:吉林大学,2007.
[121] 于秀丽,李楠. 浅谈寒冷地区公路雪害及其防治[J]. 黑河科技,2003(02):78-79.
[122] 余克强,王双喜. 我国温室屋面除雪的研究现状与趋势[J]. 农机化研究,2011,33(07):233-235,239.
[123] 张彬. 高铁灾害监测系统设备研究[J]. 自动化与仪器仪表,2019(04):246-250.
[124] 张贵平,施亚军,左合君,等. 浅槽风力加速堤输雪机理的研究[J]. 公路交通科技,2006(04):31-3.
[125] 张贵平,郝宇博,王曦林,等. 草原牧区公路风吹雪雪害防治技术——育草蓄雪的研究[J]. 公路交通科技,2006(04):34-36.
[126] 张海峰. 风吹雪灾害试验与路基断面型式研究[D]. 兰州:兰州大学,2009.
[127] 张骥. 日本铁路防冰雪灾害举措[J]. 中国铁路,2009(01):64-68.
[128] 张家平,武鹤,孟上九,等. 黑龙江省公路风吹雪灾害形成机理与分布特征[J]. 自然灾害学报,2008(03):130-133.
[129] 张家平. 黑龙江省公路风吹雪灾害时空分布与防治技术研究[D]. 西安:长安大学,2012.
[130] 张洁. 平坦床面上风雪流运动的力学机理分析[D]. 兰州:兰州大学,2008.
[131] 张利,汪林. 不利气象条件对公路交通安全的影响及对策[J]. 公路交通科技,2011,28(S1):120-123,153.

[132] 张明杰,崔高峰,贾继峰,等.高铁防灾系统传感器在线监测装置的研究[J].中国新技术新产品,2015(24):175-177.

[133] 张威伟,张光辉.风吹雪的成形机理分析[J].中国水运(理论版),2006(03):67-68.

[134] 张威伟.隧道口及公路防风雪研究[D].武汉:武汉理工大学,2006.

[135] 张霞.面向风吹雪雪害防治的公路路基与路侧设计研究[D].吉林:吉林大学,2007.

[136] 张祥松,施雅风.中国的冰雪灾害及其发展趋势[J].自然灾害学报,1996(02):76,77,81,83-85.

[137] 张亚宾,刘文晓.风沙流对青藏铁路路基影响的研究[J].中国建材科技,2017,26(03):88-89.

[138] 张怡飞.果子沟山区公路冬季冰雪灾害防治措施研究[D].西安:长安大学,2015.

[139] 张照财.雪害的特征及其地质选线研究[J].铁道勘察,2007(03):51-54.

[140] 张峥明.GCX1000 轨道除雪车抛雪风机的设计与应用研究[J].铁道建筑,2016(12):125-128.

[141] 张中文.德国公路管窥[J].国外公路,1995(03):1-6.

[142] 赵德龙,李洪涛,崔旭光.黑龙江省公路风吹雪形成机理与分布特征[J].交通科技与经济,2008(03):17-19.

[143] 赵国平.公路挡雪墙防风阻雪作用机制研究[D].北京:北京林业大学,2012.

[144] 赵金顺,魏庆朝,李立军.道路工程积雪灾害的安全设计与防治措施研究[J].中国安全科学学报,2004(12):3-8.

[145] 赵雷.低矮建筑风雪流作用实测、试验与数值模拟[D].成都:西南交通大学,2017.

[146] 赵书成,许剑明,付万军,等.公路风吹雪雪害防雪林防治技术研究[J].黑龙江交通科技,2009,32(07):5,7.

[147] 赵争乾,张军.挡雪墙对铁路风吹雪雪害的防治[J].路基工程,2012(01):195-198.

[148] 郑晓静,岳高伟.地表温度对颗粒跃移轨迹的影响[J].应用力学学报,2005(02):207-211,334.

[149] 周尘华.基于 fluent 的路基断面设计以及防雪设施设置研究[D].乌鲁木齐:新疆农业大学,2014.

[150] 周高照.考虑建筑间干扰效应的风吹雪数值模拟[D].哈尔滨:哈尔滨工业大学,2017.

[151] 周开方.背风半路堑风吹雪流场特性数值分析[J].四川建材,2016,42(03):133-134.

[152] 朱磊.基于视频图像识别的铁路雪情分析及预测方法研究[D].北京:北京交通大学,2016.

[153] 邹积宁,朱光耀.我国公路风吹雪路基断面形式与雪害形成关系研究[J].黑龙江交通科技,2006(10):1-2.

[154] 左合君,闫敏,刘宝河,等.典型草原区芨芨草灌丛积雪形态与滞雪阻雪能力[J].冰川冻土,2016,38(03):725-731.

**图书在版编目(CIP)数据**

铁路风吹雪灾害防治技术 / 孙明智等编著. — 北京 :
人民交通出版社股份有限公司, 2025. 3. — ISBN 978-7-114-20156-1

Ⅰ. U216.41

中国国家版本馆 CIP 数据核字第 20253D2Z39 号

Tielu Fengchuixue Zaihai Fangzhi Jishu

**书　　名**: **铁路风吹雪灾害防治技术**
**著 作 者**: 孙明智　白明洲　唐广辉　杜通道　赵加海　等
**责任编辑**: 李学会　张　晓
**责任校对**: 赵媛媛
**责任印制**: 张　凯
**出版发行**: 人民交通出版社股份有限公司
**地　　址**: (100011)北京市朝阳区安定门外外馆斜街 3 号
**网　　址**: http://www.ccpcl.com.cn
**销售电话**: (010)85285857
**总 经 销**: 人民交通出版社股份有限公司发行部
**经　　销**: 各地新华书店
**印　　刷**: 北京建宏印刷有限公司
**开　　本**: 787 × 1092　1/16
**印　　张**: 15.5
**字　　数**: 378 千
**版　　次**: 2025 年 3 月　第 1 版
**印　　次**: 2025 年 3 月　第 1 次印刷
**书　　号**: ISBN 978-7-114-20156-1
**定　　价**: 95.00 元
(有印刷、装订质量问题的图书,由本公司负责调换)